KB114306

지도의 역사

Ori

지도로 그려진 최초의 발자취부터 인공지능까지

How to Draw a Map
지도의 역사

맬컴 스완스턴·알렉산더 스완스턴 지음 | 유나영 옮김

소소의책

아내 헤더에게.

그리고 니나, 알렉산더, 에이미에게.

어떤 면에서 우리 모두의 마음 한구석에는 지도 제작자가 숨어 있다. 확신하건대, 우리에게는 자기 주변과 그 너머의 세계를 이해하고픈 충동이 날 때부터 내재되어 있다. 내가 – 아니, 적어도 내가 속한 세상의 한 조각이 – 세상 전체와 어떻게 맞물려 있을까?

기억할 수 있는 가장 어린 시절부터 나는 온갖 종류의 지도첩과 지도에 흠뻑 빠져들었다. 특히 어릴 때 선물 받은 책 한 권이 오랫동안 나를 사로잡았다. 『우리 지구의 역사The History of Our Earth』라는 책이었는데 책을 펼치면 재능 있는 아티스트들이 재현해낸 초기 공룡, 사막의 이국적인 생물, 인류 이동과 초기 문명의 풍경이 양면에 꽉 차게 그려져 있었다. 나는 낱장이 너덜너덜해진 이 책을 지금도 간직하고 있다. 그 주제가 무엇이든, 행정 지도든 자연 지도든 지형도든 역사 지도든, 지도첩을 처음 펼치는 순간 뭐라 말할 수 없이 엄청나게 장구한 시간이 휘리릭 스쳐 지나가는 듯한 느낌이 든다. 평생을 이고 살아온 이 업을 내 자식들 중 한 명에게도 물려준 듯하다. 내 아들 녀석도 지도 제작에 투신했고, 그가 만든 지도 중 이 책에 실린 것도 있다.

(그때는 깨닫지 못했지만) 내가 처음 지도를 그린 것은 어릴 때 살던 집에서 멀지 않은 곳에 있는 마일캐슬milecastle이었다. 명칭에서 알 수 있듯, 그것은 '하드리아누스 방벽Hadrian's Wall'을 따라 1로마마일(로마 시대의 거리 단위로, 약 1.48킬로미터 - 옮긴이)마다 한 채씩 지어진 경비 초소였다. 주 요새들 사이사이에 배치된 이런 마일캐슬과 그보다 작은 망루에는 주로 북쪽을 감시하는 보초 인력을 약 50명씩 수용했다고 한다. 나는 '내가 찜한' 캐슬의 드러난 터를 측량하고 그 내부에 주둔군 인원이 어떻게 들어갈지 계산해볼 생각이었다. 측량 도구는 새로운 용도에 맞게 머리를 써서 개조한 밧줄 한 타래였다. 밧줄 1야드(약 90센티미터)마다 하나씩 매듭을 짓는 식으로 5야드짜리 줄자를 고안해낼 수 있었다. 그 외에도 4분의 1인치(약 6밀리미터) 간격으로 모눈을 그린 공책과 연필 두 자루와 연필깎이 한 개를 챙기고, 치즈와 피클 샌드위치와 콜라 한 병이라는 호화로운 보급품으로 무장하고서 나는 출발했다. 아니, '우리가' 출발했다고 해야 할 것이다. 옆집에 사는 이웃이자 학교 친구인 로브를 조수로 채용했기 때문이다(홀로 미지의 것과 대면하기란 너무 벅찬 일이었으므로) - 현대판 메이슨과 딕슨이라고 할 수 있다(제14장 참조).

우리는 길스랜드에 있는 마일캐슬을 측량했다. 1950년대에 길스랜드는 컴벌랜드 주에 속했지만 지금은 컴브리아 주의 일부다. 60년이 흐른 지금도 생생하게 기억난다. 현대 고고학에서 이 마일캐슬은 '해로스스카의 49번 마일캐슬'이라는 명칭으로 알려져 있다. 나중에 확인한 바로 이곳은 동서로 19.8미터(약 30야드), 남북으로 22.9미터(약 32야드)였다. 지금은 잉글리시 헤리티지가 관리하고 있으며 문화재 번호는 - 그런 것에 관심 있는 독자가 있다면 - '13987'이다.

거기서 너무 멀지 않은 곳에 어싱 강이 있었고, 잡혀서 프라이팬에 들어갈 만반의 준비가 된 송어도 잔뜩 있었고, 그곳이 우리의 다음 목적지였다는 사실이 로브가 나를 따라온 진짜 이유가 아니었나 싶다. 우리는 소기의 목적을 달성했다. 로마 제국의 가장자리를 측정하고 고기까지 낚아서 집으로 돌아왔다.

이후로 나는 거의 완전히 주제도에만 집중하여 경력을 이어왔다. 우리 모두에게 친숙한 일반 도로 지도와 달리, 주제도는 특수한 테마나 토픽이나 화제를 나타낸 지도다. 나는 50여 년간 지도를 제작해왔고 그 수십 년 사이에 지도 제작 분야는 엄청난 변화를 겪었는데, 그중에서도 가장 크게 변한 건 기술이다. 숙련된 손기술이 컴퓨터 활용으로 대체된 것이다. 펜과 제도용 칼과 스크라이빙scribing(투명한 플라스틱 시트나 판유리에 도포한 스크라이브 막을 바늘로 파내어 제도하는 기술 – 옮긴이) 도구가 소프트웨어와 마우스로 교체된 것은 지도 제작 기술의 중대한 혁명이었다.

내가 롤스로이스 사에서 일하던 시절에 처음으로 돈을 받고 작업을 의뢰받았던 것이 까마득한 옛날 일로 느껴진다. 그 머나먼 옛날에 우리는 '일러스트로맷Illustromat'이라는 우스꽝스러운 이름의 오래된 기계를 돌렸다. 그것은 원래 기술 일러스트레이션을 보조하기 위해 고안된 기계로, 2D 평면도를 비스듬한 각도에서 본 3D '아이소메트릭isometric'(3차원 공간의 x, y, z 축이 같은 120도를 이루는 등각 투시도법 – 옮긴이) 일러스트레이션으로 변환하는 데 쓰였다. 우리는 전통적인 2D 지도를 가지고 지표면의 어느 부분이든 선택해서 이를 3D 투시도로 만들어낼 수 있다는 걸 알아냈다.

내가 받은 주문은 알렉산드로스 대왕이 건설한 제국의 지도를 그려달라는 것이었다. 알렉산드로스 대왕을 주제로 한 신간 도서에 실릴 지도였다. 우리는 알렉산드로스의 제국 강역을 포괄하는 세 장의 지도를 테이프로 조심스레 이어 붙여서 '일러스트로맷'의 평판 위에 놓았다.

지도 1. 내가 최초로 감행한 지도 제작은 하드리아누스 방벽의 망루 한 채 – 이 거대한 구조물 중 조그만 한 조각 – 를 측량한 것이었다. 그때는 이렇게 될 줄 몰랐지만, 훗날 나는 이 주제를 여러 차례에 걸쳐 다시 다루었다.

오퍼레이터가 기계의 스위치를 올리고 우리가 필요한 각도를 선택하면, 조명이 들어오고 오퍼레이터가 해안선과 강과 제국 영토의 기타 세부 사항을 베껴 그리기 시작했다. 복잡한 세팅을 조작할 때면 그의 이마에는 핏줄이 곤두섰다. 그가 땀을 뻘뻘 흘리기 시작하면 나는 일단 방에서 도망쳤다가 첫 번째 드로잉이 완성된 후에 뜨겁고 달콤한 차 한 잔을 들고서 돌아오곤 했다. 이 드로잉 위에는 해안선, 강, 호수, 화살표, 글자, 기호 등의 정보가 표시된 반투명 시트가 겹쳐 놓였다. 이런 식으로 지도의 전체 이미지가 서서히 만들어졌다. 이 특수한 지도의 경우에는 지형, 산맥, 완만한 구릉과 널리 펼쳐진 사막 등을 표현하기 위해 에어브러시를 도포한 베이스가 따로 제작되었다.

이 첫 번째 의뢰 이후 얼마 지나지 않아, 인생을 바꿀 만한 대형 프로젝트가 도래했다. (당시 초편 제목 기준으로) 『더 타임스 아틀라스 오브 월드 히스토리The Times Atlas of World History』라는 책(이 책의 최신판은 'The Times Complete History of the World'로 제목이 바뀌었고 한국어 번역본은 '더 타임스 세계사'라는 제목으로 나와 있다 - 옮긴이)을 제작해달라는 주문이었다. 의뢰인이 보내온 자료들 중에는 에르빈 러이스Erwin Raisz라는 지도 제작자가 그린 지도가 한 꾸러미 들어 있었다. 오스트리아-헝가리 제국에서 나고 자란 러이스는 토목기사이자 건축가였고, 미국으로 이주한 후 지도학의 세계에 입문했다. 그는 지도학을 공부한 뒤 하버드 대학교에서 20년간 지도 전문 학예사로 일하며 펜과 잉크를 이용한 수작업으로 수많은 지도를 제작했다. 이 지도들은 아주 독특한 외관을 띠었는데, 그는 이것을 '자연의 모양을 묘사한physio-graphic(지형)' 지도라고 불렀다. 또 손으로 그렸기 때문에 그만의 고유한 스타일이 있었는데, 나는 이 스타일에 매료되고 영감을 받았다. 그는 지역이나 나라를 아무 방향으로나 보는 경향이 있었는데(그러니까 항상 '북쪽'이 위에 있도록 하지 않았다는 뜻이다) 이것도 내게는 굉장히 자유롭게 다가왔다. 어떻게 보면 그의 지도는 지표면을 모사하려는 중세의 지도 제작자나 일러스트레이터의 시도를 체계적으로 재창조하고 업데이트한 것으로서 비관습적인 방향으로 지구를 보는 데 거리낌 없는 그들의 경향을 공유하고 있었다. 지난 50여 닌간 나는 주제도로 역사적 사건을 설명할 때 이 방법론을 일부분 활용하여 해결책을 찾아왔다.

이 책의 목적은 내가 평생 직업으로 삼아온 기술을 독자에게 소개하는 것이다. 이 책의 앞부분은 역사상 최초로 세계를 설명하려 한 지도들을 바탕으로 하고 있다. 수천수만 점의 사례 중에서 엄선한 지도들이 이 이야기를 들려주는 데 부족함이 없기를 바랄 따름이다. 그다음에는 세계의 공백을 채우는 작업과 관련된 지도들로 넘어간다. 세상이 어떤 모양을 띠고 있는지 알고 난 후에는, 그 지구가 사람들로 채워지고 문명이 성장하고 그 모습이 바뀌어온 과정을 설명할 것이다.

그리고 끝으로 이 시대 지도 제작의 미래에 이 책을 바치며, 지도 제작 데이터와 주제 데이터의 끝없는 업데이트에 활용할 수 있는 인공지능의 잠재력을 엿보려 한다.

지금까지 나는 100여 권의 각종 분야사와 역사상 가장 많은 주제도를 만들어낸 책임이 – 어쩌면 죄과가 – 있다. 이 모든 작업은 엄청나게 귀중한 도움을 주신 많은 분들과의 협업으로 완성되었고, 그 이야기 중 일부도 이 책에 담았다.

차례

1

· 지도에 그려진 인간의 발자취 ·

자기 주변의 세계를 이해하고자 하는 본능은 인간만의 것이 아니다. 짐승들은 먹이를 저장해두고 그 자리를 냄새로 표시한다. 꿀벌은 윙윙거리는 동료들에게 꿀이 많은 곳을 알려주며, 자기 벌집의 위치를 머릿속의 지도에 넣고 다닌다. 하지만 지도를 제작하는 동물은 인간뿐이다.

초기 인류는 심리학자들이 '인지적 매핑cognitive mapping'이라고 부르는 과정을 발전시켰다. 이것은 주변 세계로부터 획득한 공간 데이터를 처리하는 능력으로, 우리 모두가 지니고 있다 – 아니, 아직도 툭하면 길을 잃는 사람들이 있으니 우리 대부분이라고 해야 될 것 같다. 약 4만 년 전에는 길을 잃는 것이 지극히 위험한 일이었다. 한 가족이나 씨족은 자신들의 '영역'과 이웃 영역에 대해서는 훤히 알았지만 그 너머는 광활한 미지의 땅이었다. 그리고 4만 년 전에 미지의 땅으로 들어간다는 건 용감하거나 절박하거나 무모한 이들의 몫이었다.

미지의 세계를 여행하는 일의 온갖 난관에도 불구하고 현생 인류인 호모 사피엔스는 적응 능력을 입증했고 12만 5,000년 전부터 아프리카

지도 2. 현생 인류인 호모 사피엔스는 12만 5,000년 전부터 아프리카 밖으로 나오기 시작했다.
7만 5,000년 전과 1만 년 전에도 추가 이주가 뒤따랐다.

에서 퍼져나가기 시작했다. 4만 년 전 무렵에는 자신이 경험한 내용을 바위벽이나 점토에 시각적으로 묘사하기 시작했다. 산, 강, 동물, 거주지, 그리고 물론 인간 자신이 표현되었다. 만일 여러분이 그들의 입장이라면 주변 환경을 어떻게 묘사했을까? 그들의 세계를 상상하고 나름의 흔적을 남긴다면 – 어떤 식의 이미지가 떠오르는가? 그것을 다른 사람들이 이해할 수 있을까? 초기 인류는 오늘날의 인류와 같은 수준의 지능을 갖추었지만 '세계'관은 전연 달랐다. 바로 그들이 수천수만 년간 이주하여 우리의 세계를 가득 채운 주역이었고, 이런 이주를 위해서는 새로운 환경이 제시하는 도전에 대처하고 적응해야만 했다. 내 씨족과 같은 자원을 놓고 경쟁하는 씨족과 마주치면 전투가 벌어질 수도 있고, 거기서 지면 모든 걸 잃을 수도 있었다. 자비로운 조건하에서라면, 젊고 체격이 좋고 건강한 생존자들은 승리한 씨족에 – 보다 낮은 사회적 지위로나마 – 통합될 수 있었을 것이다. 우리는 이런 승리자와 생존자들의 후손이다.

가까운 주변 환경을 이해한 우리 조상들은 계절의 변화 또한 이해하고 날의 바뀜과 시간의 개념을 발전시켰다. 가장 중요했던 건 밤하늘의 움직임이 예측 가능함을 이해하게 된 것이었다. 우리가 사는 현대에 문명의 빛에 오염되지 않은 장소를 찾을 수 있다면, 여러분은 아마 가시 범위의 광활함에 압도될 것이다. 고대인들은 경험을 통해 해와 달과 별의 움직임을 보고 이 천체들이 하늘에서 점하는 위치와 계절 변화 간의 관련성을 파악하게 되었을 것이다. 이는 수렵채집인들이 짐승 떼의 이동과 갖가지 과일의 숙성 시기를 예측하는 데도 중요한 역할을 했지만, 정착 농경 생활에서는 더더욱 중요한 구실을 했다.

1881년, 고고학자 호르무즈드 라삼Hormuzd Rassam은 당시 오스만 제국의 일부였던 바그다드 서쪽에서 발굴 작업을 하다가 쐐기문자가 새

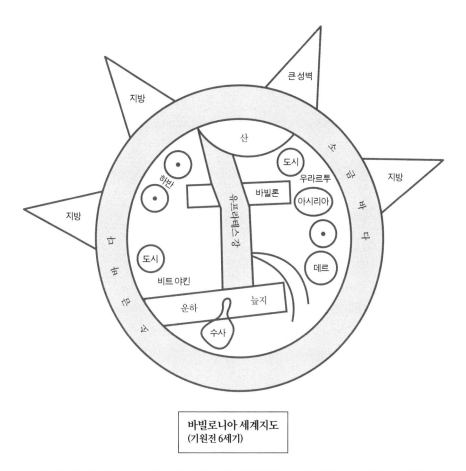

바빌로니아 세계지도
(기원전 6세기)

지도 3. 이것은 지금까지 알려진 최초의 세계지도로, 기원전 6세기에 만들어졌다. 고대 바빌로니아인의 시점에서 그들이 알고 있던 세계를 보여준다.

겨진 점토판 조각 하나를 발견했다. 연대가 약 4,500년 전으로 추정되는 이 점토판이 발굴된 장소는 시파르라는 고대 도시가 있던 곳으로 현재 이라크의 텔 아부 하바다. 19세기가 끝날 무렵에야 쐐기문자가 해독되어 수천수만 개의 점토판, 그중에서도 이 특정한 점토판의 중요성이 비로소 밝혀지게 된다. 이것은 우리가 가진 가장 오래된 세계지도다 – 비단 특정 장소나 주변 지역뿐만이 아니라, 당대인에게 알려진 전 세계를 나타낸 최초의 지도다. 이것은 세계를 위에서 똑바로 내려다본 '평면' 지도로, 동심원 두 개를 보여준다. 두 동심원 사이의 공간은 '마라투marratu'(소금 바다)라고 하는데, 세계를 둘러싼 대양이다. '알려진' 세계는 소금 바다 안쪽에 있고, 유프라테스 강으로 해석되는 표상이 이 '세계'를 관통하여 흐른다. 강에 가로놓인 직사각형에는 바빌론이라는 주석이 붙어 있고 그 밖에 산, 늪지, 운하 등으로 표시된 기호들, 그리고 수사나 우라르투 등의 주요 도시와 중심지를 표시하는 동그라미들이 있다.

바빌로니아인들은 이런 점토판을 수만 개 만들었는데, 그 대부분은 특정 지역의 토지 소유 현황을 기록한 문서다. 토지 이용 계획을 수립하고 세금을 징수하는 데 특히 유용했을 것이다. 약 5,000년 전 바빌로니아의 수학자들은 원을 360조각으로 – 다시 말해 360도로 – 등분하고 1년의 길이를 약 360일로 정의했다. 이 계산법은 현대에도 여전히 쓰이고 있다. 이런 수학적 개념은 지도 제작에서 실질적 가치를 발휘했다.

2

· 시에네의 우물에 태양이 비칠 때 ·

1963년 그리스로 여행을 떠나면서 나는 신세계를 접했다. 우리 지구를 보는 내 시야도 한 단계 도약했다. 이 역사적 경관과 오랜 시간을 거슬러 올라가는 폐허 가운데에서 나는 고대 그리스인의 세계에 대해 깊이 생각하기 시작했다. 세계에 대한 그리스인의 개념은 그들에게 가장 친숙했던 자연 세계에 대한 이해에 토대를 두고 있었다. 그들이 이해한 자연 세계는 바빌로니아인이 알던 세계와 그리 다르지 않았다. 다만 좀 더 서쪽에 있었고 지중해와 그 주변의 땅에 더 익숙했다는 점에서만 달랐을 뿐이다.

기원전 6세기, 이오니아의 그리스계 도시로 융성하던 밀레토스에서 실용주의적 사상가들의 학파가 일어났다. 이들은 올림포스 신들에 대한 신앙의 제약에서 어느 정도 벗어나 있었다. 영국의 고전학자 T. B. 패링턴T. B. Parrington의 표현에 따르면 '기술이 신화를 무대에서 몰아냈다'. 적어도 당시 세계적인 도시였던 밀레토스에서는 이성이 그 시대를 지배했다. 이 도시의 시민이었던 탈레스(기원전 624~기원전 546)는 대단

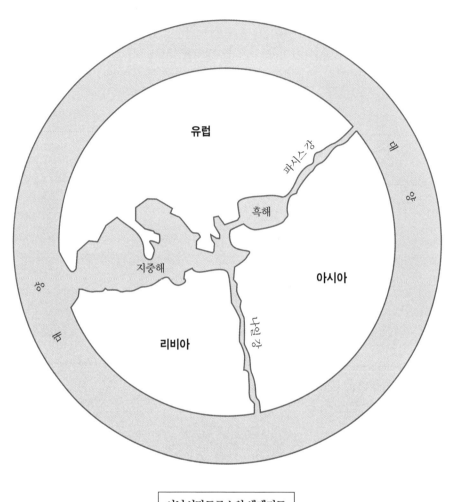

유럽

파시스 강

흑해

바다양

지중해

아시아

바깥양

리비아

나일 강

아낙시만드로스의 세계지도
(기원전 580년경)

지도 4. 지리학자 에라토스테네스는 아낙시만드로스가 최초의 세계지도를 발표했다고 주장했다. 하지만 아낙시만드로스는 바빌로니아의 세계지도를 비롯해 선대에 만들어진 지도의 영향을 받은 것이 분명하다.

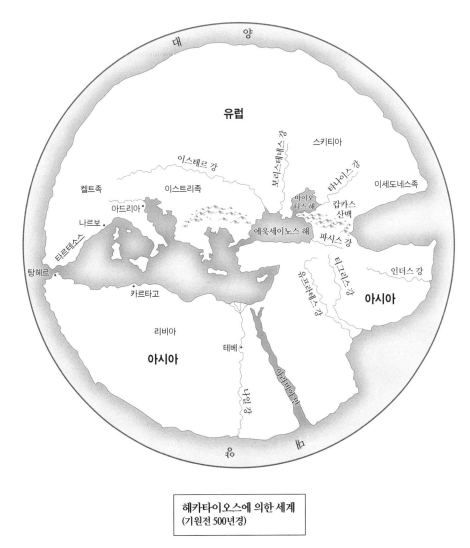

대 양

유럽

보리스테네스 강

스키티아

이스테르 강

이스트리족

켈트족

타나이스 강

이세도네스족

아드리아

마이오
티스 해

칼카스
산맥

나르보

에욱세이노스 해

파시스 강

타르테소스

탕헤르

카르타고

유프라테스 강

티그리스 강

인더스 강

아시아

리비아

테베

아시아

아라비아 만

나일 강

용

남

헤카타이오스에 의한 세계
(기원전 500년경)

지도 5. 헤카타이오스는 아낙시만드로스의 지도를 한층 더 개선한 인물로 인정받는다. 아낙시만드로스로부터 약 80년이 흐른 뒤 그는 세계에 대한 더 상세한 해석을 창조해냈다.

한 지적 재능을 가졌고, 올리브유 사업으로 큰 재산을 모은 뒤 은퇴하여 '코스모스cosmos'에 대한 연구로 여생을 보냈다. '코스모스'는 우주를 가리키는 그리스어로 '질서'라는 뜻이 있다. 그는 해와 달과 천체들의 운행을 연구하고 바빌로니아와 이집트 학자들의 저작도 공부했다. 기원전 585년에는 일식을 예측하여 유명해졌다. 신화의 신비주의를 버리고 자연의 질서를 관찰함으로써 만물의 근본 질서를 발견할 수 있다는 것이 그의 견해였다. 그는 만물이 물에서 기원했다는 결론을 내리고, 땅이 평평한 원반 모양이며 만물의 근본 물질인 물 위에 떠 있다고 생각했다. 1,500년 전 바빌로니아인들의 생각과 그리 다르지 않다.

동료 시민인 아낙시만드로스(기원전 610~기원전 546)는 그보다 열네 살 연상인 탈레스의 제자였다고 추정된다. 이전 사회에서 축적된 지식과 그리스 철학을 집대성한 탈레스가 아낙시만드로스에게 영향을 끼친 것은 확실하다. 아낙시만드로스가 세웠다고 추정되는 이론에서는 전통적인 신화로부터의 결별과 합리적 사고가 명백히 드러난다. 그는 세계가 '무한' 가운데에 떠 있지만 원통형이라고 믿었다. 이 원통에서 인간이 거주할 수 있는 윗면이 고리 모양의 대양으로 둘러싸여 있다는 믿음은 바빌로니아인들의 관념을 연상시키는 부분이다. 지리학자 에라토스테네스는 아낙시만드로스가 당시까지 알려진 세계의 지도를 처음으로 세상에 내놓은 사람이라고 소개한 바 있다. 이는 그의 고향 도시인 밀레토스(적어도 그 부근)를 중심에 놓은 세계지도였다. 역시 밀레토스 출신인 헤카타이오스(기원전 550~기원전 476)는 아낙시만드로스의 지도에서 착안하여 여기에 세부 사항을 추가해 자신만의 지도를 만들었다. 또 전승과 신화를 구분하고 가능한 한 사실에 기초한 증거에 의거하여 운문이 아닌 산문으로 세계사를 썼다.

에라토스테네스와 시에네의 우물

알렉산드리아는 기원전 332년 알렉산드로스 대왕이 나일 강 삼각주 북부 해안에 건설한 노시로, 알렉산드로스의 제국이 그의 사후에 해체된 뒤에도 오랫동안 번영했다. 알렉산드리아를 지배한 프톨레마이오스 왕조는 알렉산드로스 영토의 계승자들 중 가장 크게 성공한 왕조였을 것이다. 그들은 막강한 육군과 해군의 유지비를 대기 위해 무거운 세금을 부과하는 등 상대적으로 철권을 휘둘렀지만, 지식이 힘이라는 것을 알았고 문화적 야심이 있었다. 알렉산드리아의 대도서관은 이 힘의 구현이었다. 프톨레마이오스 왕조는 이 훌륭한 시설에 아낌없이 투자했다. 심지어는, 번창하는 알렉산드리아 항구에 도달하여 거대한 '파라오' 등대의 인도로 안전하게 정박하는 선박을 전부 수색하여 두루마리와 학술 문헌을 그 소유주로부터 압수하는 정책을 시행하기까지 했다. 그리고 이 문헌들을 꼼꼼하게 복사하여 그 사본을 주인에게 돌려주고 원본은 도서관에 소장했다. 프톨레마이오스 왕조의 후원하에 각 분야의 수학자, 철학자, 과학자들이 알렉산드리아에 모여들었다. 파라오의 등대는 값진 무역선을 알렉산드리아로 인도했지만, 알렉산드리아의 영향력은 지중해 해안보다 훨씬 더 멀리까지 미쳤다. 현대 정치학자와 외교관들이 말하는 '소프트 파워'라고 할 수 있을 것이다.

키레네 출신으로 아테네를 비롯한 각지에서 교육받은 에라토스테네스(기원전 275~기원전 194)는 다방면에 박식했던 철학자·지리학자·수학자로, 희극의 역사와 헬레니즘 세계의 주요 사건에 대한 연대기뿐만 아니라 시까지 쓴 것으로도 명성이 높다. 기원전 245년 프톨레마이오스 3세 에우에르게테스는 이 천부적인 사상가를 알렉산드리아 도서관의 관장으로 임명했다. 서른한 살의 나이로 당대에 알려진 세계에서 가장

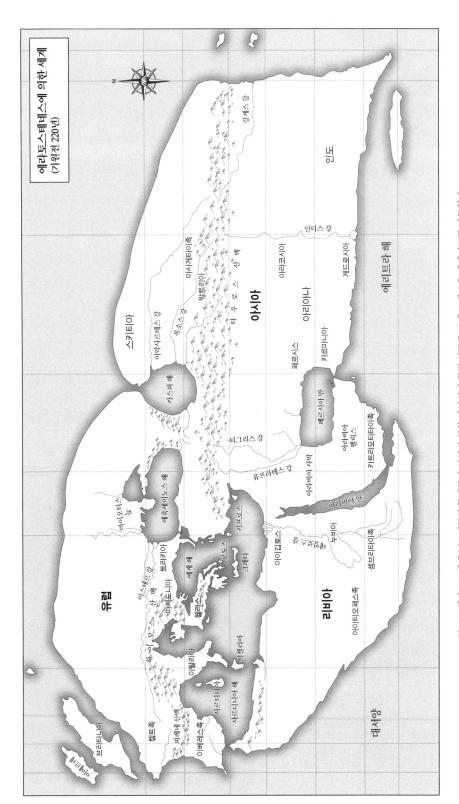

지도 6. 에라토스테네스는 지구의 둘레를 측정하기 위한 자신의 수학적 연구를 토대로 새로운 세계지도를 만들었다. 그는 세계를 기후 영역으로 구분하기도 했다.

에라토스테네스의 의한 세계
(기원전 220년)

유럽

아시아

리비아

대서양

에리트라 해

인도

스키타이아

아락세스 강

마사게타이족

박트리아

옥소스 강

타우로스 산맥

아리코사이아

인디스 강

갠지스 강

카스피 해

티그리스 강

유프라테스 강

아라비아 만

페르시스

카르마니아

페르시아 만

아라비아
펠릭스

게드로시아

홍해

카르멘티아이족

아이티오페스족

스멀리타이족

바빌로니아

누미아

나일 강

아이깁토스

키프로스

로도스

크레타

카레나

사르디니아 해

에욱세이노스 해

트라키아

마케도니아

헬라스

이탈리아

시칠리아

이스트로스 강

알프스 산맥

에게 해

피레네 산맥

이베리아족

켈트족

아이오니아 강

마이오티스 늪

브리타니아

이에르네

N

큰 지식의 집적체를 관장하게 된 에라토스테네스는 이제 대도서관에 도착하는 최신 두루마리와 보고서를 마음껏 뒤져볼 수 있게 되었다. 이 직위는 에라토스테네스를 그리스 세계에서 가장 존경받는 학자 중 한 명으로 만들어주었다.

이 두루마리들 중에는 나일 강변에 위치한 시에네의 우물에 대한 보고서도 있었다. 이 보고서에는 1년 중 낮이 제일 긴 6월 21일 정오에 태양빛이 이 깊은 우물을 수직으로 비추어 그 어두컴컴한 물속을 밝힌다고 적혀 있었다. 에라토스테네스는 선대와 당대 천문학자들의 관찰을 토대로 이 지점이 열대의 북쪽 경계(북회귀선)상에 있다고 추측했다. 그 시대의 천문학자들은 해와 달과 천체들이 정지한 지구 주위를 돈다고 믿었다. 이런 관점에서 그들은 태양이 지구를 매일 한 바퀴씩 돌며, 1년 365일 주기로 보면 1년 사계절 중 여름에 가장 높이 뜬다는 것을 인지하기 시작했다. 그들은 1년 동안 태양이 지나가는 이 길을 '황도ecliptic'라고 불렀다.

사모스의 아리스타르코스(기원전 310~기원전 230)는 태양이 알려진 우주의 중심이며 지구가 태양 주위를 돈다는 이론*을 제시했다. 심지어 별들도 훨씬 멀리 있다 뿐이지 또 다른 태양이 아닌가 하는 생각까지 했다. 하지만 알려진 바에 따르면 에라토스테네스는 이 생각을 받아들이지 않았고, 수백 년 뒤의 프톨레마이오스도 마찬가지였다.

황도를 천구에 표시하면서, 천문학자들은 천구를 이등분하는 상상의 선인 적도와 태양이 거의 항상 일정한 각도를 이룬다는 데 주목했다. 계산 결과 태양의 연주운동은 적도 남쪽으로 24도에서 적도 북쪽으로 24도까지 갔다가 같은 경로로 회귀했다. 그들은 이것을 '황도 경사

---

* 고대 그리스 지동설.

각'이라고 불렀다. 이 이야기는 여기서 잠시 멈추자.

　고대 그리스인들이 회귀선 아래쪽의 땅에 대해 이야기하기는 했지만, 저 '아래'에서는 사람이 살 수 없다는 것이 당대 여론의 합의였다. 하지만 지구가 적도에 의해 두 반구로 나뉘고 북회귀선과 남회귀선으로 위선이 그어진 구라는 개념이 발전하면서, 지리학자들은 지도를 만들기 위한 최초의 참조선 세 개를 갖게 되었다. 영어로 북회귀선은 게자리Cancer를 따서 명명되었는데, 태양이 천구의 북회귀선상에 올 때 게자리를 지나기 때문이다. 마찬가지로 남회귀선은 염소자리Capricorn를 따서 명명되었다.

　에라토스테네스는 우주에 대한 이러한 이해를 바탕으로 지구의 크기를 측정하는 일에 착수할 수 있었다. 이 계산에서 그는 지구에 닿는 태양 광선이 모두 평행하다고 가정했다. 하지만 지구는 둥글기 때문에 태양 광선이 지면에 닿는 각도는 지구의 어느 지점에 닿느냐에 따라 달라진다. 이제 그는 시에네에서 태양이 우물을 수직으로 비추고 태양이 머리 꼭대기 부근에 있을 때는 도시의 건물들이 거의 그림자가 없다는 것을 알았다. 이와 같은 시각에 알렉산드리아에서는 건물들이 그림자를 드리웠다. 그러므로 이 특정한 날의 정오에 그림자의 각도를 측정할 수만 있다면 지구의 크기를 계산할 수 있을 것이라는 결론이 나왔다.

　에라토스테네스는 시에네가 알렉산드리아에서 남쪽으로 약 5,000스타디아(800킬로미터) 떨어져 있으며 두 도시가 같은 자오선상에 위치한다고 이해했다(자오선은 남극과 북극을 잇고 적도와 수직으로 교차하는 반원이다). 이 두 지점 사이의 거리를 알면, 자오선상의 두 점을 잇는 호의 길이, 즉 지구 둘레의 일부를 아는 셈이다. 그렇다면 이 계산에서 남은 미지수는 하나였다. 시에네와 알렉산드리아를 잇는 호의 길이가 5,000스타디아라면, 이는 지구 전체 둘레 대비 얼마만큼의 비율에 해당할까? 에라토스테네스는 그노몬gnomon(시간을 재는 데 썼던 수직 막대로, 모두가 볼 수 있도록 공공장소에 설치되었다)을 이용해 이것을 계산했다. 그노몬의 그림자가 자오선에 닿을 때가 태양이 남중하는 때였다. 에라토스테네스는 이때 그노몬의 높이와 그림자 길이를 주의 깊게 측정하여 삼각형의 두 번의 길이를 구한 뒤 세 번째 변을 그었다. 이제 그노몬 꼭대기에서 그림자 끝까지 닿는 태양 광선의 각도를 계산할 수 있었다. 재어본 결과 이 각은 7도 12분으로, 원 전체 각도의 50분의 1에 가까웠다. 따라서 '50×5,000'을 계산하면 지구의 둘레는 25만 스타디아, 약 4만 6,000킬로미터가 된다. 물론 지금의 우리는 지구 적도의 둘레가 4만여 킬로미터임을 알고 있다.

에라토스테네스는 그 시대에 활용할 수 있었던 도구와 지식을 토대로 정답에 매우 근접한 값을 내놓았지만, 이 계산에는 몇 가지 착오가 있었다. 우선 지구는 완벽한 구가 아니다. 또 시에네는 정확히 북회귀선 위에 있지 않으며(그보다 60킬로미터 북쪽에 있다), 알렉산드리아와 같은 자오선 위에 있지 않다(3도 3분 더 동쪽에 있다). 하지만 에라토스테네스는 지도 제작의 기본 규칙 중 일부를 확립했고, 그의 뒤를 이은 많은 지도 제작자에게 지구상에서의 자기 위치를 계산하는 데 있어 천문학의 중요성을 주지시켰다.

에라토스테네스는 평생 다방면에 걸친 연구를 수행했다. 그가 너무 많은 분야에 손댄 나머지, 모든 분야에서 늘 2인자에 머물렀기 때문에 동료들은 그에게 '베타'라는 별명을 붙여주었다('베타'는 그리스 알파벳에서 두 번째 글자다). 아마도 여기에는 동료들의 질투심이 깃들어 있었을 것이다. 그를 존경하는 다른 사람들은, 모든 경기를 잘하고 경쟁에 능한 올림픽 선수들에 빗대어 그를 펜타틀로스(철인 5종 경기 선수 - 옮긴이)라고 일컬었다.

늙어서 안염에 걸려 시력을 잃은 에라토스테네스는 더 이상 대도서관의 두루마리를 읽거나 자연과 하늘을 관찰할 수 없게 되었다. 이에 좌절한 그는 스스로 굶어 죽기를 택했다. 그는 기원전 194년 82세를 일기로 아마도 그가 사랑하던 도서관에서 세상을 떠났다.

3

· 로마의 유산 ·

그리스인들은 우주론과 지리학 이론에서 필적할 바 없는 진보를 이루었다. 하지만 로마인들은, 물론 그리스 이론의 영향을 크게 받기는 했지만, 주로 지도 제작술의 실용적인 적용에 관심을 기울였다. 지도 제작은 로마 정부와 제국에 봉사하기 위해, 군사 작전이나 여행 계획을 수립하고, 교역을 관리하고, 새로운 식민지를 건설하고, 팽창하는 로마 영토를 가능한 한 상호 연관된 전체로 이해하고 계획하고 – 그리고 물론 착취할(요즘 말로 하면 '세금을 걷을') 수 있게 해주는 일종의 표준 그리드를 도입하는 데 적용되고 활용되었다. 로마 시대의 저술가인 스트라본은 이렇게 말했다.

정치철학은 주로 지배자들을 다룬다. 지리학이 이 지배자들의 통치에 필요한 것을 충족해준다면, 지리학은 어떤 면에서 정치철학보다 더 유용할 것이다.

로마 시
(서기 235~312년경)

－·－ 세르비우스 성벽

▪▪▪ 아우렐리아누스 황제가 270년경부터 세우기 시작한 아우렐리아누스 성벽

하드리아누스 영묘

아일리우스 다리   티베리스 강

네로니아누스 다리

도미티아누스 경기장

판테온

아그리파 다리

세티미아나 성문

아우렐리우스 다리

파브리키우스 다리

케스티우스 다리

아이밀리우스 다리

수블리키우스 다리

프로비 다리

아우렐리아 성문

포르투엔세 성문

오스티엔세 성문

대경기장

황궁

카라칼라 욕장

메트로니아 성문

카스트렌세 원형경기장

아르데아티나 성문

라티나 성문

아피아 성문

플라미니아 성문

핀키아나 성문

노멘타나 성문

근위대 기지

아우구스투스 영묘

로마

유피테르 카피톨리누스 신전 (기원전 6세기에 건립되고 기원전 1세기에 재건됨)

포룸 로마눔의 건축물들

트라야누스 욕장

콜로세움

티부르티나 성문

프라이네스티나 성문

아시나리아 성문

아우렐리아누스 성벽

N

1000 m

1000 yds

Copyright © Swanston Map Archive Limited. All Rights Reserved

지도 7. 로마 시를 방어하기 위해 세르비우스 성벽과 아우렐리아누스 성벽이 세워졌지만, 서기 3세기부터 날이 갈수록 게르만족의 공격에 취약해졌다.

스트라본(기원전 64~서기 24)은 소아시아 아마세이아의 유복한 집안에서 태어났다. 그의 부모는 폰토스(흑해 남부 지역에 있던 왕국으로, 한때 아나톨리아 전역으로 영토를 확대했지만 기원전 65년 폼페이우스에게 정복당해 위성국이 되었고 서기 62년 로마에 흡수되었다 - 옮긴이)의 왕 미트리다테스 6세 왕실의 실력자였다. 스트라본은 언어나 교양 면에서는 그리스인이었지만 정치적으로는 친로마 성향이었다. 당시 폰토스는 로마 공화정의 수중에 떨어진 지 얼마 안 된 상황이었으므로, 누리던 부를 잃고 싶지 않은 가문의 처지에서는 이것이 올바른 처신이었을 것이다. 스트라본의 생전에 로마는 이 지역으로 지배권을 확대하게 된다. 스트라본은 카리아(아나톨리아 서남부 에게 해 연안에 있던 지역 - 옮긴이)의 니사라는 도시로 가서 폰토스를 정복한 로마 장군의 아들들을 가르쳤던 수사학자 아리스토데모스의 문하에서 공부했고, 그 후에는 만능 지식인 포세이도니오스(기원전 135~기원전 51)를 직접 알았거나 그로부터 영향을 받았던 것 같다. 스트라본이 훗날 갈리아족과 켈트족 주민들에 대한 자신의 글에 포세이도니오스의 저작을 인용한 것은 확실하다.

스트라본은 스물한 살쯤 되었을 때 로마로 가서 소요학파인 크세나르쿠스의 문하에서 공부를 계속했다. 그리고 역시 폰토스의 아미수스 출신으로 유명한 학자이자 지리학의 권위자로 존경받았던 티란니온에게 문법을 배웠다. 마지막으로 그에게 멘토로서 영향을 끼친 철학자 아테노도로스 카나니테스는 타르수스 출신으로 기원전 44년 로마로 이주해 로마 엘리트들의 환심을 산 인물이었다. 그는 스트라본을 가르쳤을 뿐만 아니라 권력자들과의 연줄까지 물려주었다.

스트라본은 이러한 교육과 연줄과 부모가 가진 재력의 상당한 지원에 힘입어 마음껏 여행하며 탐구심을 충족할 수 있었다. 그가 집필한 『역사적 주석Historica hypomnemata』이라는 겸손한 제목의 책은 사실 43권에 이르는 방대한 저작이었지만, 아쉽게도 지금은 소실되었다. 하지만 지리 지식의 백과사전인 17권짜리 『지리지Geographica』는 살아남았다 – 실은 이것도 7권의 뒷부분 일부가 소실되었기 때문에 겨우 살아남았다고 해야 할 것이다.

로마에 체류할 때 스트라본은 약 480년간 존속해온 정부 형태인 공화정의 종말을 지켜보았다. 율리우스 카이사르가 (기원전 44년) 암살된 후, 기원전 27년 원로원이 카이사르의 종손 가이우스 옥타비우스와 마르쿠스 아그리파에게 이례적인 권력을 부여한 것이다. 아우구스투스의 칭호를 받은 가이우스 옥타비우스는 이제 제국이 된 로마에 평화와 안정을 가져오는 데 성공했다. 이때 스트라본은 소아시아로 돌아와 있었지만, 기원전 29년 로마로 돌아와 새로운 황제가 전권을 쥐는 과정을 지켜보았다.

기원전 25년 스트라본은 영향력 있는 친구인 이집트 장관 아일리우스 갈루스와 함께 로마에서 이집트의 알렉산드리아로 여행을 떠났다. 튼튼하게 건조된 갤리선의 일등 선실로 여행해도 21일가량 걸리는 여정이었다. 갈루스는 스트라본을 데리고 자신이 담당한 이집트 지방을 둘러보았다. 갈루스가 동방에서 맡은 임무 중 하나는 아라비아 원정이었다. 로마인들은 이 지역이 온갖 보물로 가득 차 있다고 믿었다. 원정의 목적은 이 지역의 민족들과 – 물론 로마에 유리한 쪽으로 – 친선 조약을 체결하는 것이었다. 하지만 이 원정은 실패했다. 처음에는 몇 차례 승리를 거두었지만, 이후 끝없는 사막을 통과하여 남쪽으로 기나긴 행군이 이어졌다. 갈루스는 사바 왕국의 수도인 마리브를 잠시 포위했고 함께 간 로마군 선단은 아덴 항을 파괴했지만, 이 모든 노력은 그가 병력의 태반을 잃으면서 수포로 돌아갔다. 원래 1만 명이었던 병력 중에 지치고 땡볕에 그을린 생존자들은 이집트로 퇴각했다. 황제는 갈루

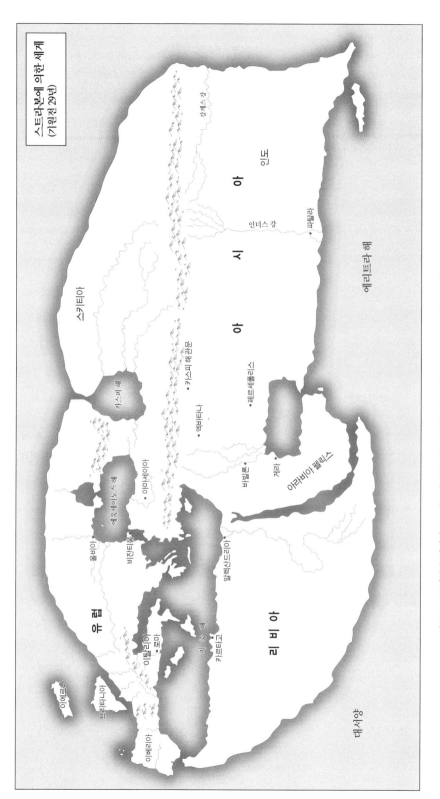

지도 8 스트라본은 정치적으로 친로마 성향이었지만 문화적으로는 그리스인이었다. 그의 세계 개념은
에라토스테네스를 비롯한 그리스인들의 영향을 받았다.

스를 다소 불명예스럽게 로마로 소환했지만 스트라본은 이집트에 남았고, 그중 적어도 한동안은 에라토스테네스의 옛 보금자리였던 알렉산드리아의 대도서관에 머물렀다.

기원전 20년경 이제는 로마 시민이 되어 로마에 돌아온 스트라본은 이곳에 자리잡고 집필에 전념했다. 그리고 현재까지 남아 있는 저작인 『지리지』 집필에 착수했다. 그 초판은 서기 7년에 무엇 때문인지는 몰라도 로마에서 멀리 떨어진 지방에서 출간되었다. 그래서 이 책은 로마에 알려지지 않았지만 로마에 동화된 제국 동부 지역에서는 널리 읽혔다. 어쩌면 그것이 이 지역에 친로마적 유산을 남기려는 스트라본의 의도였는지도 모른다. 그로부터 오랜 공백 이후 서기 23년 제2판이 출간되었지만, 이때가 스트라본의 삶에서 마지막 해였다. 당시 고향인 아마세이아에 돌아와 있던 그는 입수 가능한 최고의 지리 지식을 단일 저작으로 집대성하려는, 아마도 역사상 최초의 시도를 달성하고서 87세를 일기로 사망했다. 그의 저작은 이후 많은 사람들의 연구에 지속적인 영향을 끼치게 된다.

프톨레마이오스

클라우디오스 프톨레마이오스는 서기 100년경 알렉산드리아에서 태어난 것으로 추정된다. 성이 프톨레마이오스이긴 하지만 대도서관을 설립하고 보호한 이집트 왕가와 친척 관계는 아니었다. 바로 이 도시에서, 이 도시가 건설된 지 약 400년 뒤 프톨레마이오스는 후대 독자들에게 『지리학 입문 Geographike Hyphegesis』이라고 알려지게 된 대작을 집필했다.

예술의 아홉 뮤즈에게 헌정된 알렉산드리아 대도서관은 프톨레마이오스가 태어나기 약 148년 전인 기원전 48년에 이미 한 번 파괴되었다. 카이사르의 내전 중에 그의 병력이 이집트 해군의 위협을 받았고, 이를 분쇄하려다가 카이사르 자신의 선단이 불탔으며, 일부 사료에 따르면 그로 인해 발생한 대화재가 대도서관으로 번져 귀중한 자료가 상당수 소실되었다고 한다.

서기 150년경 프톨레마이오스는 수리한 도서관의 열람실 사이에 앉아 『지리학』을 편집했다. 이 책의 많은 부분은 선대의 저작들, 특히 티로스의 마리노스(서기 70~130)의 저작에 크게 의존했다. 그는 선대의 대다수 저작처럼 그리스어로 파피루스 두루마리에 8부로 – 혹은 8'권'으로 – 책을 집필하여 당시까지 고전 세계에서 이루어진 모든 연구를 종합적으로 검토했다. 이 기념비적 연구의 결과는 적어도 서양에서는 향후 2,000년간의 지도 제작을 규정하게 된다.

프톨레마이오스는 스스로를 무엇보다도 우선 수학자, 천문학자, 철학자로 여겼다. 그는 자신을 지리학자로 칭하지 않았다. 사실 프톨레마이오스가 썼던 그리스어에는 지리학에 해당하는 단어가 없었다. 우리가 지도라고 부르는 것을 그는 '피낙스pinax'(점토, 나무, 금속 등으로 만든 판으로, 그 위에 글자나 그림을 새겼다 – 옮긴이)라고 불렀다. 혹은 '페리오도스 게스periodos ges(세계 일주)'라는 어구를 썼을지도 모른다. 시간이 흐르면서 이 단어들은 라틴어 '마파mappa'로 대체되었다.

프톨레마이오스는 『신탁시스 마테마티카Syntaxis Mathematica(수학대전)』, 혹은 『호 메가스 아스트로노모스Ho megas astronomos(위대한 천문학자)』라는 책을 써서 그의 첫 번째 업적을 천문학 분야에서 수립했다. 이 책은 훗날 '알마게스트Almagest'라는 제목으로 알려지게 된다[아랍의 천문학자들은 그리스어의 최상급 표현인 '메기스테Megiste(가장 위대한)'를 써서 그의 저작을 칭했는데, 여기에 아랍어 정관사 '알al'이 접두어로 붙어서 '알마게스트Almagest'가 되었다].

총 13권으로 된 『알마게스트』는 천문학적 개념, 별, 태양계와 그 밖의 눈에 보이는 천체들을 상세히 다루고 있다. 여기서 프톨레마이오스는 지구를 우주의 중심에 놓은, 흔히 '프톨레마이오스 우주론'이라고 알려진 지구 중심설을 창안했다. 1,300년 뒤 코페르니쿠스가 태양 중심설을 발전시킬 때까지 대부분의 관측가와 사상가는 이 우주론을 지지하게 된다.

프톨레마이오스는 『알마게스트』에 이렇게 적었다.

> 나는 내가 죽을 운명을 타고난 덧없는 존재임을 안다. 하지만 천체들의 구불구불한 왕복을 좇을 때 내 발은 더 이상 땅에 닿아 있지 않다. 나는 제우스 신과 함께 서서 안브로시아를 배불리 먹는다.

그는 자신의 연구에 모종의 열정을 느낀 것이 분명하다. 이제 프톨레마이오스의 『지리학』으로 돌아가보자. 그는 우선 바빌로니아, 그리스, 로마, 페르시아 세계의 지식을 집대성하고, 이렇게 축적된 지식을 수학적 체계에 적용하는 방식을 취했다.

1권의 많은 부분은 그의 '투영법'을 이용해 지도 그리는 법을 설명하는 데 할애되어 있다. 그는 원을 360도로 분할하고 1도를 60분으로 분할한 좌표를 도입했는데, 지금까지도 우리가 사용하는 방식이다. 동-서 경도는 그 시대에 '축복받은 자들의 제도Blessed Isles', 또는 '행운의 제도Fortunata isles'라는 이름으로 알려져 있던 카나리아 제도의 바로 서쪽 지점을 0도로 놓고 거기서부터 동쪽 방향으로 측정했다. 남-북 위도는 적도로부터 북쪽 방향으로 측정했는데, 역시 오늘날의 우리와 같은 방식이다. 하지만 그는 몇 도인지를 나타내는 부호를 현재 우리가 쓰는 것처럼 이를테면 $10°$ 가 아니라 10^*, 즉 별표로 표시했다.

그의 기술은 이처럼 구형의 지구를 평평한 표면에 나타낼 수 있게 해주는 수학 공식을 고안해낸 데 있었다. 모든 지도가 구를 평평한 파피루스나 종이 위에 표현하는 일종의 타협임을 고려할 때, 이는 과거의 '세계'지도 투영법을 개선한 것이었다. 또 그는 지도를 북쪽이 위로 가게 놓았는데, 이것 역시 오늘날 친숙한 방향이다. 이는 원뿔 지도 투영법의 첫 번째 사례였다. 프톨레마이오스는 세계지도를 그리는 단순하고 믿을 만한 방법론을 제시했다.

프톨레마이오스는 자신이 알렉산드리아에서 구할 수 있는 저작을 모조리 참조했다. 일례로 갈리아족에 대한 기술은 타키투스의 저작을 참조한 것이다. 또 도시, 항구, 농장 등의 국지적 요소를 지도에 표시하는 규칙을 세웠다. 그는 지리학에서 천문학과 수학의 중요성을 강조하여 해와 별 같은 불변의 요소에 기반한 체계를 고안하고 산, 강어귀, 취락 같은 지리적 요소의 위치를 경도와 위도를 사용해 표시할 것을 요구했다. 지도 제작자들은 이 체계를 준수함으로써 자신이 제작한 지도의 정확성과 체계적 복제 가능성을 보장할 수 있었다. 물론 그러려면 제공된 정보가 정확해야 했다 – 이는 현대의 지도 제작자들도 여전히 직면하는 문제다.

『지리학』은 단지 지리 좌표 목록이 아니었다. 프톨레마이오스는 입수한 자료에 담긴 내용을 검토하고 주의 깊게 분석한 뒤 그중 가장 믿을 만한 것을 선별했지만, 그러면서도 일부 기술의 신뢰성에 대한 경고를 남겼다. 지도 제작자의 실력은 그가 다루어야 하는 정보의 질을 뛰어넘을 수 없다. 이 지명 사전에는 모두 8,000여 곳의 지점이 그 위도와 경도에 따라 열거되어 있었다. 서쪽의 브리튼 제도로부터 시작하여 동쪽으로 유럽과 소아시아를 거쳐 인도에서 끝이 났다. 여기까지가 그가 아는 세계였다. 프톨레마이오스가 직접 지도를 제작하여 자신의 지명 사전에 수록했는지 여부는 알려진 바 없다. 제작했다 할지라도 전해 내려오는 것은 한 점도 없다.

프톨레마이오스는 지구의 둘레를 (바빌로니아의 60진법에 따라) 360도로 분할하고, 1도는 다시 60분 단위로 나누어 그 1도를 500스타디아(2,700킬로미터)로 추정했다. 그는 지구의 크기를 에라토스테네스의 계산보다 작게 추정했지만, 지구에서 인간이 거주할 수 있는 영역은 그 시대 사람들의 통념보다 넓게 잡았다. 이 영역은 서쪽으로 '행운의 섬'부터 동쪽으로는 현재의 베트남 어딘가로 추정되는 '카티가라Cattigara'까지, 남북으로는 북위 63도에 위치한 툴레Thule부터 남위 16도에 위치한 사하라 이남 아프리카의 '아기심바Agisymba'까지 걸쳐 있었다. 프톨레마이오스가 기술한 세계의 가장자리는 가설과 전설과 추측에 의존했다. 일례로 그는 북반구의 유럽·아시아와 균형을 맞추기 위해 남반구에도 미지의 큰 대륙이 존재한다고 믿었다. 또 인도양이 아프리카로 둘러싸여 있으며, 아프리카가 동쪽으로 연장되어 아시아와 맞닿는다고 믿었다. 후자의 믿음은 포르투갈인들이 아프리카를 돌아서 항해하여 인도양으로 들어간 이후까지도 프톨레마이오스 지도에 반영되어 있었다.

프톨레마이오스의 시대 이후 알렉산드리아 대도서관에 남아 있던 문헌은 침략과 전쟁으로 모두 소실되었다. 오늘날까지도 탐구심 많은 이들은 이에 대한 아쉬움을 떨치지 못하고 있다. 하지만 일부 저작은 살아남았고 『지리학』도 그중 하나였다. 『지리학』의 가장 오래된 사본으로 알려진 것은 아랍어로 되어 있으며, 그 연대가 12세기로 거슬러 올라간다. 이슬람 학자들이 이 책의 사본을 보존하여 유럽에 다시 소개했고, 13세기에 아랍어에서 비잔틴 그리스어로, 15세기에 다시 라틴어

지도 9. 프톨레마이오스의 지도는 최초로 경위선과 경선을 사용하고 천문 관측을 통해 장소들의 위치를 명시했다.

프톨레마이오스에 의한 세계
(서기 100년)

로 번역되었다. 그리고 1475년에는 인쇄본이 나왔다. 1482년 독일에서 인쇄된 울름 판본에는 그린란드처럼 새로 발견된 땅의 목판 지도가 수록되었고, 프톨레마이오스의 위도·경도 원칙에 따라 위치가 지정되었다. 그의 책은 사후 1,300년이 흐른 이 시점에 대량으로 찍혀 나오면서 베스트셀러가 되었다.

프톨레마이오스의 수학적이고 과학적인 시스템은 세계에 기하학적 질서를 적용함으로써 이 혼돈스러운 세계를 이해할 수 있게 만들어주었다. 선원, 여행자, 장군들이 거의 무한히 다채로운 경관과 민족들에 대한 경이감을 담아 적어 내려간 무수한 기록이 한데 모여 이해할 수 있는 전체로 종합되었다. 프톨레마이오스의 유산은 오래도록 지속되어 르네상스 이후까지 이어졌다. 지금도 나는 지도를 '도degrees'와 '분minutes'으로 분할한다. 또한 지금도 확인된 지점들의 목록이 담긴 지명 색인을 – 물론 온라인에서지만 – 찾아본다.

> 이러한 것들은 인간이 수학을 통해 천상 자체의 물리적 본성(천상이 우리 주위를 회전하는 모습을 볼 수 있기 때문에)과 그림(여기서는 '지도'를 가리킨다 – 옮긴이)을 통해 본 지구의 본성(거대한데다 우리를 둘러싸지도 않은 실제 지구는 어느 한 사람이 한눈에 살필 수도 없고 부분별로 떼어 차례로 살펴볼 수도 없기 때문에)을 둘 다 이해할 수 있게 해준다는 면에서 가장 숭고하고 훌륭한 지적 추구의 일환이다.
>
> _프톨레마이오스, 『지리학』(1권)

하지만 이러한 업적을 창조해낸 고전 세계는 위협에 직면해 있었다.

4

· 낙원으로 가는 길 ·

서기 4세기 초 무렵의 로마 제국 서부는 아마도 덜 '로마적'이었을 것
이다. 많은 지방이 부족 연맹의 영토였고, 반독립적인semi-independent 왕
국들은 그들만의 정치에 몰두했다. 로마라는 국가는 정치체로서의 응
집성이 이전보다 약화되었다. 동부에서는 알렉산드리아가 크게 위축
되긴 했지만 여전히 학문의 중심지였고, 또한 반동의 중심지가 되었다.
이 무렵 500살이 넘은데다 상태가 시원찮았던 박물관 건물은 결국 파
괴되었지만, 대도서관 건물은 아직 남아 있었다. 서기 391년 이 도서관
은 마침내 종말을 맞았다. 기독교도 군중이 난입해서 그 무엇으로도 대
체할 수 없는 고서들을 불태우고 건물을 교회로 바꾸어버린 것이다. 신
앙이 이성에 승리를 거두었다.

한편 그로부터 몇 년 전, 제국의 반대쪽 끝인 브리타니아의 하드리아
누스 방벽에서는 당시 브리튼의 사령관이던 마그누스 막시무스가 브리
튼 북부와 서부에서 군대를 철수했다. 그라티아누스 황제의 권력을 찬
탈하고 제국을 지배하려는 개인적 야심을 좇기 위해서였다. 그의 기도

는 테오도시우스 황제에게 패하면서 결국 실패했고, 막시무스는 388년 처형되었다. 그의 죽음과 더불어 브리타니아는 테오도시우스의 직접 통치 아래로 되돌아갔지만, 392년 또 다른 찬탈자인 플라비우스 에우게니우스가 황제 권력에 도전했다. 하지만 그 역시 서로마를 겨우 2년간 짧게 지배했을 뿐 실패하고 말았다. 콘스탄티노폴리스에서 군대를 이끌고 진군한 테오도시우스가 394년 9월 프리기두스 전투에서 에우게니우스를 격퇴한 것이다. 에우게니우스는 붙잡혀서 범죄자로 처형되었다. 이듬해인 395년, 승리한 테오도시우스는 열 살 난 아들 호노리우스를 서로마의 황제로 남겨놓고 사망했다. 하지만 서로마의 실권은 입지전적인 인물이자 백전노장인 플라비우스 스틸리코에게 있었다. 402년, 유럽 대륙에서 동고트·서고트족과의 전쟁에 직면한 그는 하드리아누스 방벽에 남아 있던 수비대와 아마도 브리튼의 기타 주둔 병력까지 최종적으로 철수시킨다는 결정을 내렸다.

한편 이제 로마 브리튼인들은 제국의 권위를 내던졌다. 407년 그들은 플라비우스 클라우디우스 콘스탄티누스, 즉 콘스탄티누스 3세를 자신들의 지도자로 선출했다. 그는 자신을 서로마 황제로 선포하고 브리튼에 남은 최후의 로마 군대를 모아 갈리아로 진군했다. 그로부터 66년 뒤, 제국의 서부에서는 로마가 사라지고 여러 '야만인' 왕국이 그 자리를 차지했다. 새로 세워진 왕국들은 한때 위대한 제국이었던 곳의 잔해 속에서 살았다. 도로와 다리와 수도교와 거대한 건물을 유지·보수하는 기술들이 소실되었다. 앵글로색슨 시대에 쓰인 작자 미상의 시 「폐허The Ruin」는 이 이끼 낀 건물들을 경이에 찬 눈길로 바라보고 있다.

이 석벽은 웅장도 하여라. 허나 운명은 성채를
무너뜨렸으니, 거인들의 작품도 부서지누나.

지붕은 내려앉았고, 탑들은 뭉그러져버렸고,

녹슨 문은 망가졌고, 서리는 돌 틈을 메우며,

금 간 건물들은 주저앉았고, 세월의 흐름 속에

밑동부터 먹혔도다. 오래전에 죽은 식공들은

일백 세대의 사람들이 세월 속에 흐르는 동안

차가운 땅 속에 누워 갇혀 지낸 지 오래도다.

돌이끼로 잿빛을 띠고 녹물에 붉어진 석벽은

폭풍설을 견디며 왕국의 흥망을 지켜보았지만,

높고 넓다 한들, 무너졌구나. 허나 풍우에 찢기고 터졌어도,

석벽들은 여전히 끈질기게 남았구나.[*]

　　로마의 기반 시설과 더불어 문자 기록과 학술 문헌 두루마리들도 최소한 서부에서는 거의 유실되었다. 그리스와 로마의 자연과학은 쇠퇴하여 거의 사라졌고, 3세기에 쓰인 몇몇 '전설'이 잔존하여 중세 초기 세계관의 일부가 되었다. 본업이 문법학자였던 카이우스 율리우스 솔리누스의 저작도 그러한 책들 중 하나였다. 그의 책 『기이한 사물 집성 Collectanea Rerum Memorabilium』에는 성경에서 직접 뽑은 이야기로부터 하이에나의 그림자가 개의 짖는 능력을 앗아간다는 아프리카 민담까지 아우르는 1,100가지의 이야기가 담겨 있다. 이 방대한 신화 모음집은 선대의 여러 저자에게서 빌려온 허풍스러운 여행담으로, 이 허구의 걸작에 일종의 그럴듯한 생동감을 부여하기에 딱 알맞은 만큼의 지리적 사실이 섞여 있었다. 이 책은 6세기에 개정을 거쳐 '많은 이야기'라는 뜻의 '폴리히스토르 Polyhistor'라는 제목으로 재출간되었다.

---

* 이성일 옮김, 『고대 영시선 : 베오울프 외』, 한국문화사, 2017 - 옮긴이

기독교 신앙이 그 본산인 팔레스타인으로부터 지중해 전역으로 전파되었다. 찬탈자, 야만인 침략자, 역병과 기근에 시달리며 급변하는 세상에서 기독교는 적어도 다음 세상 - 내세 - 에서의 더 나은 삶을 약속해준 종교였다. 과거에 우세했던 그리스·로마 종교는 공물을 요구했을 뿐 이런 것을 제시하지 못했다. 그들은 선한 삶을 살기 위한 지침을 제시하지 못했다. 하계는 평화로운 영생을 위한 장소가 아니었다.

기독교 세계에도 악의 장소와 악의 무리들이 있었다. 기독교는 서기 380년 테살로니카 칙령에 의해 로마 제국의 공식 종교로 공인되었다. 이제 공식적 승인을 받은 새로운 신앙은 이교 신앙에 대한 탄압을 개시했다. 유감스럽게도, 이렇게 파괴되거나 금지된 저작 가운데는 그리스·로마 시대의 과학 연구 대부분이 포함되었다. 그 뿌리가 기원전 387년까지 거슬러 올라가며 (중간에 몇 차례 중단되긴 했지만) 916년간 깊은 사색을 이어온 아카데메이아는 서기 528년에 결국 폐쇄되었다. 아카데메이아의 교사들은 쫓겨났고 이교도로서 수색 대상이 되었다. 새로운 종교는 보존한 것보다 파괴한 것이 훨씬 더 많았지만, 이 온갖 혼돈 가운데서 신앙에 기반한 새로운 세계관이 진화했다. 이 세계관은 지도 제작자들이 세계를 재현하는 방식을 - 적어도 몇백 년간은 - 바꾸어놓았다.

제바스티안 뮌스터Sebastian Münster(1448~1552)는 하이델베르크 대학교의 신학자이자 히브리어 학자였다. 당대의 많은 학식 있는 이들처럼 그도 지리학과 지도 제작에 관심이 있었다. 그는 두 개의 중요한 저작을 남겼다. 그중 첫 번째는 1540년 프톨레마이오스의 『지리학』을 48점의 목판 지도를 수록하여 출간한 것이었다. 그는 장소와 도시와 국가들의 명칭을 탈부착할 수 있는 활자 블록에 새겨서 지도 전체를 다시 새기지 않고도 수정하고 갱신할 수 있게끔 만들었다. 그가 다음으로 만든 지도는 1544년에 출판된 『코스모그라피아Cosmographia』였다. 여기서 그는 지도를 대륙별로 분리하고, 지도를 편집하기 위해 참조한 출처를 열거했다. 그리고 지도의 여백은 솔리누스의 지도에 등장하는 기이한 허구의 종족과 생물들로 '장식'했다. 많은 지도가 이러한 관행을 모방하여 제작되었고 이 경향은 18세기까지 계속되었다.

솔리누스의 책을 통해 유포된 허위 정보들은 이미 '기독교 지리학'에 의해 집대성되어 있었다. 500년대에 코스마스 인디코플레우스테스Cosmas Indicopleustes가 쓴 책도 그중 하나였다. 그는 – 우주의 본성과 모든 생물과 지구의 형태를 비롯한 – 모든 것을 성경 안에서 찾을 수 있다고 믿었다.

원래 코스마스는 성공한 상인으로, 지중해의 도시들은 물론이고 멀리 동쪽으로 실론(스리랑카)에 이르기까지 당시 알려진 세계의 넓은 지역을 돌아다니며 무역 활동을 했다. 그러다 기독교로 개종하여, 결국에는 시나이 사막의 수도원에 들어가 세속과 격리된 수도사의 삶을 살았다. 그가 쓴 『기독교 지형학Topographia Christiana』이라는 책에서 그는 세계를 예루살렘을 중심으로 한 평평한 평행사변형으로 보았다. 에제키엘서 제5장 5절에 '내가 예루살렘을 뭇 나라에 둘러싸여 뭇 민족들 한가운데 자리잡게 했'다고 쓰여 있기 때문이었다. 코스마스는 인간이 살 수 있는 세계의 북쪽 저편에 거대한 산이 있으며 해와 달이 그 산 주위를 돌아서 낮과 밤이 생긴다고 주장했다. 그 산의 중심 너머에는 거대한 바다가 있고, 그 바다 건너에는 다른 땅이 있었다. 성서의 홍수 시대 이전에는 그 땅에 사람들이 살았지만 지금은 사람이 살 수도, 접근할 수도 없는 곳이 되었다. 이 텅 빈 땅 너머에는 하늘의 네 벽이 솟아 하늘의 돔에 닿아 있었다. 『기독교 지형학』에서 코스마스는 오만하고 회의적인 학자들을 다음과 같이 폄하했다.

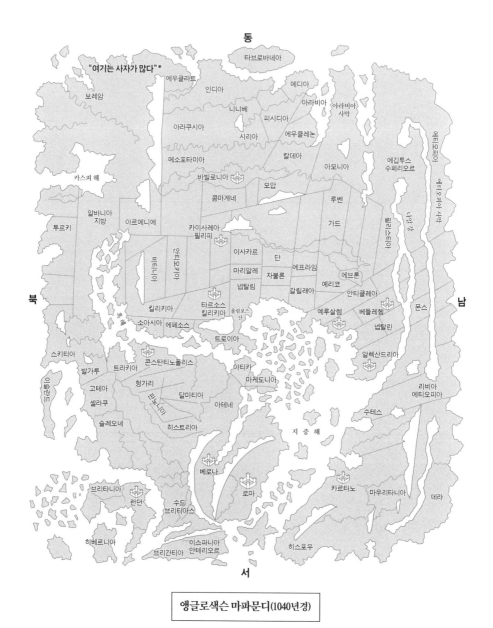

앵글로색슨 마파문디(1040년경)

지도 10. 이 지도의 원본은 1040년경에 제작되었다. 브리튼 제도를 희미하게나마 실제에 가깝게 묘사한 가장 오래된 지도로 알려져 있다.

---

* 중세 지도 가장자리의 미지의 땅에는 용이나 사자 같은 맹수를 그려 넣었다. 실제로 이 지도의 원본에도 사자가 그려져 있다 - 옮긴이

그들은 구형의 천체와 회전운동을 천상의 것으로 돌린다. 천체에 기하학적 방법론과 계산을 적용함으로써, 또 말의 오용과 세속의 기술에 의해, 일식과 월식이라는 수단으로 세계의 위치와 형태를 파악하려고 노력한다. 이로써 다른 이들을 오류로 인도하는 한편, 전체가 구형이 아니면 이런 현상이 나타날 수 없다고 주장한다는 점에서 그들 자신도 오류에 빠져 있다.

이어서 코스마스는 둥근 지구의 반대편에도 사람이 살 가능성이 있다는 그리스인의 생각을 그 사람들이 '아담의 종족일 수 없다'는 이유로 고려할 가치가 없는 것으로 치부했다. 성경이 '땅의 사방'을 언급하고 있지 않던가? 사도들은 세상에 나가 모든 피조물에게 복음을 전파하라는 명을 받았는데, 그들은 대척지에 닿을 수 없었으므로 그런 장소는 존재할 수 없었다.

이제 기독교 지도에 묘사된 중세 초기의 세계를 보도록 하자. 지도 제작 문화가 서로 중첩되고 영향을 주고받는 경향이 있기 때문에 나는 '기독교'라는 말을 한 지역과 시대를 가리키는 뜻으로 매우 느슨하게 사용했다. 이 시기 이후로 약 1,100점의 '마파문디mappa mundi', 즉 세계지도가 전해져 내려온다. '마파문디'에는 여러 종류가 있는데 그중 하나가 지대형 지도zonal map라는 다이어그램 지도로, 세계를 나타내는 원을 다섯 개의 기후대로 구분한다. 이 중 사람이 살 수 있다고 여겨진 곳은 '북부 온대'와 '남부 온대'의 두 지대뿐으로, 이 둘은 적도를 따라 놓인 상상의 바다에 의해 분리되어 있다.

지대형 지도는 땅의 형태를 기후대 개념에 맞추고자 했다. 분리 경계인 적도의 바다를 강조하고 오늘날 우리가 세계지도를 보듯이 북쪽이 위로 가게 놓았다. 그들은 자연 세계가 인간의 존재를 결정지었던 그리

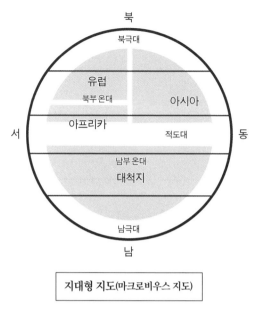

북

북극대

유럽

북부 온대

아시아

아프리카

서   적도대   동

남부 온대

대척지

남극대

남

지대형 지도(마크로비우스 지도)

지도 11. 이런 지도는 로마의 행정가이자 작가인 암브로시우스 아우렐리우스 테오도시우스 마크로비우스의 이름을 따서 '마크로비우스Macrobian' 지도라고도 한다.

스 전통을 되돌아보고 그들이 접근할 수 없는 미지의 가설적 종족이 남부 온대 구역에 살고 있다고 믿었다. 기독교적 관점에서 볼 때 이는 풀리지 않는 문제였다. 이 종족은 성경에 언급되지 않았는데, 과연 그들도 신에 의해 창조되었을까?

(특별한 순서는 없지만) 그다음 범주는 T-O 지도다('3분할' 지도라고도 한다). 지리를 단순화하여 표현한 이 지도는 로마 시대와 중세의 학자들이 알던 세계의 거주 가능한 지역만 보여주고 있다. 이 세계지도는 원 안에 그려져 있고 유럽, 아프리카, 아시아의 세 땅덩어리를 분리하는 T자형의 물길이 이를 둘러싼 원형의 대양에 가닿는다. 이런 지도는 대부분 동쪽(라틴어로 '오리엔스oriens')을 위로 두고 그려졌는데, 여기서 '오리엔팅orienting(방향)'이라는 말이 유래했다. 이런 지도는 미지의 종족이 있을 가능성을 적어도 지리적으로는 철저히 무시함으로써 미지의 종족

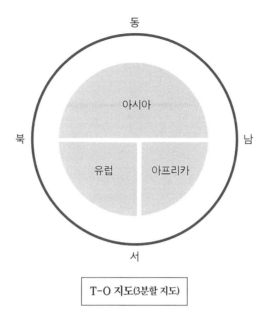

동

북

남

서

아시아

유럽

아프리카

T-O 지도(3분할 지도)

지도 12. 이 지도는 로마 시대와 중세에 알려진 세계의 거주 가능한 영역만 나타내고 있다.

이라는 문제를 해결했다. 세비야의 대주교 이시도르(서기 580~636)가 그의 노력이 아니었으면 아마도 유실되었을 고전 시대로부터의 저작들을 집대성하여 편찬한 백과사전 『에티몰로기아이Etymologiae(기원)』에서도 이런 양식의 지도가 사용되었다.

베아투스Beatus 지도 혹은 4분할 지도라고 알려진 지도에서도 기독교 신앙의 중심인 에덴동산이 위치한 동쪽을 위쪽으로 놓는다. 이 지도는 알려진 세 대륙 말고도 남쪽에 있는 미지의 신대륙이 표현되었기 때문에 '4분할'이라는 이름이 붙었다. 이 네 번째 대륙을 흔히 '대척지Antipodes'라고 부른다. 베아투스 지도라는 명칭은 수도사이자 신학자로서 지질학에 관심이 많았던 리에바나의 베아투스Beatus of Liébana의 이름을 딴 것이다. 그가 태어난 서기 730년 무렵, 스페인 서고트 왕국의 영토 중 베아투스의 고향인 스페인 북서부의 왕국들을 제외한 대부분의

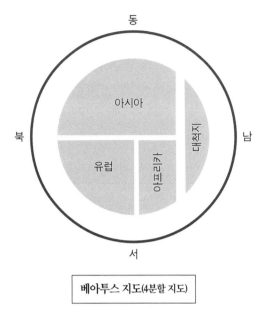

동

북   남

아시아

대척지

유럽   아프리카

서

베아투스 지도(4분할 지도)

지도 13. 이것은 지대형 지도와 T-O 지도를 결합하고 네 번째 미지의 대륙을 추가한 형태의 지도다. 이 네 번째 대륙이 '대척지'로 표시되는 경우도 있다.

지역은 우마이야 왕조의 무슬림 침입자들 수중에 들어가 있었다. 그 시대에 가장 정확한 지도를 제작했던 이들은 아랍인이었으므로 아마 그들의 지도가 젊은 수도사에게 영향을 주었을 것이다. 오늘날 베아투스는 776년에 출판되고 784년과 786년에 개정판이 나온 『요한계시록 주해서』의 저자로 가장 잘 알려져 있다. 현존하는 베아투스 지도는 지금은 유실된 원본에서 유래한 것으로 여겨진다.

복합형Complex 지도 혹은 그레이트 맵Great map은 '마파문디' 세계지도의 가장 유명한 표현 양식일 것이다. 12세기에 엡슈토르프의 게르파제Gervase of Ebstorf가 T-O 포맷에 따라 제작한 엡슈토르프 지도는 1843년 북독일 엡슈토르프의 한 수녀원에서 재발견되었다. 30매의 양피지를 이어 붙여 만든 이 지도에는 상세 지형과 더불어 고전 시대를 묘사한 삽화와 성서 역사의 이미지들이 묘사되어 있다. 지도 최상단 – 동쪽 – 에는

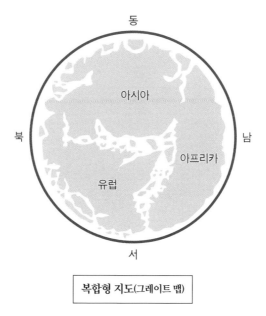

동

북   남

아시아

아프리카

유럽

서

복합형 지도(그레이트 맵)

지도 14. 이런 종류의 지도는 해안선, 산, 강, 도시들을 자세히 보여준다. 역사나 성경에 나오는 인물과 이야기가 묘사된 경우도 있다.

예수의 얼굴이 그려져 있다. 원본은 1943년 연합군의 폭격으로 소실되었지만 사본이 여러 점 남아 있다.

　이런 양식의 지도 중에서 현존하는 가장 큰 것은 1300년 무렵에 제작된 헤리퍼드Hereford 마파문디다. 세로 158센티미터, 가로 133센티미터 크기의 피지 한 장에 그리고 채색한 이 지도에는 성서의 열다섯 가지 사건과 고대 신화의 다섯 장면, 420개 도시와 소도시, 그리고 사람들과 동식물이 묘사되어 있다. 여기서도 동쪽이 위로 가고 예루살렘이 중심이며 에덴동산이 가장자리에 있다. 이 지도는 헤리퍼드 성당의 성가대석 벽면에 전시되어 있었지만 그다지 눈길을 끌지는 못했던 것 같다. 난세 – 예를 들어 17세기의 잉글랜드 내전과 공화정 시대 – 에는 부속 예배당 바닥 밑에 숨겨져 있었다. 이 지도는 제2차 세계대전 중에도 은닉되었다가 1946년에 성당으로 되돌아왔다.

국민 성금과 국립문화유산기금National Heritage Fund 및 폴 게티의 거액 기부를 통해 이 지도를 보관하기 위한 도서관이 신축되어 1996년에 개장했다.*

기독교 신앙이 문화 수정을 독려하긴 했지만, 8~9세기 북유럽과 서유럽으로 확장된 샤를마뉴 제국 영토에서도 몇몇 고전 저작은 살아남았다. 한편 바그다드에서 코르도바에 이르는 이슬람 세계 곳곳에서는 방대한 고전 지식과 지리학이 학자들에 의해 보존되었다. 나는 이것을 지리학의 이슬람 전통이라고 부르지만, 이는 아주 느슨한 표현이다. 이슬람 전통과 인접한 전통들 – 예를 들어 기독교 전통이나 그보다 정도는 덜했지만 동쪽의 인도 전통 – 사이에는 어느 정도의 배움과 교류가 이루어졌다. 이슬람 지도 제작의 대표자로 알 마수디Al-Mas'udi(서기 896~956)를 꼽을 수 있다.

'아랍의 헤로도토스'로 일컬어지는 알 마수디는 바그다드에서 태어났고 선지자 무함마드의 동료였던 압둘라 이븐 마수드의 후손이었다. 그는 바그다드 인근과 바스라에서 교육받으며 일대에서 가장 유명하고 존경받는 문헌학자들의 문하에서 공부했다. 또 그는 이슬람 신학의 무타질라 학파로부터 영향을 받았는데, 이 학파는 선과 악이 계시된 경전의 해석에 의해 결정되는 것이 아니라 옳고 그름을 구분하는 최종 결정권자인 '독자적 이성unaided reason'을 통해 확립될 수 있다고 가르쳤다.

따라서 알 마수디는 그가 900년대 중반에 관찰한 세계를 기술하고 해석하는 데 필요한 소양을 갖추고 있었다. 그가 근동과 페르시아, 북아프리카, 아라비아 해, 그리고 더 멀리 동아프리카 해안과 인도, 스리

---

* 이 지도와 성당과 소도시 모두 방문할 가치가 충분하다. 헤리퍼드는 17세기의 여배우이자 찰스 2세의 정부情婦였던 넬 그윈Nell Gwynn의 출생지이기도 하다. 나는 이곳에서 훌륭한 사과주를 곁들여 아주 행복한 며칠을 보냈다.

랑카까지 여행하면서 남긴 상세한 관찰기는 오늘날의 우리에게도 귀중한 자료다. 그는 유럽의 사정에 관심을 가졌고, 특히 비잔틴의 정세를 연구했다. 오스만이 이 도시를 정복하기 5세기 전인 947년경 비잔틴에 내해 남긴 글에서 당시 흔히 통용되던 콘스탄티노폴리스가 아니라 '이스탄불'이라는 지명을 쓰기도 했다. 그는 멀리 떨어진 앵글로색슨 잉글랜드와 파리를 수도로 하는 프랑크 왕국에 대해서도 알았고 그 시대까지의 왕계표를 기록했다.

그는 북쪽으로도 멀리까지 여행해서 루스(키예프 루스 - 옮긴이)가 다양한 집단의 연합체이며 중앙 권력이 외견상 부재하고 지방 통치자 집단의 수중에 있다고 기술했다. 또 그들이 배를 몰고 강으로도 바다로도 멀리까지 항해하는 유능한 선원이라는 데 주목했다. 또한 그의 세계지도를 보면 알 수 있듯이 흑해와 카스피 해가 별개의 두 내해라는 것도 이해했다.

루스의 동쪽에는 하자르의 영토가 있었는데, 지배 엘리트인 튀르크계 하자르족과 기타 다양한 종교 전통을 따르는 여러 종족 집단으로 구성되었고 칸이 다스리는 칸국이었다. 알 마수디에 따르면, 하자르 지배자들은 740년대의 어느 시점에 유대교로 개종하고 백성에게도 자신들의 모범을 따르도록 장려했다고 한다. 하지만 그들이 얼마나 성공을 거두었는지는 오늘날의 학자들 사이에서도 논란거리다.

계속해서 알 마수디는 중앙아시아의 튀르크 부족들에 대해 기술하고, 인도와 그 지배자와 무역과 신앙에 대해 상세히 적었다. 또 그보다는 덜 자세하지만 중국에 대해서도 썼고, 어느 대목에서는 당나라 말기에 터진 황소의 난을 자세히 다루며 이 반란이 왕조의 약화로 이어졌다고 기술했다.

알 마수디는 다작을 했지만 그중에서도 가장 유명한 건 『무루즈 아

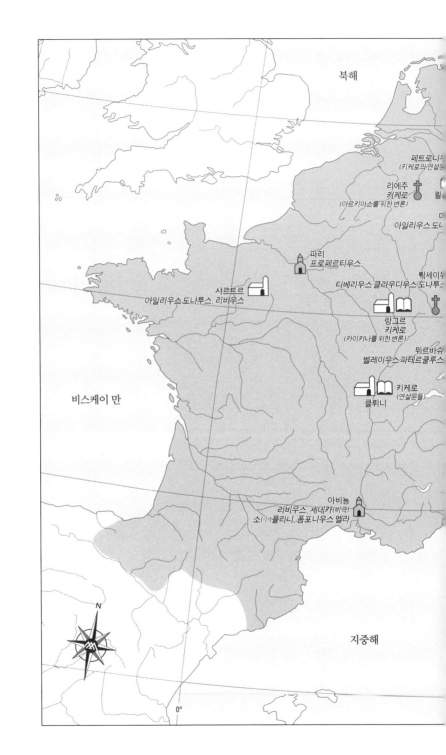

북해

페트로니우스
(키케로의 연설된)

리에주
키케로
(아르키아스를 위한 변론)

퀼른

아일리우스 도나

파리
프로페르티우스

뤽세이유

티베리우스 클라우디우스 도나투스

샤르트르
아일리우스 도나투스, 리비우스

랑그르
키케로
(카이키나를 위한 변론)

뮈르바슈
벨레이우스 파테르쿨루스

비스케이 만

키케로
(연설문들)

클뤼니

아비뇽
리비우스, 세네카(비극)
소(小)플리니, 폼포니우스 멜라

N

지중해

0°

**고전 문헌이 보관되어 있던
도서관들(서기 814년경)**

⛪ 성당

⛪ 수도원

🏛 기타

📖 15세기의 인문주의자 브라촐리니가
고전 문헌을 발견한 곳

리비우스 문헌과 저자 이름

▨ 814년 카롤링거 제국의 영역

코르바이
타키투스
연대기 1~6권

헤르스펠트
수에토니우스, 타키투스(게르마니아 등)

암미아누스 마르켈리누스, 아피키우스,
키케로(웅변가에 대하여), 콜루멜라
풀다

로르슈
라우스 피소니스, 리비우스

라이헤나우
실리우스 이탈리쿠스, 스타티우스
콘스탄스
마닐리우스
생갈
아스코니우스, 퀸틸리안, 발레리우스 플라쿠스

베르첼리
키케로(친지에게 보낸 편지)

베로나
카툴루스, 키케로(아티쿠스에게 보낸 편지),
작자 미상(히스토리아 아우구스타)

폼포사
세네카(비극)

로디
키케로
(브루투스, 웅변가에 대하여)

보비오
카리시우스,
작자 미상(에피그림
가타 보비엔시아),
루틸리우스 나마티
아누스, 술피키아

피렌체
유럽에서 발견된 고전 문헌의
대다수가 이곳으로 옮겨짐

몬테카지노
아풀레이우스, 키케로(클루엔티우스를 위한 변론),
프론티누스, 타키투스(연대기 11~16권, 역사), 바로

지도 15. 카롤링거 제국 영토 내에서 살아남은 일부 고전 문헌과 파피루스 연한 많은 문서가 피렌체로 옮겨졌다.

알 마수디에 의한 세계(서기 10세기)

지도 16. 알 마수디는 아랍의 역사학자, 지리학자, 탐험가였다. 그의 세계지도는 당대의 아랍 전통에 따라 남쪽이 위로 가게 놓고 세계를 보았다.

드-다하브 와 마아딘 알 자와히르Muruj adh-dhahab wa ma'adin al-jawahir(황금 초원과 보석 광산)』이다. 이 역사서는 아담과 이브로부터 시작해서 여러 시대를 거쳐 압바스 칼리프조 말기까지 다루고 있다. 이 책에는 알안딜루스(스페인 남부)의 해상 탐험가 카슈카시 이븐 사에드 이븐 아스와드Khashkhash Ibn Saeed Ibn Aswad의 이야기도 언급된다. 그는 서기 889년에 대서양을 건너갔다가 전리품을 가득 싣고 돌아왔다고 하는데, 이 이야기는 알안달루스 사람들에게 잘 알려져 있었다고 전해진다. 드넓은 서쪽 수평선을 응시했던 후대의 이베리아인들에게는 참으로 가슴이 울렁거리는 전승이었을 것이다.

그는 화석에 대한 관찰을 근거로 ─ 광물에서 식물, 동물을 거쳐 인간으로의 ─ 진화 이론을 제안한 전문 광물학자이자 지질학자이기도 했다. 그의 연구는 다윈보다 900년 앞선 것이었다.

◆────◎☁◎────◆

요즘 나는 노르망디 코탕탱 반도 중부의 작은 별장에서 가능한 한 많은 시간을 보내려고 한다. 쉬면서 기운을 회복하기에 좋은 곳이다. 오래된 작은 농장인데 건물은 폭 7.6미터, 길이 32미터로 길고 좁다. 약 800미터 떨어진 곳에 조그만 마을이 있어서, 나이 지긋하고 매우 식견이 높은 이 지역 유지 악셀이 가끔 이곳을 찾는다. 익히 짐작할 수 있겠지만 그냥 우리 집에 쟁여둔 와인을 맛보고 우연찮게 그의 눈에 띄는 이것저것에 대해 조언을 해주기 위해서다. 여느 노르망디 사람들처럼 그도 이런 쪽으로는 인심이 매우 후해서, 내가 방금 설치한 부엌 선반의 위치가 틀려먹었다는 사실을 친절하게 일깨워주기도 했다. 노르망디인은 예로부터 터 잡고 살아온 농민들 위에 프랑크족이, 그 위에 다시 바이킹이 – 특히 후자가 – 결합되어 형성된 특이한 종족이다. 악셀을 비롯한 내 이웃들은 자기들이 특히 바이킹 혈통임을 힘주어 강조한다 – 이건 그들 집안의 유산에서 중요한 요소다. 악셀의 햇볕에 바랜 가죽 같은 얼굴과 뻣뻣한 머리카락과 밝고 새파란 눈을 보면 그의 말이 정말로 그럴듯하게 들린다.

이 농장에서 그리 멀지 않은 곳에 오트빌 가의 본향이 있다. 이 노르만족 가문의 일원들은 서기 999년 롬바르디아 군주들을 대신해 비잔틴과 싸우는 용병 자격으로 이탈리아 남부에 발을 디뎠다. 그리고 오래지 않아 눈앞에 펼쳐진 땅에서 기회를 포착했다. 이 반가운 소식에 신분 상승을 노리는 더 많은 노르만인이 자기 영지를 개척하려는 열망에 들떠 무장을 하고 속속 합류했다. 잉글랜드 정복을 공고화하는 데 채 10년도 안 걸렸던 것과는 달리, 이탈리아와 시칠리아에서 이 과정은 100년 이상이 걸렸다. 결국 노르만인들은 지방 영주가 되었고, 그다음에는 왕이 되었다.

1130년 루제로 2세는 부친인 루제로 기스카르, 즉 루제로 1세이자 시칠리아 백작으로부터 이탈리아와 시칠리아 영토를 물려받아 시칠리아 왕국을 수립했다. 그리고 원주민인 시칠리아인과 남이탈리아인 말고도 아랍인, 롬바르디아인, 비잔틴인, 노르만인 등 유난히 다양한 민족으로 구성된 국가를 24년간 다스리며 이 땅을 통치하기 위해 복잡다단한 투쟁을 치러야 했지만, 그 과정에서 놀랄 만큼 포용적이고 관용적인 사회를 발전시켰다.

이 왕국의 시민들 중에는 아부 압달라 무함마드 이븐 무함마드 이븐 압둘라 이드리스 알 샤리프 알 이드리시라는 기나긴 이름을 가진 사람이 있었는데, 줄여서 알 이드리시Al-Idrisi라고 부르기로 하자. 생애의 상당 기간을 기독교 왕국인 시칠리아에서 보낸 알 이드리시의 연구에는 이슬람과 기독교의 지리 전통이 결합되어 있다. 그는 북아프리카의 도시 세우타에서 태어나 초년기 한때를 알안달루스에서 보낸 뒤 프랑스를 거쳐 잉글랜드까지 여행했고, 런던과 요크에도 들렀다. 얼마 전 나는 요크에 있었는데, 어느 날 오후 대성당 주변을 거닐다가 내 지도 세작 영웅 중 한 명이 – 적어도 전해 내려오는 몇몇 이야기에 따르면 – 이 도시를 방문했다는 사실을 곰곰 생각했다. 나는 이런 생각을 염두에 두고서 '더 홀 인 더 월The Hole in the Wall'이라는 아담하고 괜찮은 맥줏집에 들어가 그날의 스페셜 메뉴를 한 접시 가득 주문했다. 그러면서 문득 궁금해졌다. 885년 전 알 이드리시였다면 어떤 메뉴를 골랐을까? 1130년 그날의 스페셜은 뭐였을까? 그로부터 60여 년 전에 노르만이 이곳을 정복했으므로 그도 골목을 활보하는 노르만인들을 목격했을 것이다. 이후의 여정에서 그는 아나톨리아와 북아프리카로 발길을 옮겨 이들 지역에서 직접 체험을 통해 지식을 흡수했다. 1136년 무렵 알 이드리시는 시칠리아에 정착하기를 택했고 그의 식견은 결국 왕실의 주목을 받게 되었다. 루제로 2세의 국정은 상서원royal chancery을 통해 운영되었는데, 이곳의 뛰어난 그리스어, 아랍어, 라틴어 필경사들은 국가와 백성의 필요에 맞는 어떤 언어로든 문서를 생산해낼 능력을 갖추고 있었다.

1155년 무렵 루제로는 알 이드리시에게, 지금의 우리라면 '아틀라스'라고 불렀을 책을 제작하라는 명을 내렸다. 루제로 2세는 자기 영토의 강역에 대한 관심이 지대했는데, 1150년 무렵의 그 최대 강역이 우리가 알 이드리시 세계지도를 베껴 그린 지도에 짙은 색으로 칠해져 있다. 이 책의 제목은 아랍어로 '키탑 누즈핫 알 무슈타크 피이크티라크 알 아파크Kitāb nuzhat al-mushtāq fiikhtirāq al-āfāq(세계를 여행하고 싶은 이들을 위한 오락)'이다. 알 이드리시는 당시까지 알려진 세계를 포괄한 70장의 상세한 지도첩을 제작했고, 이 지도 역시 남쪽이 위로 가게 그려졌다(인터넷에 나와 있는 알 이드리시의 지도를 보면, 현대 독자들의 편의를 위해 거꾸로, 즉 북쪽이 위로 가게 놓인 경우가 많다). 이 지도첩은 제작을 후원한 국왕의 중대한 역할을 강조하는 뜻에서『루제로의 책 The Book of Roger』으로 알려지게 되었다. 이 지도는 그리스 전통을 따라 세계를 일곱 개의 기후대로 분할하고 각각의 기후를 서쪽부터 차례대로 기술했다. 알 이드리시는 마지막으로 편집한 저서에서 선대 아랍 지리학자들의 연구를 광범위하게 참조했다. 또 자신의 견문은 물론이거니와 당대 여행자들의 보고도 수집·분석했다. 아마 그중 다수는 지중해 중심에 위치한 루제로의 왕국의 항구와 도시를 경유한 이들이었을 것이다. 지리적 정확성을 기하여 프톨레마이오스의 위대한 업적을 한층 더 개선한 이 지도는 인도양이 육지로 둘러싸여 있다는 해석과 카스피 해의 형태를 수정했고 유럽의 주요 강들이 흐르는 방향을 표시했다. 먼 동쪽의 중국과 티베트에 대해서도 세부 사항을 추가했다. 아프리카에서는 '달의 산 Mountains of the Moon'(고지도에서 동아프리카에 있는 전설의 산을 가리켰던 명칭으로, 르완다의 르웬조리 산으로 추정된다 – 옮긴이) 주변 호수들을 나일 강 수원지에 표시했고 나일 강의 경로를 지중해까지 그려 보였다. 또 알려진 세계의 가장자리에 무역도시 팀북투의 위치를 표시하면서 니제르 강을 보여주었다.

이 지도의 양식과 소묘 기술과 색상 선택은 보기만 해도 눈이 즐겁다. 일종의 리드미컬한 자질이 있다. 내 눈에는 – 어떻게 보면 데이비드 호크니의 풀장 그림이 연상되는 – 현대적인 감각이 느껴진다. 나는 이 지도를 몇 시간이고 들여다볼 수 있다. 지도 디자인상의 이런 온갖 쾌거 중에서도 가장 손꼽힐 만한 것은 이 지도에 빈틈없는 계산이 적용되었다는 사실이다. 알 이드리시는 지구의 둘레를 약 3만 7,000킬로미터로 추정했다. 현대의 계산과 겨우 8퍼센트밖에 차이 나지 않는다.

알 이드리시의 지도는 제작된 이후 거의 300년 가까이 정확성의 표

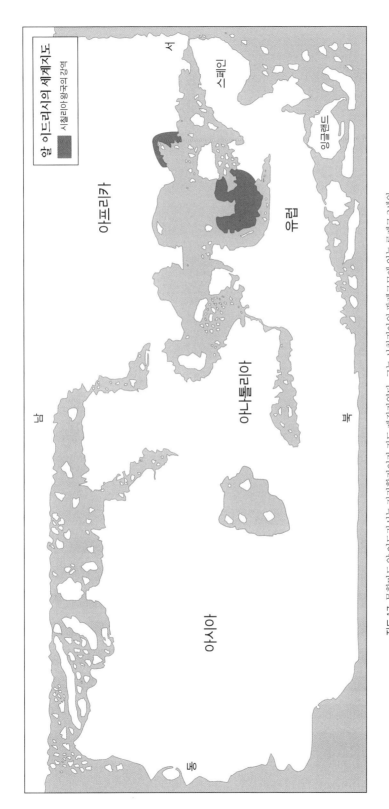

지도 17. 무함마드 알 이드리시는 지리학자이자 지도 제작자였다. 그는 시칠리아의 팔레르모에 있는 루제로 2세의 궁정에서 생애의 오랜 기간을 살았다.

준으로 머물렀다. 이븐 바투타, 이븐 칼둔, 피리 레이스 같은 이슬람 전통의 지리학자와 여행가들은 이 지도의 영향권 아래서 각자의 고유한 세계관을 창조했고, 한편 바스코 다 가마와 크리스토퍼 콜럼버스 같은 유럽의 탐험가들도 그의 저작을 꼼꼼히 읽고 이에 따라 나름의 기독교적 전통을 형성했다.

5

· 신세계를 발견하다 ·

1451년 10월 직전의 어느 날, 현재 이탈리아의 일부인 제노바공화국에서 크리스토파 콤보Cristoffa Combo－이탈리아어로는 크리스토포로 콜롬보Cristoforo Colombo－가 태어났다. 그의 부모인 도메니코 콜롬보와 수산나 폰타나로사는 중간 계층의 직조 기술자였는데, 그들은 치즈 판매상이기도 했기 때문에 어린 크리스토파는 부모의 장사를 도왔다. 1473년 크리스토파는 제노바 항구의 무역상 집안들을 위한 사업 중개인으로 견습을 시작했다. 그리고 에게 해의 주요 섬이자 무역 중심지인 히오스 섬을 비롯해 지중해에 산재한 제노바 식민지를 돌며 다양한 항해 경험을 쌓았다.

3년 뒤인 1476년 봄에는 북유럽으로 값진 화물을 운반하는 대규모 제노바 수송선단의 일원으로 승선하게 되었다. 그가 탄 배는 잉글랜드의 브리스틀에 기항했고 아일랜드의 골웨이도 들렀다고 알려져 있다. 1477년에는 아이슬란드까지 갔다는 이야기도 전해진다. 1440년대 말에 교황이 아이슬란드의 기독교도들에게 그보다 더 서쪽의 그린란드에 사는 동료 신도들의 안부를 묻는 서신을 보낸 적이 있었으므로, 크리스토파가 아이슬란드에 머물렀다면 더 서쪽의 땅인 그린란드에 기독교도 공동체가 있다는 소문을 들었을 것이 틀림없다.

알려진 바에 따르면, 1477년 말경 크리스토파는 골웨이에서 리스본으로 가는 포르투갈 배에 타고 있었다. 그는 리스본에서 동생인 바르톨로메오를 만난 뒤 그 지역의 유력 가문들을 대리하여 사업을 계속했다. 이제 자신을 크리스토발 콜롱 Cristóbal Colón 으로 칭하게 된 크리스토파는 바르톨로메오와 함께 지도 제작소도 운영하며 이곳을 또 다른 정보 출처로 활용했다. 그는 1477년부터 1485년 중반까지 리스본을 기반으로 사업했다.

1479년, 크리스토발은 포르투갈의 한 유력 가문의 딸인 필리파 모니스 페레스트렐루와 결혼하여 마데이라 제도의 일부인 포르투산투 섬에 잠시 살았다. 크리스토발이 사회적 성공의 사다리를 오르는 와중에도 짬짬이 시간을 내어 선장이자 항해사로서의 경험을 쌓는 동안, 지중해 건너편에서 일어난 사건이 리스본의 세계관을 바꾸었다. 팽창하는 오스만 제국이 1453년 콘스탄티노폴리스를 정복하여 아시아로 가는 육로가 막히면서, 특히 서양 기독교 국가들의 입장에서는 아시아에 접근하기가 더욱 힘들어진 것이다. 한편 포르투갈과 스페인은 이베리아반도에 남은 최후의 이슬람 전초기지 그라나다에서 무어인을 몰아내는 마지막 단계를 밟는 중이었다. 이로써 아프리카를 돌아 아시아로 가는 항로 개척이 훨씬 더 중요해졌다. 1470년 무렵 피렌체의 천문학자인 파올로 달 포초 토스카넬리 Paolo dal Pozzo Toscanelli 가 포르투갈 국왕 아폰수 5세에게 포르투갈에서 서쪽으로 가는 신항로를 제안했다. 그는 중국과 일본과 향신료 제도(현재의 인도네시아에 있는 말루쿠 제도)에 닿으려면 이 길이 아프리카를 돌아서 가는 우회로보다 더 빠른 직항로일 것이라고 주장했다. 아폰수는 이 제안을 거절했고 그 뒤를 이은 주앙 2세 또한 아프리카를 돌아서 가는 항로 개척을 계속했다.

한편 토스카넬리는 1474년 크리스토발과 서신을 주고받으며 서쪽으로 인도에 가는 항로를 제안했다. 이 무렵 크리스토발은 수많은 지도를 연구했을 뿐만 아니라 포르투갈 서쪽에서 카나리아 제도와 카보베르데 제도와 인근 아프리카 해안으로 내려가는 대서양 항로에 대한 실전 경험을 쌓는 등 자신만의 정보를 상당히 많이 축적해놓은 터였다. 크리스토발은 적도 둘레의 경도 1도를 56.66마일이라고 계산한 아흐마드 이븐 무함마드 이븐 카시르 알 파르가니 혹은 알프라가누스의 저작을 그 나름대로 연구했다. 하지만 크리스토발은 이것이 그가 항해 때 자주 쓰는 로마마일이 아니라 아랍마일로 환산된 수치임을 알지 못했다. 그래서 지구 둘레를 정확한 값인 4만 킬로미터(2만 4,855마일)가 아니라 약 3만 200킬로미터(1만 8,765마일)로 계산하는 착오를 범했다. 게다가 그 시대에는 유라시아 – 즉 유럽의 서해안에서 아시아의 동해안까지 – 의 폭이 경도 180도(실제로는 100도가량이다 – 옮긴이)라고 널리 믿었으므로 이 착오는 한층 더 증폭되었다. 크리스토발은 유라시아의 폭이 경도 225도라는 서기 100년경 그리스 지리학자 티레의 마리누스의 추정치를 따름으로써 그보다 한 술 더 떴다. 그의 이러한 계산에 따르면 포르투갈에서 정서 방향으로 카타이(중국) 해안까지의 대양 폭은 불과 135도였다. 게다가 그는 중국 앞바다에 놓인 시팡구(일본)가 – 또 안티이아Antillia라는 가상의 섬을 비롯한 다른 작은 섬들도 – 실제 위치보다 중국 해안에서 훨씬 더 멀리 떨어져 있다고 믿었다. 안티이아는 (그로부터 얼마 전인 1432년 포르투갈인들이 정착한) 아소르스 제도에서 남서쪽으로 약 900마일 떨어진 곳에 있을 것이라고 추측했다.

이러한 가정에 의거하면 서쪽의 망망대해는 그렇게 텅 비어 보이지

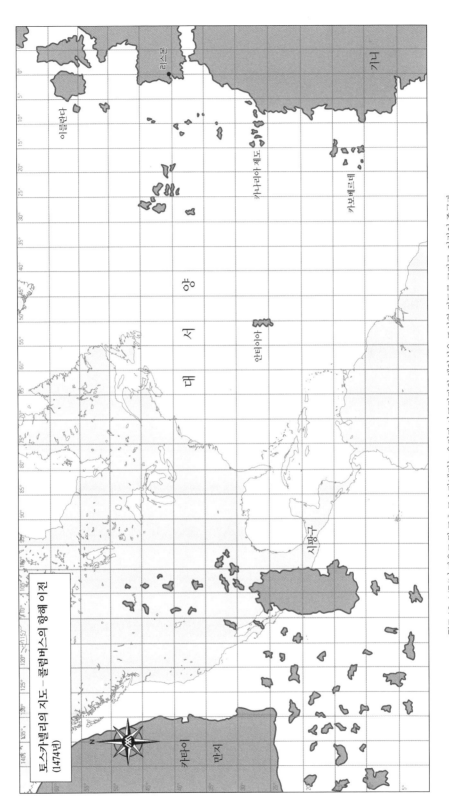

지도 18. 1474년 과을로 달 포초 토스카넬리는 유럽과 아프리카의 해안선을 표시한 지도를 그리고, 이것이 중국과 인도로 가는 직항로를 보여준다고 믿었다.

토스카넬리의 지도 — 콜럼버스의 항해 이전
(1474년)

이룰란다

대   서   양

카나리아 제도

카보베르데

기니

안테이아

시팡구

카타이

만지

않았다. 카나리아 제도 - 크리스토발이 일본으로의 도약을 감행한 출발점 - 에서 일본까지의 거리는 3,700킬로미터일 터였고 그 사이에 섬들이 있을 터였다. 편동풍인 무역풍이 그가 거느린 작은 선단의 돛을 부풀려 대서양 너머 첫 번째 육지로 - 그리고 나중에는 너 많은 육시로 - 그를 데려다줄 것이었다.

1485년, 크리스토발은 이 잠재 항로를 염두에 두고 포르투갈의 주앙 2세에게 접근하여, 자신에게 '대양의 대제독'이라는 칭호를 내려달라고 청했다. 그리고 아시아로 가는 신항로를 발견하는 겸손한 노력의 대가로 자신을 새로 발견한 모든 땅의 총독으로 임명하고 이들 땅에서 나는 총수익의 10분의 1을 달라고 요구했다. 치즈를 파는 소년이었던 그로서는 확실히 대단한 신분 상승이었다. 주앙 2세는 전문가 위원회에 자문을 구했다. 위원회는 크리스토발의 계획을 면밀히 검토하고 충분히 고려한 끝에 왕에게 이 제안을 거부할 것을 권고했다. 대다수가 그의 경도 거리 계산에 수긍하지 않았다. 1488년 크리스토발은 같은 계획안을 들고 다시 한 번 시도했다가 또다시 거절당했다. 포르투갈 탐험가 바르톨로메우 디아스가 남아프리카의 희망봉을 돌아 인도양으로 항해했다는 소식에 궁정은 크게 술렁이고 있었다. 자신의 계획을 말로 설득하는 데 실패한 크리스토발은 다른 데를 알아보기로 결심했다.

처음에 크리스토발은 자신의 모국인 제노바공화국으로 가서 후원을 구했지만, 돌아온 것은 일종의 정중한 무관심이었다. 제노바는 지중해와 흑해의 기존 무역망을 개선하는 데 몰두하고 있었다. 그다음에는 제노바의 최대 라이벌인 베네치아로 갔지만, 여기서도 그의 제안은 별 공감을 얻지 못했다. 아마 그가 제노바 출신이라는 사실도 불리하게 작용했을 것이다. 한편 그의 동생인 바르톨로메오는 포르투갈에서 북쪽으로 항해하여 영국 헨리 7세의 궁정으로 갔지만, 후원을 얻고자 하는 그의 노력 역시 성공하지 못했다.

1486년에 아라곤의 페르난도 2세와 카스티야의 이사벨이 결혼하면서 이베리아 반도의 왕국들이 통일되었다. 우연찮게도 둘은 육촌지간이었기에 결혼하기 위해 교황의 허락을 구해야 했다. 1486년 5월 1일 크리스토발은 이 국왕 부처에게 자신의 계획을 제안했다. 그들은 다시금 전문가 위원회의 자문을 구했다. 위원회는 아시아까지의 거리가 크게 과소평가되었다고 여기고 국왕 부부에게 이 계획이 실현 불가능함을 강조하며 탐험을 후원하지 말 것을 권고했다. 하지만 1489년 그들은 원정대 편성을 딱 잘라 거절하지는 않고 크리스토발에게 연간 1만 2,000마라베디의 지원금을 지급했다. 이 지원금은 현재 가치로 따지면 경력 선원의 급료에 해당하는 액수였다. 작은 오두막집의 집세를 내고 나면 주말 동안 퍼마실 정도의 액수가 남고, 특별히 아껴 쓰면 어쩌다 한 번 문신을 새길 수 있는 돈이었다. 물론 크리스토발은 자기 사업의 거래망 또한 유지하고 있었고, 기록에 따르면 그 무렵 스페인 남부에서 인쇄 서적을 판매했다고 하며, 당시 출판업은 성장 중인 산업이었다. 군주들은 이 지원금을 통해 최소한의 선택지를 열어둔 셈이었다. 추가로 그들은 왕국 영토의 도시와 소도시에 크리스토발에게 무상으로 숙식을 제공하라는 명을 내렸다.

크리스토발은 계속해서 스페인 궁정에 로비를 벌였고, 그러는 과정에서 후안 페레스 신부Friar Juan Pérez와 친분을 쌓았다. 이 훌륭한 신부는 이사벨 여왕의 재무부에서 회계사로 오래 일한 바 있었다. 페레스는 여왕에게 크리스토발이 도착했음을 알리고, 자신을 크리스토발의 대리인 자격으로 궁정에 받아들여달라는 편지를 직접 보냈다. 2년간의 추가 협상 끝에 크리스토발은 1492년 1월 마침내 성공을 거두었다. 페르난도와 이사벨은 이베리아 반도의 마지막 무어인 국가인 그라나다의 정복을 막 끝낸 참이었다. 크리스토발은 – 아마도 편안한 숙소와 공짜 점심을 제공받으며 – 그 현장을 지켜보았던 듯하다.

> 전하 부처께서 유럽 땅을 시배했던 무어인과의 전쟁을 완수하고 위대한 도시 그라나다에서 전투를 끝낸 뒤 올해 1492년 1월 2일, 나는 군대에 의해 그곳 알함브라의 탑에 전하 부처의 왕실 깃발이 꽂힌 것을 보았다.
>
> _ 콜럼버스의 일기, 1492년

코르도바의 알카사르 성에서 접견이 주선되었을 때 이사벨은 그의 계획을 다시금 거절했다. 풀이 죽은 크리스토발은 절망하여 노새를 타고 도시를 빠져나왔다. 하지만 이사벨에게서 이 접견에 대한 이야기를 전해 들은 페르난도가 개입해서 즉시 왕실 관료를 파견하여 그를 찾아 다시 데려오게 했다. 두 번째 만남에서 크리스토발의 요청은 마침내 승인되어, 1492년 4월 17일 크리스토발 콜롱과 가톨릭 군주들 간의 '산타 페 협약'이 체결되었다. 이 협약으로 크리스토발은 대양제독으로 임명되었고, 스페인의 지배 아래에 들어오게 될 모든 신규 영토의 총독 칭호를 받게 되었다. 또 그가 계획한 항해를 통해 얻게 될 부의 10분의 1을 약속받았다. 크리스토발은 이상의 계약 조건을 대단히 집요하게 요구했고, 처음에 1만 2,000마라베디였던 급료도 제독으로 승진하면서 대폭 인상되었다. 탐험을 준비하고 협상하는 내내 페르난도와 이사벨은 관련 지방 관청과 개개인에게 몇 가지의 개략적인 명령을 내렸을 뿐 엄중한 보안 정책을 유지했다.

크리스토발은 친구이자 대리인인 후안 페레스 신부와 함께 팔로스 데 라 프론테라에서 그의 소규모 선단에 장비와 인력을 갖추기 위한 준비를 개시했다. 페르난도와 이사벨은 계약서대로 1년간 크리스토발에게 배 두 척을 제공하라는 명을 팔로스에 내렸다. 이렇게 해서 얻은 배가 핀손 가문의 일원이 소유한 '니냐'와 '핀타'라는 이름의 캐러벨 범선이었다. 한편 크리스토발도 '산타마리아'라는 화물 수송선을 자비로 전세 내어 배 세 척으로 된 선단을 꾸렸다. 산타마리아의 선주인 후안 데 라 코사는 자기 배를 몰고 원정에 참여했다. 크리스토발의 선단에 투자된 비용은 총 400만 마라베디로, 그중 50만 마라베디는 크리스토발과 그의 재정 파트너인 피렌체 상인 유아노토 베라르디가 부담했다. 크리스토발은 핀손 집안의 일원들을 설득해서 선단의 선장들을 지원받았다. 선단에서 쓰인 언어는 포르투갈어, 스페인 남부의 몇몇 방언, (산타마리아 호의 선원들이 주로 썼던) 바스크어, 북이탈리아어와 라틴어였다. 이 잡다한 무리에 크리스토발은 아랍 출신의 통역관 두 명을 추가했는데, 서쪽으로 항해하면 동방의 땅인 인도와 카타이에 닿을 것이라고 가정했기 때문이었다. 하지만 그가 실제로 맞닥뜨린 곳은 완전한 신세계였다.

　크리스토발의 소규모 선단은 1492년 8월 3일 닻을 올렸다. 먼저 남서쪽을 향해 스페인 영토의 서쪽 끝인 카나리아 제도로 갔다. 산타 크루스 데 테네리페에 닻을 내린 뒤, 재정비와 무풍 때문에 출항이 4주가량 지연되었다. 마침내 1492년 9월 6일 라고메라 섬을 출발했다. 하지만 그의 배들은 제도 서쪽 끝의 엘이에로 섬이 보이는 해역에서 다시금 무풍에 묶여 멈추어 있다가 9월 8일에야 다시금 전진할 수 있었다. 크리스토발은 이 항해가 4주 정도 걸릴 것으로 계산했지만, 예측한 기간이 지났는데도 육지가 전혀 눈에 띄지 않았다. 배에 싣고 온 물과 비축 식량이 절반으로 떨어지자 모든 배의 승무원들이 불안해하기 시작했다. 특히 안절부절못한 일부 선원들이 스페인으로 돌아가자고 주장하자, 크리스토발은 10월 10일 승무원들과 담판을 짓고 앞으로 사흘 안에 육지가 보이지 않으면 스페인으로 돌아가겠다고 약속했다.

10월 12일 자정이 두 시간 지났을 때 핀타 호의 갑판에서 로드리고 네 트리아나라는 선원이 육지를 복격했다. 선장은 신호탄을 발사하여 산타마리아 호의 크리스토발에게 이 발견을 알렸다. 크리스토발은 자기가 그보다 두 시간 전에 이 최초의 육지에서 빛을 목격했다고 주장했다. 하지만 우리는 사려 깊은 국왕이 대양 너머에서 육지를 처음 발견한 사람에게 소정의 은급을 주겠다고 약속했다는 사실에 유의해야 한다. 필시 여러 후원자로부터 빌린 돈의 액수를 생각했을 크리스토발이 이 상금을 차지했고, 눈 밝은 로드리고는 아무것도 받지 못했다.

다음 날 아침 선단은 그 섬에 닻을 내렸고 크리스토발은 소규모의 대원들과 함께 상륙했다. 원주민들이 과나하미라고 불렀던 이 섬에 그는 산살바도르라는 이름을 붙였다. 이 섬의 정확한 정체는 아직도 논쟁 중이지만, 바하마의 플라나 케이스 제도 중 한 섬이 가장 유력한 후보다. 이 섬에서 크리스토발은, 슬프게도 지금은 멸족된 루카얀 부족에 속하는 아메리카 원주민들을 만나 교역했다. 그리고 부족민 몇 명을 사로잡아 가이드로 삼았다. 또 물과 식량을 구할 수 있는 대로 배에 실은 뒤 이틀 후 돛을 올렸다. 이후 2주 동안 그는 인근의 여러 섬을 탐험했고, 이 섬들에 산타 마리아 데 라 콘셉시온, 페르난디나, 이사베야라는 이름을 붙였다. 오늘날 이 섬들은 크루커드 섬, 아클린스 섬, 롱 섬, 포춘 섬으로 알려져 있다. 바하마를 떠나기 전에는 래기드 섬에 들른 뒤 '아레나 섬Islas de Arena'이라고 명명했다. 원주민 가이드의 안내에 따라 항해한 그는 10월 28일 마침내 쿠바의 바리아이 만에 상륙하여 이 섬에 후아나라는 이름을 붙였다.

크리스토발은 자신이 카타이(중국) 해안에 도달했을 가능성이 있다고

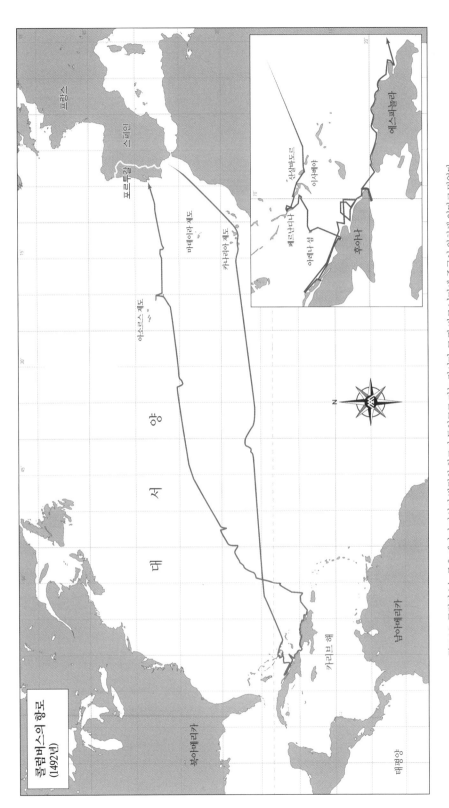

지도 19. 콜럼버스는 죽을 때까지 자신이 발견한 항로가 동인도로 가는 길이며, 그 땅 바로 너머에 중국이 위치해 있다고 믿었다.

콜럼버스의 항로
(1492년)

프랑스

스페인

포르투갈

마데이라 제도

카나리아 제도

아조레스 제도

대   서   양

그린란드

북아메리카

카리브 해

남아메리카

태평양

산살바도르

에베사오

페르난디나

아바나

바하마 섬

쿠바

에스파뇰라

믿고 마르코 폴로의 책을 통해 친숙했던 중국 문명을 여러 주일간 찾아 헤맸다. 10월 31일에는 서쪽으로 멀리 카요 크루스 해안에 닿았다. 여기서 북풍과 극도의 조바심으로 계획이 바뀌었다. 그는 자신이 납치한 원주민 가이드에게서 좀 더 동쪽에 위치한 다른 섬으로 가면 황금을 찾을 수도 있다는 말을 들었다. 그래서 경로를 돌려 쿠바 북부 해안을 따라왔던 길을 거슬러 올라갔다. 11월 22일, 마르틴 알론소 핀손이 지휘하는 핀타 호가 선단을 무단이탈했다. 대량의 금을 찾을 수 있다는 말을 듣고 그 배에 탄 원주민 가이드의 안내에 따라 아마도 바베크라는 섬을 찾아서 떠난 것이다.

한편 크리스토발은 산타마리아 호와 니냐 호를 이끌고 탐험을 계속하여, 12월 5일 마침내 히스파니올라 섬(크리스토발은 스페인어로 '에스파뇰라'라고 불렀다. 현재는 아이티와 도미니카공화국이라는 두 나라로 이루어져 있다)에 도달했다. 하지만 크리스마스이브에 기함인 산타마리아 호가 카프아이시앵 인근에서 암초에 걸려 좌초했고, 다음 날 침몰했다. 크리스토발은 사상자 없이 승무원들을 상륙시키고 배의 잔해를 이용해 가까운 해안에 부두를 지은 뒤 '라 나비다드La Navidad(크리스마스)'라고 이름 지었다. 하지만 작은 캐러벨선인 니냐 호에 두 배의 승무원을 모두 태울 수 없다는 것이 곧 명백해졌다. 그래서 크리스토발이 스페인에서 돌아올 때까지 기다리도록 40명가량의 대원을 남겨두고 떠난다는 어려운 결단을 내려야 했다. 1493년 1월 2일, 남겨진 대원들은 해변에 서서 스페인으로 떠나는 니냐 호를 지켜보았다.

한편 핀타 호의 핀손은 어느 지역(정확한 위치는 논쟁 중이다)의 강바닥에서 마침내 금덩어리를 발견했다. 그 후 핀손은 정남향으로 항해하여 히스파니올라에 갔고, 놀랍게도 때마침 그곳을 떠나는 니냐 호와 마주쳤다. 황금을 발견했다는 소식에 크리스토발은 핀손의 행동에 대한 분노를 다소 가라앉히고, 1월 16일 도미니카공화국의 사마나 만을 함께 출발하여 스페인으로 향했다. 하지만 핀타 호와 니냐 호는 2월 14일 대서양에서 폭풍을 만나 흩어졌다. 각 배의 지휘관은 다른 배가 침몰했다고 믿었다. 다음 날 크리스토발은 아소르스 제도에 도착했다. 크리스토발은 그 섬의 포르투갈 총독에게 냉대를 받은 뒤(당시 포르투갈과 스페인은 그리 우호적인 관계가 아니었다) 배에 보급품을 채우고 우선 리스본으로 항해하여 3월 4일 도착했다. 그리고 마침내 1493년 3월 15일 본국의 항구인 팔로스 데 라 프론테라에 상륙했다.

한편 침몰을 면하고 생존한 핀타 호의 핀손 또한 아소르스 제도의 남쪽을 지나 스페인 북부의 바요나 항에 도착했고, 이곳에서 급한 대로 배를 수리한 뒤 팔로스 데 라 프론테라에 입항했다. 니냐 호가 도착한 지 겨우 몇 시간 뒤였다. 핀손은 영웅 대접을 받으리란 기대에 부풀어 있었지만, 그 영예는 이미 ─ 불과 몇 시간 전에 ─ 크리스토발의 몫으로 돌아간 뒤였다. 핀손은 그로부터 며칠 뒤 ─ 아마도 매독으로 ─ 사망했다. 혹자는 극도의 좌절과 분노 때문에 죽었다고 주장할 수도 있을 것이다.

크리스토발은 스페인에 돌아오자마자 페르난도 왕과 이사벨 여왕에게 자신이 발견한 것들을 알리는 편지를 썼다. 스페인어로 쓰인 이 편지는 그 사본이 제작되어 로마로 보내졌고, 거기서 라틴어로 번역되어 인쇄·배포되었다. 선단의 신대륙 발견 소식을 유럽의 여러 수도에 전파한 이 편지는 아마 유럽사에서 가장 중요한 서신일 것이다. 다음은 그 일부를 발췌한 것이다.

저는 제 항해 중에 일어난 모든 일과 발견한 모든 것을 알려드리기 위해 이 편지를 쓰기로 결심했습니다.

카디스를 떠난 지 33일째 되는 날 저는 인도양으로 들어갔고, 거기서 수많은 사람이 살고 있는 수많은 섬을 발견했습니다. 저는 가장 위대하신 우리 국왕 폐하를 위해 포고를 공표하고 왕의 깃발을 펼침으로써 아무런 저항 없이 영토 전부를 손에 넣었습니다. 후아나라는 섬과 그 인근의 다른 섬들은 대단히 비옥합니다. 섬 사방에는 제가 이때껏 본 어느 부두보다도 안전하고 넓은 부두가 수없이 많습니다. 섬에는 아주 넓고 풍요로운 강이 여럿 흐르며, 깎아지른 산도 무수히 많습니다. 이 모든 섬은 매우 아름답고 형태가 제각기 다르며, 수월하게 가로지를 수 있고, 하늘의 별까지 닿을 듯한 다채로운 나무로 가득합니다. ……

제가 앞에서 히스파나('히스파니올라'의 라틴어 이름)라고 일컬었던 이 섬에는 아주 높고 아름다운 산, 경작에도 목축에도 지극히 비옥하고 건물을 짓기에 아주 적합한 큰 농장, 과수원, 들판이 있습니다. 이 섬의 편리한 부두, 수량으로나 생산력으로나 탁월한 강은 직접 보지 않는 한 믿지 못하실 것입니다. 이곳의 나무와 초지와 과일은 후아나 섬과 매우 다릅니다. 게다가 이 히스파나에는 갖가지 생물종과 황금과 금속이 풍부합니다. 주민들…… 모두는 앞에서 말했듯이 일체의 철을 갖지 않았고, 무기도 없습니다. 그들은 철이나 무기를 전혀 알지 못하며 그런 것에 맞지도 않습니다. 그들은 체격이 좋으므로 신체적 결함 때문은 아닙니다. 다만 그들이 소심하고 두려움에 질려 있기 때문입니다. …… 하지만 자신들이 안전하다는 것을 알고 모든 두려움이 걷히고 나면, 그들은 속임수를 모르고 정직하며 가진 모든 것을 아낌없이 내놓습니다. 달라고 부탁하면 아무도, 아무것도 거절하지 않습니다. 오히려 반대로, 그들 자신이 자진해서 먼저 내놓습니다. 그들은 우리 모두에게 크나큰 호의를 보이며, 귀중한 것을 하찮은 것과 교환하고, 답례로 아주 작은 물건으로도, 아니 아무것도 받지 못해도 만족합니다. …… 저는 제가 가

겨간 아름답고 보기 좋은 물건을 그들에게 듬뿍 주었습니다. 답례품을 기대해서가 아니라 그들의 호의를 얻기 위해서였습니다. 그들이 기독교도가 되어 우리의 왕과 여왕과 스페인의 모든 백성을 사랑하게 만들기 위해, 그들 주변에 지천으로 널려 있고 우리에게 긴요한 것을 열심히 찾아 모아 우리에게 바치게끔 하기 위해서였습니다.

이는 유럽사에서, 그리고 신세계라고 알려지게 된 곳의 역사에서 중대한 순간이었다. 여러분이 1500년 무렵의 유라시아 지도를 본다면 유럽과 아시아 사이에서 세력을 확장 중인 오스만 제국이 눈에 띌 것이다. 북아프리카 해안은 호전적인 해적들이 점령하고 있었다. 러시아를 통한 육로는 거의 알려진 바 없고, 유럽은 상대적으로 좁은 반도에 갇혀 있었다. 장애물이 없는 서쪽 항로는 유럽인에게도 신세계인에게도 지각 변동을 일으킬 터였다.

크리스토발은 '인도'로 세 차례 더 항해했다. 1493년 9월 24일 열일곱 척으로 이루어진 선단을 이끌고 두 번째 항해를 떠나기 전에, 그는 페르난도와 이사벨에게서 현지인을 조심해서 대하라는 분명한 지시를 받았다. 그는 11월 3일 도미니카 해안에 상륙한 뒤 거기서부터 소앤틸리스 제도를 탐험하여 19일 푸에르토리코에 도달했고, 계속 항해하여 다시 히스파니올라 섬으로 갔다. 라 나비다드에 세워놓고 온 정착지에 다시 가보니 그곳은 버려진 채 텅 비어 있었다. 그가 1차 원정 때 남겨두고 온 대원들이 현지인과 싸움이 붙어서 아무래도 패배한 것 같았다─크리스토발은 이것이 보다 평화롭고 그에게 더 친숙했던 타이노족보다는 호전적이고 무서운 악명을 떨친 카리브 부족의 소행일 것이라고 결론 내렸다.

그는 동쪽으로 이동하여 새 정착지를 건설하고 '라 이사베야La Isabella'

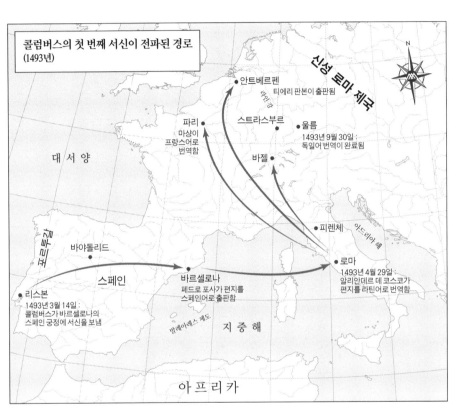

지도 20. 1493년 3월 14일 콜럼버스는 당시 바르셀로나에 있던 스페인 궁정에 서신을 보냈다. 그가 새로운 땅을 발견했다는 소식은 몇 개월 만에 유럽 전역으로 퍼졌다.

라고 명명했지만, 이곳 또한 오래가지 못했다. 그는 히스파니올라의 내륙을 탐험하여 마침내 섬의 중심부에 요새를 지었다. 이곳은 좀 더 성공적이었고 황금도 조금 발견되었지만, 크리스토발의 후원자들에게 빌린 돈을 갚기에는 충분치 못했다. 그는 14세 이상의 모든 원주민 남성에게 12주에 한 번씩 다량의 황금을 가져오라고 강요하고, 가져오지 않으면 신체를 훼손하겠다고 위협했다. 많은 이들이 할당량을 채우지 못하여 손과 귀와 코가 잘렸고, 이런 잔혹한 처벌을 받은 이들은 대부분 생존하지 못했다. 크리스토발이 이런 잔인한 착취로 새롭게 악명을 떨치고 있다는 소문은 대서양을 건너 스페인 궁정에까지 전해졌다. 그는 신사적으로 행동하라는 왕실 후원자들의 지시를 망각하고 현지인들, 그중에서도 특히 독립심이 강한 카리브 부족을 노예로 삼자고 제안하는 편지를 보냈다. 이 요청은 거부되었지만, 크리스토발은 그러거나 말거나 행동을 개시하여 주로 아라와크 부족민인 1,600명을 사로잡았다. 그중 560명이 스페인으로 압송되었는데, 200여 명이 항해 중에 사망했고 나머지도 스페인에 도착했을 때는 건강 상태가 좋지 않았다.

크리스토발은 부족민을 착취·조종하여 서로와 스페인인 주인들을 적대시하게 만듦으로써 페르난도와 이사벨이 요구한 것과 정반대되는 정책을 추진했다. 신세계의 기후와 풍토 또한 스페인 정착민에게 가혹하여 그들 중 50퍼센트가 전투나 질병으로 사망했다. 크리스토발은 동생인 바르톨로메오에게 히스파니올라를 맡겨놓고 1496년 3월 10일 스페인으로 출발하여 그해 6월 11일에 도착했다.

그의 3차 원정대는 1498년 5월 30일에 2차 원정 때보다 훨씬 줄어든 겨우 여섯 척의 선단으로 출항했다. 마데이라와 카나리아 제도에 들렀을 때 그는 세 척의 보급선을 히스파니올라로 먼저 보내놓은 뒤 자신은 카보베르데 제도로 갔다. 거기서 몇 차례의 출항 실패 끝에 마침내

6월 22일 출발했고, 도미니카를 향해 항해하다가 북동쪽으로 항로를 수정한 뒤 트리니다드라는 섬을 발견했다. 그의 배들은 이 섬에서 담수를 발견했고, 다시 서쪽으로 항해하다가 이번에는 거대한 오리노코 강의 하구를 발견했다. 이 정도 수량의 담수는 오로지 거대한 땅덩어리에서만 나올 수 있었다. 크리스토발과 그의 대원들은 남아메리카 – 당시에는 그런 이름으로 불리지 않았지만 – 에 발을 디딘 최초의 유럽인이었다.

마침내 8월 19일 히스파니올라로 돌아온 크리스토발은 동생이 라 이사베야를 버리고 산토도밍고 섬에 새로운 정착지를 세웠음을 알게 되었다. 스페인 식민지의 상황이 좋지 않았다. 한편 스페인에서는 귀환한 많은 정착민이 콜롱 형제의 잔인한 처우와 부실한 행정을 고발한 뒤였다. 이에 국왕 부처는 왕실 행정관인 프란시스코 데 보바디야Francisco de Bobadilla를 파견하기로 결정했다. 그는 1500년 8월 23일에 도착해서 곧 현지의 실권을 장악했고, 크리스토발 제독은 섬에 있는 일체의 개인 재산과 왕실 재산을 그에게 넘겨야 했다. 크리스토발의 통치가 불미스럽게 막을 내린 뒤 형제는 쇠사슬에 묶여 스페인으로 송환되었다. 카디스에 돌아온 크리스토발은 자신의 입장을 열심히 변호했지만 6주가 지나고서야 석방되었고 그로부터 얼마간 시간이 흐른 후에야 국왕 부처와의 대면을 허락받을 수 있었다. 형제는 무수한 탄원 끝에 어느 정도 용서받아 사유재산을 돌려받았지만 권력은 하나도 되찾지 못했다.

다른 탐험가와 상인들이 서쪽으로의 항해를 허가받았다. 바스코 다 가마가 아프리카를 돌아 아시아까지 갔다가 1499년 포르투갈로 귀환했다는 소식은 이 상처에 모욕감을 더해주었다. 이렇게 위신이 추락했는데도 크리스토발은 국왕 폐하 부처가 어떻게든 네 번째 원정 자금을 대줄 것이라고 확신했다. 1502년 3월 14일, 그는 히스파니올라에 들르지 말고 인도나 중국의 본토를 찾는 데만 집중하라는 왕의 엄명을 귀가 따갑게 들은 뒤 국왕 부처 앞에서 물러났다. 이는 그의 마지막 원정이 자 가장 힘겨운 원정이 되었다.

1502년 5월 11일 크리스토발은 배 네 척과 대원 140명을 이끌고 카 디스에서 출발했다. 대원들 중에는 그의 동생인 바르톨로메오와 열세 살 난 작은아들 페르난도도 포함되어 있었다. 이 무렵 크리스토발은 쉰한 살이었고 건강도 썩 좋지 않았다. 가는 길에 무어인 병력에 포위 된 포르투갈 병사들을 구출하기 위해 모로코 해안의 아르질라에 들렀 다. 그런 다음 항해를 속개하여 6월 15일 마르티니카(마르티니크) 해안에 도달했다. 이는 그가 대서양을 가장 빨리 횡단한 항로였다. 그는 이 일 대에 대한 경험을 통해 허리케인이 닥칠 가능성이 있음을 알아채고 서 쪽으로 힝해하여, 히스파니올라 섬에 상륙하지 말라는 명령을 어기고 6월 29일 산토도밍고에 도착했다. 새 총독인 니콜라스 데 오반도는 크 리스토발의 입항을 거부했고 폭풍이 몰려오고 있다는 그의 충고도 듣 지 않았다. 때마침 30척의 배로 편성된 첫 번째 보물선단이 스페인으 로의 출항을 앞두고 있었다. 크리스토발은 자기 배 네 척을 이끌고 해 안을 따라 더 내려가 하이나 강어귀에 배들을 피신시켰고, 여기서 그가 예측한 폭풍을 무사히 넘길 수 있었다. 한편 보물선단은 경고를 무시하 고 항해하다가 바다 한가운데서 허리케인을 만났다. 30척 중 29척이 침 몰하고 500명이 넘는 인명과 대량의 황금을 비롯한 수 톤의 화물을 잃 었다. 겨우 돌아온 배 한 척에 크리스토발 자신의 개인 재산과 서인도 에서 캔 황금 중 그의 몫인 10퍼센트가 실려 있었다는 것은 그의 입장 에서 다행한 결과였다. 그가 원정에서 살아남는다면 이것으로 적어도 괜찮은 은퇴자금이 확보될 터였다.

폭풍 피해를 복구한 크리스토발은 이번엔 자메이카로, 다음에는 중앙아메리카로 항해하여 7월 30일, 현재의 온두라스에 속한 바이아 제도에 상륙했다. 그리고 여기서 아주 큰 카누를 가진 현지 상인들을 목격했다. 그의 묘사에 따르면 이 카누는 '갤리선만큼 길고' 재화가 가득 실려 있었다고 한다. 이후 10주 동안 그는 해안을 탐사하며 동쪽과 남쪽으로 천천히 이동한 끝에 10월 16일 파나마의 알미란테 만에 도착했다. 그리고 3개월 넘게 파나마 인근을 샅샅이 탐사했다. 그는 자신이 위치한 카리브 해안에서 멀지 않은 곳에 또 다른 큰 바다가 있다는 사실을 현지인들로부터 들어 알게 되었다. 그런데도 크리스토발이 내륙으로 더 밀고 들어가서 파나마 지협을 건너지 않았다는 사실은 그가 수행한 탐사의 아이러니한 부분이다. 탐사 과정에서 한번은 태평양과의 거리가 50킬로미터도 안 되는 지점까지 접근하기도 했다. 1503년 1월 그는 벨렌 강 하구에 정착지를 건설했지만, 얼마 지나지 않아 현지 인디오들의 공격을 받았다. 질서를 회복한 크리스토발은 4월 16일 이곳을 떠나 히스파니올라에 돌아가기로 결정했다. 가는 길에 배들이 폭풍에 손상되고 좀조개가 배의 목재에 구멍을 뚫었다. 그래도 5월 10일에는 현재의 케이맨 제도를 발견했고, 섬들 주위를 헤엄치는 무수한 바다거북을 보고서 이곳을 '라스 토르투가스Las Tortugas'라고 명명했다.

쿠바 해안에 가까이 접근하는 동안 배들이 또다시 폭풍에 손상되어 더 이상 북쪽으로 항해할 수 없었기 때문에 크리스토발은 남쪽으로 방향을 틀어 자메이카의 세인트앤스 베이 해안에 배들을 끌어다놓았다. 사실상 좌초된 것이나 다름없었다. 선원들은 배에서 유용한 물건들을 닥치는 대로 건져내어 초라한 정착지를 세웠고, 이후 1년간 그곳이 원정대의 보금자리가 되었다.

크리스토발은 현지 주민들과 그럭저럭 합리적인 관계를 유지하는 데 성공하여 현지인들은 그에게 식량을 제공하는 데 동의했지만, 현지

주민과 대원들 간의 몇 차례 충돌 끝에 식량 공급이 점차 줄어들어 끊기기 일보 직전에 이르렀다. 크리스토발은 1504년 2월 29일 발생한 월식을 예측해 보임으로써 최악의 상황을 막아낼 수 있었다. 포르투갈 국왕 주앙 2세의 왕실 천문학자 아브라함 자쿠투 Abraham Zacuto가 제작한 천문도를 난파된 배에서 건져내어 활용한 덕분이었다.

그사이에 디에고 멘데스라는 자원자와 두 명의 현지인이 카누를 노저어 히스파니올라 섬까지 가서, 크리스토발이 처한 위험천만한 상황을 니콜라스 데 오반도 총독에게 알릴 수 있었다. 크리스토발을 싫어했던 데 오반도는 구조에 늑장을 부렸지만 1504년 6월 29일 결국 도착했다. 1504년 11월 7일 크리스토발과 대원들이 스페인의 산루카르에 도착하면서 크리스토발의 4차 원정은 마무리되었다.

스페인으로 돌아온 크리스토발은 가혹한 환경에 노출된데다 류머티즘에 아마도 몇 가지 질병까지 겹쳐 매우 허약해진 상태였다. 그는 세비야의 라스 쿠에바스 수도원에 머물며 요양했다. 그로부터 18개월 후 사망할 때까지 크리스토발은 자신이 인도와 아시아 해안의 외곽에 흩어져 있는 제도를 발견했다고 믿었다. 그는 자신이 섬기는 페르난도 국왕에게 총독 직위를 회복시켜달라고 끈질기게 청원했고, 마침내 1505년 국왕은 크리스토발의 접견을 허락했다. 이 접견으로 직위를 되돌려받지는 못했지만, 재산소유권에 대한 중재는 허가받을 수 있었다. 결국 늙은 탐험가의 몫은 국왕 몫의 10퍼센트로 확정되었다. 이로써 크리스토발과 그의 가족은 안락한 생활을 보장받게 되었지만, 이 가족은 여전히 만족하지 않고 자신들이 마땅히 가져야 할 직위를 돌려받기 위해 계속 싸웠으며 크리스토발이 사망한 뒤에도 한참 동안 투쟁을 계속했다. 1506년 5월 20일, 크리스토발은 두 아들과 동생 바르톨로메오와 충직한 친구인 디에고 멘데스―카누를 타고 히스파니올라까지 노를

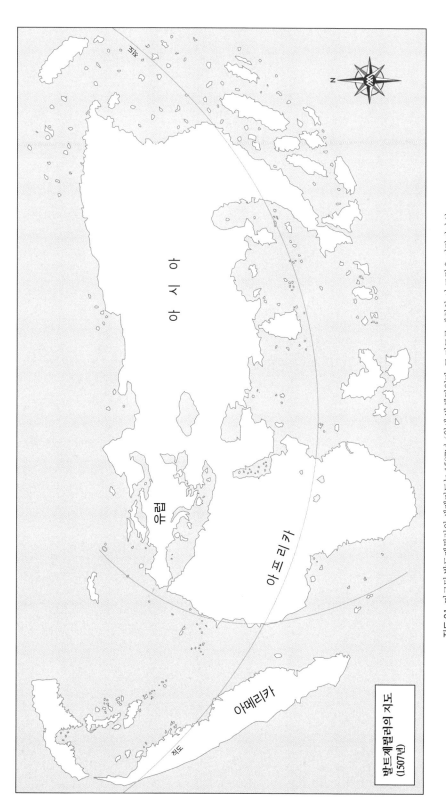

지도 21. 마르틴 발트제뮐러의 세계지도는 1507년 4월에 발행되었다. 그 지도를 제현한 이 그림은 이탈리아의 탐험가 아메리고 베스푸치 이후 '아메리카'라고 하는 지명이 최초로 사용된 예를 보여준다.

저어 갔던 사람 – 가 지켜보는 가운데 '오, 주님, 당신의 손에 제 영혼을 맡기나이다'라는 마지막 유언을 남겼다. 그의 시신은 바야돌리드에 묻혔지만, 이후 스페인과 서인도를 돌며 몇 차례 이장되었다가 결국 세비야 대성당에 안치되었다. 하지만 오늘날 이곳이 그의 마지막 안식처라는 데 의구심을 제기하는 사람도 많다.

그의 죽음 이후 수십 년간 크리스토발의 이름은 역사에서 완전히 지워지진 않았지만, 한동안 세간의 뇌리에서 잊힌 상태였다. 피렌체 태생이지만 카스티야의 깃발을 달고 항해한 이탈리아의 탐험가이자 지도 제작자 아메리고 베스푸치가 아메리카 대륙에 자신의 이름을 붙인 것이다. '아메리카'라는 지명은 1507년 독일의 지도 제작자 마르틴 발트제뮐러Martin Waldseemüller가 만든 지도에 최초로 등장하게 된다. 하지만 1790년대부터 크리스토발의 발견과 그의 탐험이 재평가되면서 – 콜럼버스는 북아메리카를 전혀 보지도 못했다는 사실에도 불구하고 – 그의 이름의 영어식 표기인 '크리스토퍼 콜럼버스'를 따 붙인 '콜럼버스의 날'이 국가 기념일로 제정되기에 이르렀다.

6

· 우리가 먼저 왔다네 ·

이제 대서양 횡단 탐험의 역사를 잠깐 재검토하는 시간을 가져야 할 것 같다. 미국인들이 매년 '콜럼버스의 날'을 기념하지만 우리는 크리스토발이 미국 땅을 한 발도 디디지 않았고, 심지어 그 해안선조차 보지 못했음을 잘 알고 있다. 역사적 정확성을 따지자면, 이날은 '헤르욜프손의 날'이라든지(비야르니 헤르욜프손Bjarni Herjólfsson은 아메리카를 목격한 최초의 유럽인이었다) 이 땅에 상륙한 최초의 유럽인 이름을 따서 '에이리크 토르발드손Eiríkr Þorvaldsson의 날'이라고 불러야 옳을 것이다. 하지만 결론을 내리기엔 아직 이르다. 다른 후보들도 존재하기 때문이다.

성 브렌던St Brendan은 577년에 사망했지만 해양 탐험 전설을 남겼다. 그가 카나리아 제도와 서쪽 세계의 끝까지 갔다 오는 등 무수한 해양 원정을 했다는 이야기는 그의 사후 400여 년간 필사본 형태로 유통되었다. 아일랜드 수도사들이 스코틀랜드의 섬들을 지나 페로 제도까지 항해했고 바이킹보다 훨씬 먼저 아이슬란드에 닿은 건 확실하다. 탐험가이자 역사소설가인 팀 세버린Tim Severin도 1970년대에 그 시대의 아일

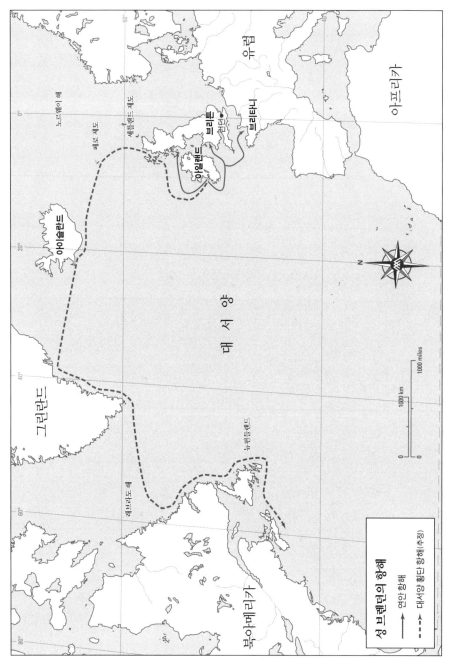

지도 22. 클론퍼트의 성 브렌던은 자신의 대서양 횡난 항해담을 사세히 쓰고 자신이 '약속의 땅'을 발견했다고 주장했다.

랜드 배를 재현한 배를 타고 대서양을 건너는 데 성공한 바 있다. 하지만 애석하게도 아메리카에 아일랜드인이 상륙한 흔적은 남아 있지 않다.

이 이야기에 따르면, 서기 8세기에 무어인들이 현재의 스페인과 포르투갈을 침공했을 때 일곱 명의 주교가 신도들을 데리고 서쪽의 망망대해를 건너 서쪽에 '일곱 도시' 혹은 '일곱 섬'을 건설했다고 한다. 이 이야기는 포르투갈에 널리 퍼져 있었고 콜럼버스가 출항하기 직전인 15세기 말의 해도에도 이 지명들이 나타나 있다. 하지만 '일곱 도시'나 '일곱 섬'은 이후 200년간, 아니 지금까지도 발견되지 않았다.

마지막 후보는 오와인 귀네드의 아들 마도그Madog ab Owain Gwynedd다. 중세 시가에 따르면 그는 웨일스의 왕자이자 해적으로 큰 바다를 항해하여 새로운 땅을 발견했다고 한다. 하지만 그의 공적은 북아메리카에 대한 영국의 소유권 주장을 정당화하려는 목적으로 엘리자베스 1세의 점성술사 존 디John Dee와 탐험 작가 리처드 해클루트Richard Hakluyt에 의해 윤색된 이야기로 보인다. 실제로 신세계에 웨일스인의 발자취는 남아 있지 않았다.

이제 남은 건 바이킹이다. '붉은 에이리크'라는 이름으로 더 유명한 에이리크 토르발드손은 10세기 중반 노르웨이에서 추방당했다. 아니, 더 정확하게 말하자면 에이리크의 아버지인 토르발드가, 아이슬란드 사가에 따르면 겨우 '몇 건의 살인' 사건 때문에 추방당해서 가족을 데리고 아이슬란드에 정착했다. 에이리크는 이 새로운 땅에서 성년이 될 때까지 성장했다. 하지만 역사는 반복되어 에이리크 역시 이웃인 '악독한 에위욜프Eyiolf the Foul'와 불화를 빚은 끝에 그를 죽이고 말았다. 결국 982년 에이리크에게 3년간 추방령이 내려졌다. 이 기간에 그는 북서쪽의 잘 알려지지 않은 땅을 탐험했고, 그 땅에 그린란드라는 매력적인 이름을 붙였다.

붉은 에이리크는 그린란드에 대해 선전하여 아이슬란드와 그 너머에서 많은 정착민을 모집했다. 몇 년 뒤 그린란드 정착지가 건설되었는데, 비야르니 헤르욜프손이 그린란드로 가는 정착민을 태운 소규모 선단을 이끌고 출발했다가 항로를 벗어나 표류하게 되었다. 그는 사흘간 바다를 떠돌다가 서쪽 방향에서 육지를 발견했다. 하지만 비야르니는 딴전을 피우지 않고 부친이 그린란드에 세워놓은 농장으로 돌아가는 데만 집중했다. 목적지에 도달한 그는 노련한 선장인 아이슬란드인 레이프 에이릭손Leifr Eiríksson에게 육지를 목격한 이야기를 해주었다. 레이프는 비야르니에게 그의 배를 사겠다고 제안했고 비야르니도 동의했다. 그러고 나서 레이프는 선원을 모집하여 최종적으로 35명이 모였다.

레이프는 비야르니의 설명을 바람과 조류에 특히 유의하여 주의 깊게 경청했다. 그리고 그린란드에서 서쪽으로 항해하여, 비야르니가 일러준 지형지물을 따라 현재 우리가 래브라도 해라고 부르는 해역을 건너갔다. 그가 몰고 간 배는 '노르Knarr'라는 것이었다. 용머리가 달린 전설의 바이킹 배가 아니라 화물과 가축을 싣는 용도로 만들어진 훨씬 땅딸막하고 뭉툭한 배였다. 이 배들은 돛과 노로 추진했고, 흘수(물에 뜬 배의 잠긴 깊이 - 옮긴이)가 얕아서 연안의 강어귀와 필요할 때는 내륙의 강을 탐사하기에 이상적이었다. 레이프는 자신이 처음으로 목격한 육지(캐나다 배핀 섬의 남부 지역으로 추정된다)를 헬룰란드Helluland라고 명명했는데, '평평한 바위의 땅'이라는 뜻이다. 여러분도 상상할 수 있듯이 이 지역에는 레이프의 관심을 끌 만한 것이 별로 없었다. 그는 좀 더 남하해서 다른 땅을 발견하고 '마크란드Markland', 즉 '숲의 땅'이라고 명명했다. 나무가 거의 없는 그린란드에서 온 레이프에게 이곳에는 관심을 끌 만한 게 아주 많았다. 질 좋은 목재는 매우 유용한 자원이었다.

1001년 말, 레이프는 겨울 야영지를 세우기로 했다. 이 야영지의 위치

지도 23. 바이킹이 북아메리카 대륙을 처음 목격한 것은 986년이었다. 이후 1400년대 초반까지 그린란드 남부의 바이킹 정착지와 북아메리카를 오가는 항해가 이루어진 것으로 보인다.

는 뉴펀들랜드 북단의 케이프 볼드 인근으로 추정된다. 그로부터 496년 뒤에 존 캐벗 John Cabot이 도착하기까지, 레이프와 대원들은 이 지역을 탐험한 최초의 유럽인이었다. 레이프는 그가 '레이프스부디르Leifsbuthir'라고 명명한 정착촌에서 1년을 더 보내며 한 번 더 겨울을 났다. 그는 현지인들과 평화롭게 공존했던 듯하며 필시 훨씬 더 남쪽으로도 탐험했을 것이다. 어찌 되었든, 체류한 지 2년째 되는 해에 티르키르Tyrker라는 나이 많은 하인이 어떻게 했는지 몰라도 술에 취했다. 티르키르는 알코올 음료의 제조를 실험할 정도로 여유로운 시간이 있었던 듯하다. 이 지역에 자생하는 베리류는 분명히 발효시킬 수 있었고 레이프는 이것을 '와인베리'라고 이름 지었다. 이것이 빈란드Vinland에 대한 묘사인지, 아니면 더 남쪽 지방에 대한 묘사인지는 불분명하다. 1003년, 레이프는 가족 농장에서의 본분을 다하기 위해 다시 대원들을 불러모아 그린란드의 브라타흘리드로 돌아갔다.

길고 어두운 그린란드의 겨울을 나는 동안 레이프는 동생인 토르발드에게 자신의 탐험 이야기를 들려주었다. 1004년 봄 토르발드는 30명 규모의 대원을 이끌고 형의 원정길을 되짚어 항해하여 레이프스부디르 정착촌에서 겨울을 났다. 이듬해 봄에 현지인들과 충돌이 빚어져 그중 일부를 사로잡았다는 기록이 있다. 하지만 포로 한 명이 탈출하여 더 큰 규모의 병력을 이끌고 되돌아왔다. 토르발드를 위시한 대원들이 그들과 한 번 더 전투를 치르는 과정에서 불운하게도 토르발드는 화살에 맞아 죽었다. 짧은 적대의 시기가 이어졌지만, 노르드인들은 이 어려운 시기를 넘기고 한 번 더 겨울을 났다. 그들은 추가 탐사를 마친 뒤 토르발드의 시신을 신세계에 묻어둔 채 이듬해(1006년) 봄에 그린란드로 떠났다.

그다음으로 북아메리카에 갔다고 기록된 인물인 토르핀 카를세프니

Þorfinnr Karlsefni는 '용맹한 토르핀'으로도 알려져 있다. 그는 배 세 척을 이끌고, 기록에 따라 다르지만 160명에서 250명 사이의 정착민과 가축을 데리고 출항했다. 이것은 유럽의 가축이 북아메리카에 유입되었다는 최초의 기록일 것이다. 토르핀과 정착민들은 스트라움표르드 Straumfjord 라는 곳에 상륙했다. 나중에는 아마도 방어에 더 유리한 곳으로 위치를 옮겨 다른 정착촌을 세우고 이곳을 스트라움쇠이Straumsöy라고 불렀다. 노르드인들이 모피와 회색 다람쥐 가죽을 받고 그 대가로 우유와 고향에서 짜 온 붉은 옷감을 현지인에게 주어 물물교환을 하는 등 아메리카 원주민과 노르드인 정착민이 평화롭게 공존했던 시기가 있었다. 현지인들은 붉은 옷감을 귀하게 여겨 머리장식으로 썼다.

　카를세프니가 북아메리카에 체류하는 동안 틀림없이 개척의 시기도 있었을 것이다. 가장 귀중한 재화인 목재를 여러 척의 배에 가득 실어 목재 수요가 컸던 그린란드 식민지로 보낸 것은 분명하다. 목재 운송 외에 다른 개척도 이루어졌을 가능성이 있다. 농민과 상인을 비롯해 신세계에서 괜찮은 라이프스타일을 구축하고 그를 뒷받침하기에 충분한 수의 정착민이 잠재적으로 존재했던 건 확실하다. 하지만 이곳은 노르드인이 탐험한 지역 중에서 가장 머나먼 변경이었음을 기억해야 한다. 카를세프니가 신세계를 탐험할 무렵, 고향인 스칸디나비아의 사람들에게는 서쪽의 브리튼 제도로부터 동쪽의 러시아 강 유역에 이르는 유럽에서의 기회가 훨씬 더 초미의 관심사였다. 뉴펀들랜드에 거주한 노르드인들이 그로부터 500~600년 후의 초기 영국 정착민들보다 이곳의 기후나 자원에 여러 면에서 태생적으로 적합했음에도 불구하고, 북아메리카의 노르드인 정착촌은 정착민이 꾸준히 흘러 들어갈 정도로 본국인 스칸디나비아 국가들의 주목을 끌지 못했다.

　카를세프니의 북아메리카 체류는 아메리카 원주민과 불화의 시기를 겪은 뒤 막을 내렸다. 전해 내려오는 이야기에 따르면 한 특정한 전투에서 정착촌이 공격당했고, 수적으로 밀렸던 노르드인들은 퇴각하기 시작했다고 한다. 그때 레이프 에이릭손의 이복(혹은 이부) 여동생인 프레위디스 에이릭스도티르Freydís Eríksdottir는 당시 임신 8개월이라 퇴각하는 노르드인들을 따라잡을 수 없었기에, 동족들에게 도망치지 말고 맞서 싸우라고 외쳤다. 전장에 홀로 남겨진 그녀는 허리를 굽혀 버려진 바이킹 검을 십어 들고 적들을 향해 맹렬한 함성을 질렀다. 격분한데나 임신한 스칸디나비아인을 보고 겁에 질린 현지인들은 등을 돌려 달아났다. 하지만 이 승리에도 카를세프니는 정착촌을 떠나 그린란드에 돌아가기로 결정했다. 그린란드 식민지는 이후 400년 더 지속되었는데, 그린란드에서 그들의 마지막 기별이 전해진 1420년대까지 이곳 주민들은 신세계로 꽤 정기적으로 항해하면서 목재와 모피 교역을 이어갔을 것이다.

7

· 최초의 세계 일주 ·

페르디난드 마젤란이라는 이름으로 더 잘 알려진 페르낭 드 마갈량이스Fernão de Magalhães는 1480년 포르투갈에서 태어났다. 1505년 당시 스물다섯 살의 마젤란은 포르투갈 함대에 입대했다. 포르투갈 국왕의 명으로 포르투갈령 인도의 초대 총독을 새 임지로 실어 나르는 22척 규모의 함대였다. 마젤란은 1506년 칸나노르 전투에 참전하여 부상을 입었고 1509년 디우 전투에도 참전했다. 그는 숙련된 선원이 되었을 뿐만 아니라 전투에서 살아남는 법도 습득했다.

이후 마젤란은 말레이 반도의 중요한 무역 국가인 믈라카에 최초의 포르투갈 사절단으로 파견된 디오구 로페스 드 세케이라Diogo Lopes de Sequeira의 함대에 합류했다. 그들은 1509년 9월에 도착했지만 이 사절단은 결국 현지 정치의 희생양이 되었다. 사절단의 주요 인사들에 대한 암살 계획이 잡혀 있었던 것이다. 하지만 이때쯤 노련한 베테랑이 된 마젤란은 세케이라와 그의 친구 프란시스쿠 세항Francisco Serrão에게 미리 경고를 해줄 수 있었다. 두 사람은 마젤란의 도움으로 탈출했고, 몇 년 뒤 프란시스쿠 세항은 믈라카 해협을 통과한 최초의 유럽인 중 한 명이 되었다. 그는 현재의 인도네시아인 향신료 제도의 정확한 위치를 찾는 임무를 띠고 네 척의 소규모 선단으로 믈라카 해협을 통과했다. 세항은 확장된 포르투갈의 연락망을 통해 그의 새로운 발견을 알리는 편지를 마젤란에게 보낼 수 있었다.

한편 마젤란은 근무지 무단이탈로 포르투갈 왕실의 신임을 잃고 유럽으로 돌아왔다. 이후 모로코에서 포르투갈군에 복무하며 다시금 부상을 입어 평생 다리를 절뚝거리게 되었다. 모로코에 있을 때는 무어인과 불법 교역을 한다는 악의적인 모함을 당했다. 이 모함은 나중에 거짓으로 밝혀졌지만 그와 포르투갈 왕실의 관계는 악화되었다. 그는 포르투갈에서 서쪽으로 대서양을 건너 아메리카를 돌아 다시 태평양을 건너 향신료 제도로 항해할 원정대를 편성해달라고 국왕 마누엘 1세에게 청원했지만 거절당했다.

마젤란은 포르투갈을 떠나 스페인으로 가서 자신이 구상하는 항해에 도움이 될 최신 해도와 지도를 찾는 데 몰두했다. 그러다 같은 포르투갈인 우주지학자이자 지도 제작자 루이 팔레이로Rui Faleiro와 친구가 되었고, 팔레이로는 마젤란이 항해를 준비하는 동안 그의 조언자가 되었다. 스페인 정부 측에서는 1494년의 토르데시야스 조약에 의해 향신료 제도가 스페인의 영토에 속한다는 것을 입증하는 데 관심이 있었다. 스페인 국왕은 이 항로가 포르투갈의 방해 없이 향신료 제도로 갈 수 있는 신항로임을 입증하고 싶었기에 이미 탐험대를 보내놓은 터였다. 바스코 누녜스 데 발보아Vasco Núñez de Balboa가 이끈 탐험대는 파나마 지협을 가로질러 행군하여 1513년 태평양에 도달했다. 그의 뒤를 이은 후안 디아스 데 솔리스Juan Diaz de Solis의 원정대는 1516년 남쪽으로 라플라타 강까지 탐험했다.

마젤란과 그의 동업자 루이 팔레이로는 '카사 데 콘트라타시온Casa de Contratación'(스페인 식민지 통상원)의 고위급 대리인인 후안 데 아란다Juan de Aranda와 접촉했다. 아란다는 그들의 제안을 받아들여 (나중에 신성 로마 제국의 황제를 겸임하여 카를 5세가 된) 스페인 국왕 카를로스 1세에게 전달했다. 그리고 이 원정이 성공하면 서쪽으로 항해하여 향신료 제도에 닿으려던 콜럼버스의 원래 계획이 실현되는 것이라고 귀띔했다. 최근 행해진 잇따른 발견에 고무된 카를로스 1세는 마젤란과 팔레이로를 다섯 척으로 구성된 신규 함대의 총사령관으로 임명했다. 두 탐험가는 지극히 후한 대우를 받았다. 우선 그들은 새로 개척한 항로의 10년 독점권을 약속받았다. 그리고 새로 발견한 땅과 섬들의 총독으로 임명되는 것은 물론이고, 새로운 영토에서 얻게 될 총수익의 5퍼센트와 이 탐험에서 얻게 될 총수익의 5분의 1을 받기로 했다. 또한 그들이 개척한 항로로 향후 항해하게 될 선박에 1,000두카트씩 징수할 권리를 부여받고 추가로 섬 하나씩을 하사받기로 했다. 탐험가라면 한번 해볼 만한, 나쁘지 않은 조건이었다. 초기 자금은 주로 스페인 국왕이 댔다. 카를로스 국왕은 그들에게 산티아고 기사단의 사령관 직위 또한 수여했다. 중요 행사 때 착용할 말쑥한 배지와 제복도 딸려왔음은 물론이다.

기함인 트리니다드 호 외에 산안토니오 호, 콘셉시온 호, 빅토리아 호로 구성된 선단이 브라질에서 편성되었다. 승선할 다국적 승무원 또한 모집했다. 그 대다수는 스페인인과 포르투갈인이었지만 이탈리아인과 그리스인, 몇몇 프랑스인, 플랑드르인, 네덜란드인, 그리고 두 명의 영국인도 포함되었다. 그들 중에는 마젤란의 계약제 노예였던 플라카의 엔리케Enrique of Malacca도 있었는데, 대원 중 알려진 유일한 아시아인이었다. 또 한 명의 주목할 만한 인물은 베네치아 출신의 학자이자 탐험가인 안토니오 피가페타Antonio Pigafetta였는데, 마젤란의 가까운 조

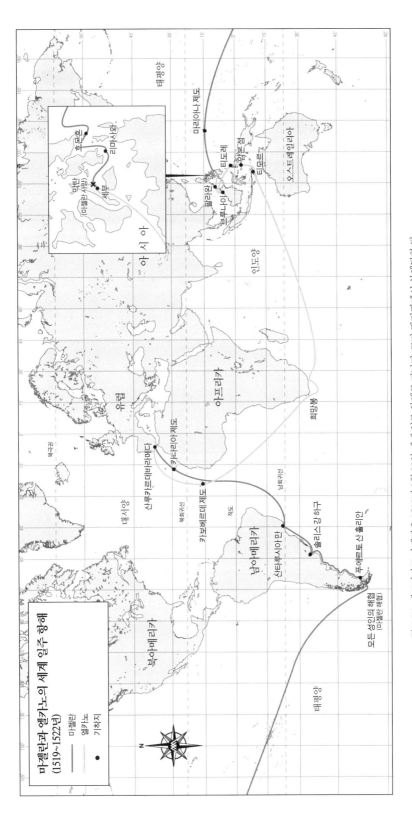

지도 24. 페르디난드 마젤란은 1519년 9월 20일 세계 일주 항해를 떠났다. 그가 필리핀에서 살해당한 뒤 후안 엘카노가 지휘를 이어받아 1522년 9월 6일 귀환했다.

수가 되었고 정확한 항해일지를 기록하기도 했다. 후안 데 카르타헤나Juan de Cartagena는 원정대의 검열관으로 임명되어 탐험 도중에 발생하는 금전적 비용과 거래 내역을 상세히 기록하는 임무를 맡았다. 끝으로, 프란시스코 알보Francisco Albo도 원정대의 공식 항해일지를 작성했다.

1519년 8월 10일 세비야에서 출발한 다섯 척의 배는 과달키비르 강을 따라 내려간 뒤 산루카르데바라메다에서 출항에 유리한 바람이 불기를 기다렸다가 마침내 1519년 9월 20일 대서양으로의 운명적 여정을 개시했다. 항상 감시의 눈을 번득이고 있던 포르투갈 국왕 마누엘 1세는 스파이들에게서 자신의 동포가 이제 스페인을 위해 일하고 있다는 첩보를 받았다. 그는 마젤란의 출발 소식을 듣고 포르투갈 해군 파견대에 그를 추격하라는 명을 내렸다. 하지만 이 노련한 항해사는 뒤쫓아오는 포르투갈군을 용케도 따돌리고 방해 없이 계속 항해하여 카나리아 제도에 들렀다. 그와 대원들은 카보베르데를 떠난 뒤 11월 27일 적도를 건넜다. 12월 6일에는 남아메리카 해안이 눈에 들어왔다. 며칠 뒤인 12월 13일에는 현재의 리우데자네이루 지역에 닻을 내렸다. 페드루 카브랄Pedro Cabral이 이 지역을 포르투갈의 영토로 선언해놓긴 했지만 이곳에는 포르투갈의 영구 기지가 없었다. 마젤란의 선단은 누구의 방해도 없이 보급품을 채운 뒤 다시 출발하여 1520년 2월 초 라플라타 강에 닿았다. 계속해서 남하하던 마젤란은 1520년 3월 31일 푸에르토 산 훌리안이라는 임시 정착지를 세우고 겨울을 나기로 결정했다. 그곳에 머무는 동안 대원들은 원주민을 만났는데, 안토니오 피가페타는 일지에 그들을 '거인'이라고 적고 '파타고니아인'이라고 불렀지만 어째서 그런 이름을 붙였는지는 설명하지 않았다.

원정대가 월동 중이던 4월 1일, 마젤란의 배 다섯 척 중 세 척이 반란을 일으켰다. 루이스 데 멘도사Luis de Mendoza 선장 휘하의 빅토리아 호,

가스파르 데 케사다Gaspar de Quesada가 지휘하는 콘셉시온 호, 그리고 반란 주모자 후안 데 카르타헤나가 지휘하는 산안토니오 호였다. 실전 경험으로 다져진 마젤란으로서는 익히 예상할 수 있는 일이었고, 그는 짧지만 결정적인 대치 끝에 멘도사를 죽이고 나머지 배들도 신속히 탈환하여 다시금 수중에 넣었다. 마젤란은 반란자들을 즉결 재판하여 그중 가스파르 데 케사다를 포함한 몇 명을 처형하고 후안 데 카르타헤나와 그의 사제인 산체스 데 라 레이나Sanchez de la Reina는 해변에 버려둔 채 여정을 속개했다. 또 다른 반란자인 후안 세바스티안 엘카노Juan Sebastián Elcano는 살려주었지만 5개월간 사슬에 묶어두는 형벌을 내렸다. 거칠고 노련한 뱃사람인 엘카노는 이 이야기의 후반부를 장식하게 된다. 피가페타의 보고서에 따르면 죄인들은 '능지처참'을 당했고 사체들은 말뚝에 꽂혀서 해변에 전시되었다고 하며, 여러 해가 흐른 뒤 프랜시스 드레이크가 이를 발견하게 된다. 비록 일반 선원들을 많이 용서해주었지만, 확실히 마젤란은 함부로 건드릴 수 없는 지휘관이었다.

그는 산티아고 호를 척후선으로 해안을 따라 먼저 보내놓은 뒤 나머지 배 네 척은 앞으로의 여정을 위해 준비시키고 수리했다. 그런데 불행히도 갑작스런 폭풍을 만난 산티아고 호가 인근 해안으로 떠밀려가 난파되었다. 기적적으로 승무원 전원이 안전하게 상륙했고, 자원한 생존자 두 명이 마젤란의 정박지까지 육로로 걸어가 구조대를 불러올 수 있었다. 이 손실을 겪은 마젤란은 푸에르토 산 훌리안에서의 출항을 몇 주 더 연기하기로 했다. 날씨가 좀 더 좋아질 것이라는 희망에서 내린 결정이었는데, 과연 적절한 시점에 그렇게 되었다. 1520년 10월 21일 네 척의 배는 비르헤네스 곶에 닿았다. 이 지점에서 마젤란과 그 휘하의 지휘관들은 해협이 내륙 깊숙이까지 이어진다는 사실과 물의 수질을 확인하고 태평양으로 통하는 길을 찾았다는 결론을 내렸다. 네 척의 배는 마젤란이 '모든 성인의 해협Estrecho de Todos los Santos'이라고 명명한 이 600킬로미터 길이의 통로를 조심스럽게 통과했다. 지금은 이곳을 '마젤란 해협'이라고 부른다. 그는 콘셉시온 호와 산안토니오 호에 선두를 맡겼다. 하지만 11월 20일 고메스가 이끄는 산안도니오 호가 달주, 방향을 돌려 스페인으로 돌아가버렸다. 남은 세 척의 배는 11월 28일 해협을 빠져나와 태평양으로 들어갔다. 마젤란은 이 '평온한 바다Mar Pacifico', 즉 태평양의 평화로움과 잔잔함에 깊은 인상을 받았다. 그와 대원들은 이 해협의 태평양 쪽 끝단인 티에라델푸에고('불의 땅')에 다다른 최초의 유럽인이었다.

마젤란은 북쪽으로 향했다. 처음에는 남아메리카의 서쪽 해안선을 따라가다가, 다음에는 북서쪽으로 방향을 틀어서 태평양을 곧장 가로질러 1521년 2월 13일 적도에 다다랐다. 이 함대의 승무원들 사이에서 혹시라도 불안 발작이 도졌다면 그건 아마 태평양의 광막한 공해상에서였을 것이다. 바닷새 몇 마리가 눈에 띄었고, 짐작건대 기이한 고래가 자신만이 아는 외로운 용무를 보고 있었지만 그들은 육지로부터 멀리 떨어져 있었고 이따금 있는 건 몇몇 작은 섬뿐이었다. 실제로 3월 6일 그들은 우리가 괌이라고 부르는, 서태평양에서 그나마 큰 섬 중 하나(약 544제곱킬로미터)를 발견했다. 경계심보다 호기심이 많아 보이는 섬 주민들은 세 척의 배 위로 우르르 올라와 손에 닿는 대로 물건을 훔쳐갔다. 또 배에 실린 소형 보트까지 용케도 가지고 도망갔다. 3월 16일 마젤란과 그의 소규모 함대는 필리핀의 호몬혼 섬에 닿았다. 세 척의 배에 그때까지 남은 대원 150명은 필리핀 제도에 다다른 최초의 유럽인이었다.

마젤란은 섬들 사이를 비집고 항해하다가 4월 7일 세부 섬에 도착했다. 현지 지배자인 세부 섬의 라자 후마본Rajah Humabon은 마젤란과 대원들에게 우호적인 태도를 보였다. 라자와 그의 왕비는 둘 다 세례를 받아 기독교도가 되었고, 훗날 '마젤란의 십자가'로 알려지게 된 십자가와 아기 예수상을 선물 받았다. 이 물건들은 필리핀의 기독교화를 상징하는 유물로 여겨지게 된다. 라자 후마본과 그의 동맹들이 원했던 건 그들의 적인 막탄 섬의 지배자 다투 라푸라푸Datu Lapu-lapu를 마젤란이 죽여주는 것이었다. 마젤란은 그보다도 라푸라푸를 기독교로 개종시키고 싶어 했지만 라푸라푸는 본인과 자기 동족의 개종을 거부했다. 1521년 4월 27일의 이른 아침 마젤란은 스페인인과 현지인이 섞인 공격 부대를 이끌고 막탄 섬으로 갔다. 이후 라푸라푸 군대와 전투를 벌이며 부하들을 지휘하던 마젤란은 대나무 창에 찔린 채 포위되었고, 결국 커다란 커틀러스cutlass(뱃사람들이 쓰던 도검 - 옮긴이)라고 기록에 적힌 무기로 살해당했다. 피가페타는 '마젤란의 몸에서 단 한 조각도 남아나지 못했다'고 적었다.

그날 오후, 슬픔에 잠긴 라자 후마본은 마젤란의 유해 수습을 희망하며 라푸라푸에게 구리와 철로 후하게 몸값을 쳐주겠다고 제안했다. 시신을 전리품으로 소장할 의도였던 라푸라푸는 제안을 거절했다. 이 짧은 전투로 발생한 사상자를 제외하고 남은 인원은 세 척의 배를 다 몰고 갈 수 없을 정도로 소수였다 - 다 끌어모아도 115명에 불과했다. 그래서 대원들은 5월 2일 콘셉시온 호를 폐선시키고 불태웠다. 6월 21일, 트리니다드 호와 빅토리아 호가 모로족 현지 항해사의 안내를 받아 서쪽으로 출발했다. 대원들은 마젤란의 지휘권을 누가 승계할지를 놓고 한동안 갈팡질팡하다가 결국 두아르테 바르보사Duarte Barbosa와 주앙 세항João Serrão을 지휘관으로 선출했다. 하지만 선출된 지 나흘도 지나지 않아 이 두 사람 역시 원주민에게 살해당했다. 이제 원정대의 성공은 한 치 앞을 내다보기 힘든 상황이었다. 이때 조금 주저하며 나선 사람 – 로페스 데 카르발로Lopez de Carvalho – 이 지휘권을 잡게 되었지만, 막상 지휘관이 된 그는 다소 우유부단했다. 길고 지지부진한 여정에 지친 승무원들이 바스크 출신의 스페인 탐험가 후안 세바스티안 엘카노의 능력에 더 깊은 인상을 받으면서 그가 지도자로서 두각을 나타내게 되었다. 원정대는 돛을 올린 지 35일 후 브루나이에 닿았고 11월 6일 말루쿠의 향신료 제도에 도착했다. 그들은 이곳의 티도레 섬, 그리고 트르나테 섬과 거래하여 정향과 기타 향신료를 비롯한 값진 화물을 사들였다.

후안 세바스티안 엘카노가 지휘권을 잡은 뒤, 12월 18일 배들은 향신료 제도를 떠날 준비를 끝냈다. 하지만 트리니다드 호에 물이 새고 있었다. 카르발로는 그의 배와 승무원 52명이 잔류하여 배를 수리한 뒤 나중에 귀환하기로 했다.* 한편 빅토리아 호를 지휘한 엘카노는 12월 21일 유럽인 승무원 54명과 아시아인 승무원 4명을 데리고 서쪽으로 항진했다. 빅토리아 호는 1522년 5월 6일 희망봉을 돌았고, 여기서 그 지역을 지배하고 있던 포르투갈 당국의 허락을 받아 보급품을 충당했다. 그리고 카나리아 제도를 경유하여 항해한 끝에 1522년 9월 스페인에 도착했다. 그때 빅토리아 호에 타고 있던 승무원은 18명에 불과했다. 도중에 사망한 사람도 있었고, 남아프리카나 카나리아 제도에 기착했을 때 아마도 질병 때문에 배에서 내린 사람도 있었다. 따라서 – 마젤란이 향신료 제도로 가는 서쪽 항로를 찾은 뒤 같은 항로로 귀환한다는 초기의 의도와 달리 – 세계 일주를 최초로 완수한 사람은 엘카노가 되었다. 국왕은 엘카노에게 긴요한 연금과 더불어 둥근 지구 문양과 '그대가 나를

---

* 카르발로는 배를 수리한 뒤 태평양 항로를 통해 스페인으로 돌아오려 했지만, 트리니다드 호가 포르투갈 함대에 나포된 뒤 결국 난파되고 말았다. 이리하여 태평양 항로를 거슬러 돌아오려던 원래의 계획은 완수되지 못했다.

최초로 한 바퀴 돌았도다 Primus circumdedisti me'라는 모토가 새겨진 문장을 하사했다.

❖◈❖

이 항해 경험이 스페인에 알려지면서, 향신료 제도로의 안전한 접근 경로를 제공하기 위한 추가 탐험의 필요성이 명백해졌다. 때맞춰 신규 탐험대가 편성되었고 가르시아 호프레 데 로아이사 Garcia Jofre de Loaísa가 향신료 제도를 식민지로 만든다는 임무를 띠고서 이 탐험대를 이끌게 되었다. 1525년 7월 돛을 올린 그들은 1527년 새해 첫날 향신료 제도에 도달함으로써 태평양을 횡단한 두 번째 원정대가 되었다. 이 원정은 토르데시야스 조약으로 그어진 분계선에 의해(어느 쪽의 주장을 따르느냐에 따라) 향신료 제도의 최소한 일부분은 스페인 측 영토로 넘어올 것이라는 믿음에 근거하고 있었다. 이 조약은 사실상 세계를 이등분하여 반쪽은 포르투갈이 착취하는 영역, 나머지 반쪽은 스페인이 착취하는 영역으로 만들려는 기도였다. 하지만 실상은 포르투갈 측이 획득한 영역이 조금 더 넓었다. 포르투갈은 조약이 의도한 경도 180도 범위가 아니라 191도 범위를 활발히 개척하는 중이었고, 스페인은 169도 범위 안에서 근근이 연명하고 있었던 것이다. 결국 스페인 원정대는 티도레 섬에 닻을 내렸고 스페인은 이곳에 요새를 건설하고 근거지로 삼았다. 가까운 트르나테 섬에 이미 자리잡은 포르투갈과의 충돌은 불가피했다. 양측은 이후 10년간 서로 옥신각신했다.

한편 유럽에서는 이제 신성 로마 제국의 황제 카를 5세가 된 스페인 국왕 카를로스 1세와 포르투갈 국왕 주앙 3세가 일종의 양국 간 조약을 협상하여 향신료 제도의 지위를 명확히 할 필요가 있다는 결정을 내렸

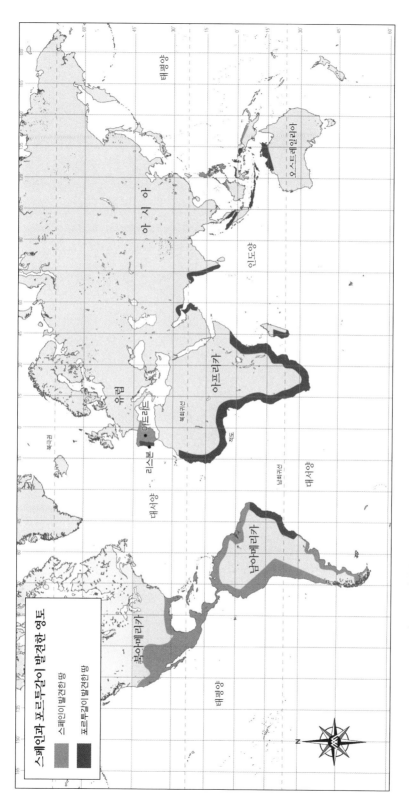

지도 25. 16세기에 스페인은 아메리카의 대부분을, 포르투갈은 아프리카와 아시아의 대부분을 발견했다.

다. 이 화해는 주로 카를 5세 측에서 먼저 제안한 것이었다. 그는 프랑스와의 전쟁이라는 중대 현안에 짓눌려 있었고, 따라서 해외 영토에서 들어오는 금은의 공급을 보호하고 증진할 필요가 있었던 것이다. 이런 상황에서 포르투갈과의 충돌은 자원 낭비였다. 스페인의 금고로 쏟아져 들어오는 보물로도 스페인이 유럽에서 품은 야심을 채우기에는 충분치 않았다. 두 나라는 양국의 세계 개척 경계선을 최종적으로 공인하기 위한 대표단을 각각 조직했다. 마침내 1529년 4월 22일 조약이 체결되고 서명되었다. 이는 사라고사 조약이라고 알려지게 되었지만, 스페인 입장에서는 '사라고사의 항복'이라고 부르기도 한다. 이 조약에 의거한 지도에는 향신료 제도가 확실히 포르투갈 권역에 속한다고 명시되었다. 스페인은 향신료 제도에서 철수하는 대신 포르투갈 국왕에게서 거금을 받았다. 이는 카를 5세의 전비 조달에 요긴한 자원이었다. 한편 스페인이 예전부터 식민지로 삼아온 필리핀 제도는 이 조약에 따르면 포르투갈 권역에 속했는데, 필리핀에는 향신료가 없는 만큼 포르투갈이 이 사실을 눈감아주리라는 것이 카를 5세의 희망사항이었고, 과연 그의 바람대로 되었다.

한편 1518년 스페인의 번창하는 식민지 쿠바에서는 누에바에스파냐의 총독 디에고 벨라스케스 데 케야르Diego Velázquez de Cuéllar가 멕시코 중부를 탐사하고, 가능하다면 그 지역을 수중에 넣을 원정대를 조직했다. 야심적이고 단호한 인물인 에르난 코르테스 데 몬로이 이 피사로 알타미라노Hernán Cortés de Monroy y Pizarro Altamirano가 지휘관으로 임명되었다.

하지만 두 사람 사이의 해묵은 갈등 때문에 벨라스케스는 코르테스에 대한 임명을 철회하고 탐험을 중단하라고 명했다. 이에 코르테스는 명령을 무시하고 1519년 2월에 출발했다. 그리고 도중에 병력과 여분의 말을 충원하여 결국에는 배 11척과 병력 500명과 말 14마리를 이끌게 되었다.*

코르테스는 1519년 3월 유카탄 반도에 상륙한 뒤 이 땅을 스페인 국왕의 이름으로 공식 점령했다. 그는 벨라스케스와 사이가 틀어진 상태였으므로, 이를 위해 법적으로 나름의 술책을 썼다. 즉 스페인의 카를로스 1세와 직통 라인을 확보하는 것 – 그의 희망사항 – 이었다. 이곳에 있는 동안 코르테스는 낙오된 사제인 헤로니모 데 아길라르Gerónimo de Aguilar를 만났다. 헤로니모는 타고 가던 배가 좌초되어 현지의 마야인들에게 생포되었다가 탈출한 인물로, 포로 생활을 하며 현지의 마야어를 습득한 덕에 코르테스의 원정대에 통역관으로 합류했다. 그 후 원정대는 타바스코 지역으로 진군했고, 코르테스는 현지인들과 전투를 벌여 완승을 거두었다. 항복한 현지인들은 복종의 표시로 젊은 여성 20명을 정복자들에게 바쳤다. 코르테스는 사제에게 이 여성들 모두를 즉시 기독교도로 개종시켜달라고 요구했다. 이 개종자 집단 중에 라 말린체La Malinche라고 알려진 한 지적인 여성은 코르테스의 정부情婦가 되었다. 이 여성은 현지어를 할 수 있었지만, 더 중요한 것은 그녀가 아스텍인의 언어를 구사할 수 있는데다 아스텍의 사회구조에 대한 실질적 지식을 갖추었다는 것이었다. 이 모두는 나중에 코르테스에게 유리하게 작용했다. 그는 리오 하마파 인근의 해안에 병력을 상륙시킨 후 셈포알라를 거쳐 북쪽으로 이동하여 1519년 7월 베라크루스를 점령했다. 거기서 그는 벨라스케스 총독의 권위를 공식적으로 무시하고 스페인 국왕 카

---

* 일반 사병이 말을 가지고 입대하면 전리품을 두 배로 받을 수 있었다.

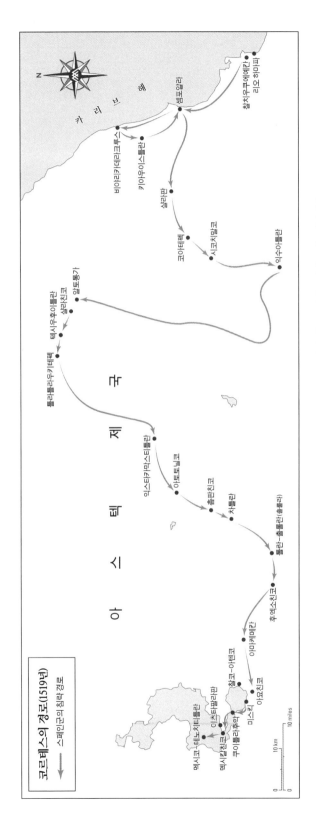

지도 26. 1519~1521년 에르난 코르테스가 이끈 아스테카 제국 정복은 스페인의 멕시코 지배를 알리는 신호탄이었다.

를로스 1세의 이름으로 자기 자신에게 전권을 부여했다. 또한 병사들의 반란이나 후퇴를 사전에 봉쇄하기 위해 타고 온 배들을 전부 가라앉혔다.

베라크루스 시역에 머무는 동안 코르테스는 현지 부족의 지도자들을 만났다. 모두 아스텍의 지배 아래에 있는 부족이었다. 현지인들은 수염을 기른 기이한 이방인에게 호의적으로 대하며, 자기들은 아스텍과 별로 호의적인 관계가 아니라고 공언했다. 코르테스는 - 필요할 때는 무력을 동원해서 - 이 원주민들과 동맹을 맺는 데 성공했다. 그리고 특히 스페인이 금은을 획득할 수 있는 일종의 무역협정을 맺기 위해 아스텍 제국의 지배자인 몬테수마 2세와의 회담을 주선하도록 했다. 1519년 10월, 코르테스와 이제 1,000명이 넘은 그의 군대는 아스텍의 제2도시인 촐룰라로 진군했다. 촐룰라에 도착한 코르테스는 현지 지도자를 살육하고 도시 대부분을 불태워버렸다. 이는 코르테스를 만나기 위해 수도인 테노치티틀란에 모여들고 있던 아스텍 엘리트들에게 공포감을 불어넣기 위해 사전에 계획된 작전이었다.

스페인인과 그 동맹 부족의 군대가 테노치티틀란 인근에 들어섰을 때는 규모가 더욱 커져 있었다. 그들의 위협을 깨달은 몬테수마는 섬도시 테노치티틀란에 스페인인의 입성을 허용하고 1519년 11월 8일 한껏 위엄을 갖추어 그들을 맞이했다. 이 과정에서 코르테스는 주도면밀하게 사방을 살피며 아스텍인들의 방어에 어떤 약점이 있는지 눈여겨보았다. 몬테수마는 그들에게 대량의 황금을 비롯한 선물 세례를 퍼부었는데, 스페인인들의 눈에 황금은 즉각적인 이득을 의미했기 때문에 이건 중대한 실수였다. 후한 아량으로 스페인인에게 좋은 인상을 주기는커녕 그들의 탐욕만 부추기고 만 꼴이었다. 코르테스는 아스텍인이 몬테수마를 거의 신적인 존재로 여긴다는 데(현대의 일부 역사학자들은 이러한 관점에 반대하지만) 주목하게 되었다. 그는 몬테수마 2세를 사로잡아 궁전 안에 가두고, 몬테수마를 자신의 꼭두각시로 삼아 테노치티틀란을 지배하기 시작했다.

한편 쿠바의 벨라스케스 총독은 코르테스를 토벌하기 위해 새로운 원정대를 조직했다. 원정대장 판필로 데 나르바에스Pánfilo de Narváez는 1,100명의 병력을 이끌고 1520년 4월 멕시코에 상륙했다. 이 소식을 들은 코르테스는 도시에 병력 200명을 남겨둔 채 나머지 군대를 이끌고 진군하여 판필로 데 나르바에스와 맞붙었다. 코르테스는 수적으로 열세였음에도 나르바에스의 병력을 제압한 뒤 그들 중 상당수를 설득하여 자기 군대에 합류시켰다. 그동안 테노치티틀란에서는 코르테스의 신임을 받는 부관 페드로 데 알바라도Pedro de Alvarado가 아스텍인이 스페인인을 공격·살해할 음모를 꾸미고 있다는 증거를 잡았다고 믿고 마침 '톡스카틀의 축제'일이었던 1520년 5월 22일 현지 유력자들을 상대로 학살극을 벌였다. 이 사건으로 주민들 사이에서 대규모의 반란이 일어났다. 코르테스는 서둘러 테노치티틀란으로 돌아갔지만, 1520년 7월 1일 혼란의 와중에 몬테수마 2세가 죽음을 당했다. 코르테스는 주민들의 격앙된 상태를 감안하여 철수하기로 결정하고 틀락스칼라 시로 향했다. 철수하는 중에도 전투는 계속되어, 비록 스페인 병력의 다수는 탈출했지만 후위 부대를 대부분 잃고 말았다. 더 중요한 손실은 약탈한 보물 중 상당수를 잃었다는 것이었다. 1520년 7월 7일 오툼바에서 또다시 전투를 치르고 가까스로 철수한 스페인군은 결국 870명의 병력을 잃고서 틀락스칼라에 도착했다. 스페인군은 이곳에서 병력을 재정비하고 쿠바와 원주민 동맹 세력으로부터 증원군을 받았다. 그런 다음 테노치티틀란으로 들어가는 보급선을 끊고 포위 공격을 개시했다. 이 공성전은 1521년 8월 13일 마침내 도시가 완전히 파괴됨으로써 끝이 났다. 아스텍 제국의 마지막 황제인 쿠아우테목 역시 사로잡혔다. 코르테스는 그 폐허를 점령한 뒤 재건에 착수하여, 이곳을 멕시코시티로 새롭게 명명하고 그 일대를 스페인 왕령으로 선포했다. 그는 1524년까지 멕시코를 사직으로 지배했다.

아스텍 제국이 함락되고서 1년 1개월 뒤, 후안 세바스티안 엘카노가 최초의 세계 일주를 마치고 스페인에 귀환했다. 스페인은 신대륙을 통과하여 태평양으로 가는 항로를 찾을 가능성이 희박해지고 있으며, 남아메리카 남단을 돌아서 가는 길고도 지루한 여정이 유일한 해결책임을 깨닫기 시작했다. 이제 멕시코 중부가 스페인의 수중에 들어온 지금, 중앙아메리카의 서해안에 함대를 배치하지 않을 이유가 있었을까? 이 기지가 설치됨과 더불어 1565년 아카풀코에서 스페인령 필리핀의 마닐라까지 가는 교역로가 열렸다. 이 교역로는 1815년까지 유지되었다.

8

· 세상의 모든 곳을 탐사하라 ·

존 캐벗

존 캐벗은 1450년경 이탈리아 서해안에 위치한 라티나 지방의 제아타에서 조반니 카보토Giovanni Caboto라는 이름으로 태어났다. 무역상이자 항해사이자 탐험가였던 그는 1476년 베네치아 시민권을 취득하면서 지중해 동부 중심의 연해무역에 종사할 수 있는 자격을 얻었다. 하지만 1480년대 말 사업이 재정적 곤란에 처했던 것 같다. 채권자들에게 쫓겼던 그는 1488년 베네치아를 떠나 발렌시아로 갔다. 1494년에는 다시 세비야로 가서 건설 계약을 따내려 했지만 이것도 결국 무산되었다. 곤경에 처한 카보토는 다시금 이주하여 1495년 중반 영국에 도착한 뒤, 새로운 땅을 찾기 위한 탐험을 제안했다. 1496년 3월, (이제 '캐벗'이 된) 카보토는 국왕 헨리 7세로부터 다음과 같이 탐사를 허가하는 '특허장letters patent'을 발급받았다.

…… 우리의 깃발과 기장을 달고 필요한 화물과 물품을 적재한 5척의 함선을 거느리는 데 필요한 선원과 인력과 여기에 따르는 임금과 비용을 지원하고, 이교도와 불신자들의 모든 도서, 국가, 지역과 지방, 그리고 지금까지 기독교도에게 알려지지 않은 지구상의 모든 지역을 탐사하고 발견하며 찾아내기 위해 동쪽과 서쪽, 그리고 북쪽의 모든 지역과 국가 및 해양을 항해하는 데 필요한 모든 직권과 청원권을 부여하며, 이것을 널리 알리노라.[*]

존 캐벗은 서둘러 브리스틀로 가서 탐험 준비를 했다. 이 항구는 예로부터 아이슬란드와 왕래했고, 대서양 너머의 섬들에 대한 이야기나 브리스틀 사람이 먼 서쪽의 섬들을 이미 발견했다는 풍문이 많이 떠돌았다.

그는 1496년 여름의 어느 시점에 출발했지만 준비가 부실했고 악천후와 역풍을 만났다는 이야기가 전해진다. 결국 그는 원정을 포기하고 브리스틀로 돌아와 이듬해에 다시 도전해야 했다.

그는 1497년 5월 브리스틀에서 매슈 호라는 배 한 척을 몰고 다시금 출항했다. 이 원정에 관한 기록은 주로 두 통의 편지에 기반하고 있다. 그중 하나는 로렌초 파스콸리고Lorenzo Pasqualigo가 쓴 편지이고, 또 하나는 1498년 존 데이John Day가 크리스토퍼 콜럼버스에게 쓴 편지다. 그들은 출항한 지 4주가 안 되어 육지를 발견했지만, 남은 기록이 없기에 이곳은 노바스코샤 남부와 뉴펀들랜드 북부 사이의 어딘가로 짐작될 뿐이다. 캐벗이 상륙한 것은 분명하지만 내륙으로는 석궁의 사정거리 이상으로 들어가지 않았다. 그는 한 야영지의 흔적과 현지의 야생동물을

---

[*] 한국미국사학회 엮음, 『사료로 읽는 미국사』, 궁리, 2006, '존 캐벗에게 하사한 특허장', 28~29쪽 - 옮긴이

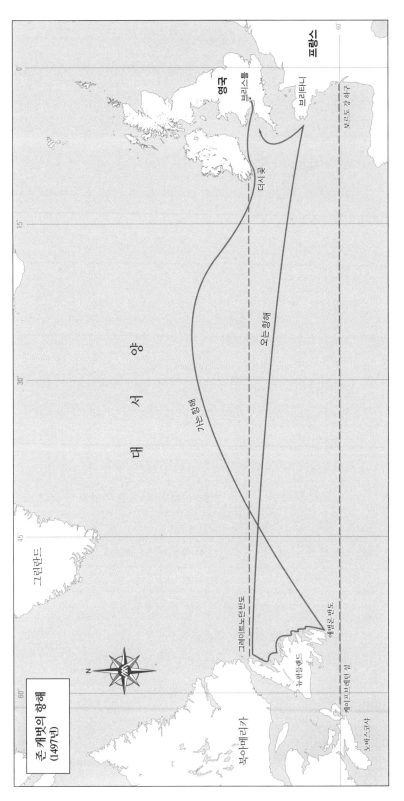

지도 27. 조반니 카보토라고도 알려진 존 캐벗은 항해사이자 탐험가로서 1497년에 처음으로 대서양을 횡단했다.

존 캐벗의 항해
(1497년)

그린란드

대   서   양

대서양

북아메리카

영국
브리스틀

프랑스

브르타뉴

더시쿠

보르도 강 하구

오는 항해

가는 항해

그레이트노던반도

뉴펀들랜드

애벌론 반도

케이프브레턴 섬

노바스코샤

60

45

30

15

0

60

잡기 위해 설치된 사냥용 덫을 발견했다. 그리고 이런 정보를 입수한 즉시 안전한 매슈 호로 철수했다. 멀지 않은 울창한 삼림지대에 원주민들이 숨어 있을까봐 걱정되었던 것이다. 또한 콜럼버스와 마찬가지로 캐벗도 자기가 중국 황제의 영토에 상륙했으며, 내륙으로 더 들어가면 큰 도시들과 기막힌 교역 기회가 있을 것이라고 확신했다. 콜럼버스와 마찬가지로 이 또한 완전히 빗나간 판단이었다.

하지만 캐벗은 수백 년 전 노르드인의 그린란드 정착촌이 쇠퇴한 이래로 유럽인이 이 지역에 대해 갖고 있던 지식을 재정립했다. 그가 뉴펀들랜드 앞바다의 어장이 풍부하다는 정보를 가지고 브리스틀에 돌아왔기 때문에, 그 후 영국, 프랑스, 스페인, 바스크 등지에서 온 어선들이 뉴펀들랜드와 노바스코샤의 해안선을 좀 더 자세히 파악하려는 열의에 들떠 이 해역으로 몰려들게 된 것이다. 브리스틀에 돌아온 캐벗에게 국왕 헨리 7세가 '새로운 섬'을 발견한 공로로 10파운드의 거금을 수여한 사실로 볼 때, 국왕이 캐벗의 발견에 그렇게까지 깊은 인상을 받지는 않았던 것 같다.

그 이듬해에 더 큰 규모의 탐험이 새롭게 조직되었다. 다섯 척의 배로 꾸려진 선단이 1498년에 파견되었는데, 기록에 따르면 그중 한 척만 되돌아왔고 나머지 네 척은 영영 소식이 없었다고 전해진다. 당대의 기술에 따르면, 그로부터 몇 년 뒤 캐벗은 '더 이상 새로운 땅을 발견하지 못하고 바다 밑바닥에 가라앉았다'고 한다.

윌리엄 웨스턴

한편 브리스틀 항구의 상인들 사이에서는 대서양 너머에 기회가 있다는 소문이 돌기 시작했다. 그들 중에 최근의 연구로 조명된 인물이 윌리엄 웨스턴William Weston이다. 그는 대서양에 위치한 포르투갈령 마데이라를 오가며 무역을 했다고 전해진다. 또 그는 브리스틀에서 '브라질 섬'을 찾으러 파견한 원정대에 트리니티 호를 타고 참여하기도 했다.

웨스턴은 국왕이 캐벗에게 발급한 '특허장'을 근거로 일했을 가능성이 있다. 이 '특허장'이 법적으로 제삼자를 고용하는 데 활용될 수 있었고, 1499년에서 1500년 사이의 어느 시점에 웨스턴이 정말로 원정에 착수하여 뉴펀들랜드에 재상륙하고 래브라도 해안을 따라 더 북쪽으로 탐험했기 때문이다. 1500년에 두 세관원이 국왕의 승인 아래 그에게 비용을 지급했다는 증거가 있으며, 그 내용은 다음과 같다.

즉 (세관 측이 지급해야 할) 금액이 30파운드 이상인 바, 이 금액을 브리스틀의 상인인 윌리엄 웨스턴이 새 영토를 찾는 데 지출한 비용으로서, 상기한 그의 30파운드어치 부신符信, tally에 대하여 지급한다.

프랜시스 드레이크

프랜시스 드레이크 경Sir Francis Drake은 1540년경 잉글랜드 남서부의 데번에서 태어났다. 그는 처음에 선장이었고 이후에는 해군 장교이자 탐험가이자 노예 상인이었다. 또한 영국의 입장에서는 사략선의 선장이었고, 스페인의 입장에서는 해적이었다.

여기서는 1577년부터 그의 행보를 따라가보기로 하자. 영국의 여왕 엘리자베스 1세는 드레이크의 원정대를 파견하여 남아메리카 태평양 연안의 스페인 무역선을 공격하게 했다. 이 원정 계획은 이미 리처드 그렌빌 경Sir Richard Grenville에 의하여 수립된 바 있었으나 스페인의 정치적 압력으로 철회된 상태였다. 드레이크는 특허장이 있거나 말거나 1577년 11월 15일 플리머스에서 출항했다. 하지만 악천후를 만나 팔머스로 돌아와 배를 수리한 뒤, 12월 13일 다섯 척의 배와 164명의 승무원을 이끌고 다시 출발했다. 나중에는 나포한 포르투갈 배를 함대에 추가하여 총 여섯 척이 되었다.

대서양 횡단 항해가 길어지면서 드레이크의 함대는 큰 인력 손실을 겪었고 배 두 척을 버려야 했다. 그는 남아메리카 동해안을 따라 남하하다가 산 훌리안 만에 도달했다. 이곳은 반세기 전에 마젤란이 반란자 무리를 처형했던 현장으로, 드레이크의 대원들은 여기서 햇볕에 바랜 채 여전히 스페인 교수대에 매달려 있는 유골들을 발견하게 된다. 아이러니하게도 드레이크 역시 함대의 공동 지휘관인 토머스 도우티Thomas Doughty를 위시한 자기 함대의 반란자들을 처리해야 했다. 1578년 6월 3일, 드레이크는 도우티를 사술witchcraft과 반란 죄목으로 기소하고 재판을 거쳐 처형했다. 잠재적 반란 기도를 진압한 드레이크는 남아메리카를 돌아 태평양에 진입하기 전에 산 훌리안에서 겨울을 나기로 했다.

출항을 앞두고 함대의 또 다른 배인 메리 호의 목재가 썩고 있는 것을 발견한 드레이크는 이 배를 폐선하고 불태웠다. 몇 주일 뒤 이 소규모 함대에 남은 세 척의 배는 마젤란 해협을 향해 돛을 올렸다. 거센 폭풍으로 남은 배들 중 한 척인 메리골드 호가 파손되고, 존 윈터John Wynter가 지휘하던 엘리자베스 호도 이 틈을 타 영국으로 되돌아가버리는 바람에 펠리컨 호 한 척만 가지고 태평양으로 가는 길을 돌파해야 했다. 마젤란 해협을 통과하는 동안 드레이크와 대원들은 현지인들과 교전을 벌였는데, 그는 아마도 이곳의 원주민 부족과 최초로 맞닥뜨린 유럽인이었을 것이다. 이 시점에 드레이크는 그의 후원자인 크리스토퍼 해

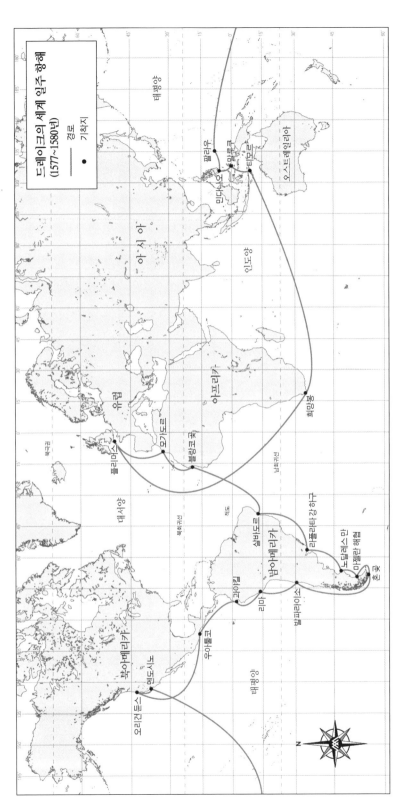

지도 28. 장장 1,020일간 약 3만 6,000마일(약 5만 8,000킬로미터)을 항해한 드레이크의 원정 내용이 비밀에 부쳐진 것은 스페인의 무역망을 약탈하는 것이 이 원정의 진짜 목적이었기 때문이었다.

드레이크의 세계 일주 항해
(1577~1580년)

— 경로
● 기착지

턴 경Sir Christopher Hatton에게 경의를 표하는 뜻에서 배의 명칭을 '펠리컨 호'보다 훨씬 더 인상적인 '골든하인드 호'로 바꾸기로 했다. 해턴 경의 문장이 '금색 암사슴golden hind'이었기 때문이다.

드레이크는 남아메리카 서해안을 따라 천천히 북상하며 지나는 길에 있는 항구와 도시를 공격하고 노략질했다. 또 작은 스페인 배를 몇 척 나포해서 자신의 해도보다 훨씬 더 최신의 해도를 빼앗아 정보를 얻었다. 그는 가장 중요한 항구인 발파라이소를 약탈하는 데도 성공했다. 거기서 나포한 현지 선박에는 와인이 가득 실려 있어서 대원들의 사기를 북돋우는 데 큰 도움이 되었다. 그리고 좀 더 북상하여 페루의 리마 인근에서 3만 7,000두카트 값어치의 황금과 금화가 실린 스페인 배를 나포했다. 또 마닐라로 항해 중인 대형 갤리언선의 행방에 대한 정보도 얻었다. 나중에 카카푸에고Cacafuego라는 별칭으로 불리게 된 '누에스트라 세뇨라 데 라 콘셉시온 호Nuestra Señora de la Concepción'였다. 드레이크는 결국 이 배를 나포했고, 이는 그가 거두어들인 것들 중에서 가장 값비싼 노획물이었다. 은화와 귀금속으로 가득 찬 궤짝들 안에는 금 80파운드와 은 26톤이 들어 있었다. 카카푸에고 호를 약탈한 드레이크는 계속해서 다른 스페인 보물선을 찾아 헤매며 북쪽으로 항해했다.

드레이크는 북위 38도까지 항해한 것으로 알려져 있지만, 여기서 '살을 에는 듯한 극도의 추위'와 '지극히 불쾌하고 짙고 악취 나는 안개'를 이유로 남쪽으로 방향을 돌렸다. 그는 아메리카를 관통하는 전설의 '수로'(섬 사이로 혹은 강을 통해 북아메리카 대륙을 가로지를 수 있는 항로)의 서쪽 입구를 찾으라는 비밀 지령 또한 받고 있었다. 그는 배를 숨기기에 좋은 항구를 찾아 주의 깊게 정찰한 끝에 1579년 6월 17일, 현재의 캘리포니아 해안에 위치한 드레이크스 만에 상륙하여 배를 수리했다. 그는 현지의 미워크 인디언들과 우호적인 관계를 유지했지만, 체류하는 동안 이 땅을 영국 여왕령으로 선포하고 '노바 알비온Nova Albion'이라고 명명했다. 그로부터 200년 뒤 영국 식민지들이 독립하고 미국 독립 전쟁이 끝난 이후까지도 이 영토권 주장에는 공식적인 반박이 제기되지 않았다.

드레이크는 1579년 7월 23일 캘리포니아, 즉 '뉴앨비언New Albion'을 떠나 태평양을 횡단했고, 포르투갈 영향권의 일부로 향신료 제도라고도 알려진 말루쿠 제도에 도착했다. 이 제도에 머무는 동안 골든하인드호가 숨은 암초에 걸려 좌초하는 바람에 하마터면 배를 잃을 뻔했다. 승무원들은 화물의 일부를 바다에 버리고 사흘 뒤 조류와 바람이 유리하게 바뀌자 다시 배를 띄웠다. 드레이크는 한동안 현지의 정치 상황에 휘말리기도 했지만 항해를 재개하여 인도양을 횡단했고, 희망봉을 돌아 1580년 7월 22일 그가 예전에 방문한 적이 있는 시에라리온에 들렀다.

풍파에 찌든 골든하인드 호가 마침내 플리머스에 도착한 것은 1580년 9월 26일이었다. 화물 중 절반은 여왕의 몫으로 돌아갔는데, 이는 그해 여왕의 나머지 수입을 모두 합친 것보다 많았다.

엘리자베스 1세는 드레이크 원정의 세부 사항을 국가 기밀로 유지하며 이를 누설하는 자는 사형에 처한다는 결정을 내렸다. 드레이크는 세계를 일주했고 지구상의 대륙 형태를 이해하기 시작한 최초의 영국인이었다. 여느 훌륭한 뱃사람처럼 그도 정박지나 상륙지로서 익숙한 곳이나 만을 스케치할 수 있었지만, 그의 원정을 표시한 거의 모든 지도는 그가 공개한 설명을 토대로 다른 사람들에 의해 제작되었다. 그의 세계 일주 항로(1577~1580년)는 1581년 니콜라 판 시퍼Nicola van Sype에 의해 지도로 발행되었다.

월터 롤리

1552년 1월 22일 잉글랜드 남서부의 부유하고 유력한 집안에서 태어난 월터 롤리 경Sir Walter Raleigh은 탐험가이자 군인, 정치가, 부자가, 스파이, 대지주였고 작가이자 시인으로도 활동했다.

롤리는 1569년 프랑스의 종교전쟁에 참전하여 신교인 위그노 편에서 싸웠고 같은 해에 몽콩투르 전투를 경험했다. 이후 몇 년간 그의 행적은 조금 혼란스럽다. 1572년 한 해 동안 옥스퍼드에 재학했지만 학위를 받지 않은 채 학교를 떠났다. 그 후에는 런던에서 법학을 공부했지만 역시 학업을 마치지 않고 프랑스로 돌아가는 등 부평초처럼 살았다. 1576년경 그는 잉글랜드로 돌아왔고, 1579년에는 데즈먼드 반란(아일랜드 남서부에서 영국 정부의 권력 팽창에 대항하여 일어난 봉건 영주들의 봉기) 진압에 참여하는 임무를 띠고 아일랜드에 있었다. 그는 이 임무를 성공적으로 수행하여 몰수한 영지 4만 에이커를 하사받음으로써 먼스터 지방의 최대 지주 중 한 명이 되었다. 그는 이 거대한 영지에 신교도 정착을 독려하고자 했지만 이 노력에서만큼은 성공하지 못했다.

그럼에도 아일랜드의 영지와 가문의 인맥을 활용하여 연줄을 잘 잡은 덕분에, 1584년 롤리는 '실질적으로 어떤 기독교 군주의 소유도 아닌 땅과 영토'를 탐사하고 식민지로 만들고 통치할 권리를 부여하는 칙허장을 발급받았다. 롤리와 그의 친구들은 이 칙허장의 유효 기간인 7년간 자립 식민지를 건설하려는 시도를 할 수 있었다. 또한 이 탐험의 후원자들은 발견한 모든 금은의 20퍼센트만 여왕의 몫으로 넘기고 그 나머지를 차지할 수 있었다. 이건 상당히 괜찮은 조건 같았다. 어쨌든 스페인은 잘나가는 중이었고, 재화와 보물을 가득 실은 스페인 배들이 신대륙의 식민지에서 줄줄이 스페인으로 들어오고 있었기 때문이다.

1584년 롤리는 필립 애머더스Philip Amadas와 아서 발로Arthur Barlowe가 지휘하는 배 두 척을 파견했다(롤리 자신은 북아메리카의 땅 한 조각도 자기 눈으로 본 적이 없었다). 그들은 현재의 노스캐롤라이나 앞바다에 늘어선 모래섬들인 아우터뱅크스 사이로 들어갔다(이 장소의 현지어 지명은 '하타라스크Hatarask'였다).

탐험가들은 현지인과 좋은 관계를 수립했고 그중 만테오Manteo와 완치즈Wanchese라는 두 현지인은 애머더스와 발로가 영국으로 귀환할 때 동행하기까지 했다. 엘리자베스 1세의 궁정에 입궐한 롤리는 자신이 받은 보고에 크게 고무되었고, '처녀 여왕Virgin Queen'인 엘리자베스의 후원을 끌어들이기 위해 이 지역을 버지니아Virginia라고 명명했다. 1585년 본격적인 식민지 건설을 위한 원정대가 107명의 정착민을 싣고 이곳 총독으로 임명된 랠프 레인Ralph Lane의 지휘하에 파견되었다. 그들은 1585년 8월 로어노크 섬 북단에 상륙한 뒤 현지인 추장의 허락을 얻어 그곳에 요새를 건설했다. 작물을 심기에는 너무 늦은 계절이었으므로 옥수수와 기타 식량을 공급해줄 현지인들과 합리적인 관계를 수립한 것은 다행한 일이었다. 정착민들은 로어노크 섬 주변 지역을 탐사하며 북상하여 체서피크 만까지 닿았고 초완 강과 팜리코 강을 따라 내륙으로도 여행했다. 하지만 작은 공동체 내에서 언쟁과 사소한 다툼이 고질적으로 발생하고 인디언과의 관계도 이내 악화되었다. 1586년 6월 프랜시스 드레이크의 함대가 로어노크에 들렀다. 필시 스페인 무역선에 대한 공격 기지를 세울 위치를 답사하기 위해서였을 것이다. 당시 사기가 떨어질 대로 떨어진 정착민들은 다시 영국으로 데려다주겠다는 그의 제안을 즉시 수락했다.

1587년, 존 화이트John White가 이끄는 신규 원정대가 100명 이상의 정착민을 싣고 다시 파견되었다. 그들 중에는 영국에 와서 '로어노크 영주Lord of Roanoke'의 칭호를 받은 인디언 만테오도 포함되어 있었다. 그 후

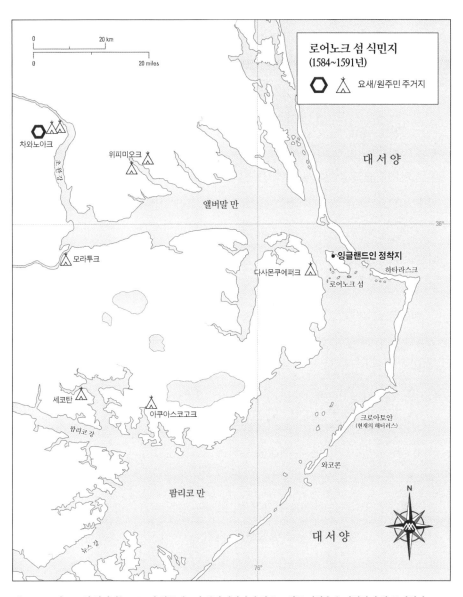

로어노크 섬 식민지
(1584~1591년)

⬡ ⛺ 요새/원주민 주거지

0 _____ 20 km
0 _____ 20 miles

차와노아크

위피미오크

노텀웨이 강

앨버말 만

대서양

36°

모라투크

●잉글랜드인 정착지

다사몬쿠에퍼크

하타라스크

로어노크 섬

세코탄

아쿠아스코고크

팜리코 강

크로아토안
(현재의 해터러스)

와코콘

팜리코 만

뉴스 강

대서양

N

지도 29. 로어노크 섬 식민지는 1585년 잉글랜드가 북아메리카에 최초로 영구 정착촌을 건설하려 한 곳이었다.

화이트는 보급품을 추가로 보내고 식민지 정착민을 더 모집하기 위해 영국으로 되돌아갔다. 하지만 이전 원정 때부터 드러났던 무능에다 이제 스페인 무적함대가 영국 남해안 앞바다에 진을 치면서 돌아갈 길까지 끊기는 통에 상황은 한층 더 악화되었다. 화이트는 1590년 8월 18일에야 로어노크에 돌아갈 수 있었지만, 막상 가보니 정착촌은 버려져 있었다. 싸움의 흔적이 없고 많은 건물이 철거된 상태인 것으로 미루어 일정 기간에 걸쳐 이주가 이루어진 것 같았다. 남겨두고 온 118명의 남녀와 아이들은 온데간데없었다. 유일한 증거는 울타리 기둥에 새겨진 'CROATOAN(크로아토안)'이라는 단어와 정착지 언저리의 나무에 새겨진 'C-R-O'라는 글자뿐이었다. 그 정착민들의 행방은 지금까지 미스터리로 남아 있으며 확실한 설명을 아직 찾지 못한 상태다. 결국 1602년과 1603년 두 차례에 걸쳐 원정대가 추가로 파견되었지만 둘 다 자립적인 정착지 건설에 실패했다.

롤리는 1594년 한 스페인인으로부터 카로니 강 상류 어딘가에 전설의 황금 도시가 있다는 이야기를 듣고, 1595년 기아나(현재의 가이아나) 해안선과 베네수엘라 연안을 탐사하기 위해 출발했다. 그리고 1596년 『기아나의 발견 The Discovery of Guiana』라는 책을 써서 자신이 발견한 내용을 발표했지만, 그의 과장된 주장은 오히려 엘도라도 전설의 창조에 크게 기여했다.

1596년부터 1603년까지 롤리는 카디스 점령을 비롯한 여러 군사 작전에 참여하고 정부 직책들을 맡았다. 하지만 1603년 3월 24일 엘리자베스 여왕이 사망하면서, 여왕의 총애에 의존하고 있던 그의 정치적 입지도 위태로워졌다. 새로 즉위한 군주 제임스 1세는 롤리에게 그리 호의적이지 않았다. 1603년 7월 19일 그는 반역죄로 체포되어 런던탑 내 '블러디 타워 Bloody Tower'의 호화 감방에 갇혔다. 재판 끝에 유죄 판결이 내려졌지만 새 국왕도 그의 목숨만은 살려주었다. 롤리는 런던탑에서 그럭저럭 안락하게 생활하며 『세계의 역사History of the World』1권을 집필했고 용케도 아들까지 얻었다.

1617년에 사면으로 풀려난 그는 엘도라도를 찾기 위한 기아나와 베네수엘라로의 두 번째 원정을 허가받았다. 하지만 오리노코 강 하구에서 그의 부하 한 무리가 스페인의 전초기지를 공격했다. 이는 롤리의 사면 및 가석방 조건을 정면으로 위반한 행동이었다. 롤리가 영국으로 돌아왔을 때 격노한 스페인 대사는 그의 사형을 재언도할 것을 요구했고 국왕은 이를 들어줄 수밖에 없었다.

월터 롤리 경은 1619년 10월 29일 웨스트민스터 궁전에서 참수되었다. 망나니의 도끼를 살핀 뒤 그가 마지막으로 던진 말은 '치게나, 이 사람아, 어서 치라고Strike, man, strike'였다고 한다.

9

· 메르카토르의 해도 ·

모든 세계지도는 어떤 식으로든 타협의 산물이다. 메르카토르의 해결책이 당도한 시기에 탐험가와 항해사들은 그때까지 우리 세계에서 이해가 일천하거나 전혀 알려지지 않았던 광활한 영역을 규명하는 데 매진하고 있었다.

헤이르트 더 크레머르Geert de Kremer는 1512년 3월 5일 동플란데런의 소도시인 뤼펠몬더에서 태어났다. 당시에 이곳은 스페인령 혹은 합스부르크령 네덜란드의 일부였고, 그다음에는 신성 로마 제국의 일부였으며, 지금은 그냥 벨기에의 일부다. 우리에게 그는 '게라르두스 메르카토르'로 더 잘 알려져 있고, 그의 '메르카토르' 투영법은 아마 역사상 가장 유명한 지도 투영법일 것이다.

부친인 휘버르트가 사망했을 때 열네 살이던 헤이르트는 삼촌인 히스버르트 더 크레머르Gisbert de Kremer의 후견하에 들어갔다. 그 지역에서 존경받는 사제로서 어린 헤이르트도 자신을 따라 사제가 되길 바랐던 히스버르트는 조카를 공동생활형제회라는 수도 단체에서 운영하는 스헤르토헨보스의 학교에 보냈다. 하지만 영향력 있는 인문주의 자였던 그 학교의 교장 헤오르히위스 마크로페디위스Georgius Macropedius 는 헤이르트에게 성경과 더불어 아리스토텔레스의 철학과 플리니우스의 박물학과 아마도 가장 중요하게는 프톨레마이오스의 지리학 또한 공부하게끔 독려했다. 헤이르트는 교회 교리와 고전 교양을 조화시키는 데 다소 애를 먹었고 이 문제는 후년까지도 그를 괴롭혔다. 학교 수업이 라틴어로 이루어졌으므로 헤이르트는 라틴어를 읽고 쓰고 말할 수 있었을 뿐만 아니라, 심지어 자기 성씨의 뜻을 라틴어로 풀어서 자신의 이름을 – '게라르두스 메르카토르 루펠문다누스Gerardus Mercator Rupelmundanus'라고 – 새로 짓기까지 했다. 이제 그는 대학에 입학할 준비를 갖추었다.

메르카토르는 1530년 뢰번(루뱅) 대학교에 입학하면서 자신이 지은 라틴어 성명으로 학적부에 등록했다. 또한 삼촌인 히스버르트가 때때로 소액의 용돈을 보내주었을 텐데도 빈민 자격으로 입학했다. 그가 친하게 어울린 학생들 중에는 유력한 가문 출신이나 훗날 이름을 떨친 인물이 많았다. 그중 한 명인 앙투안 페레노 드 그랑벨Antoine Perrenot de Granvelle은 부르고뉴의 정치인이자 추기경이자 합스부르크 스페인의 재상으로 출세했고, 메르카토르의 평생지기가 되었다. 이 대학에는 앙투안 같은 인물이 많았다. 1534년 메르카토르는 지금의 박사학위와 비슷한 마기스터Magister 학위를 취득했다. 중세 대학의 교수법에 활용된 비판적 사고방식인 스콜라 철학의 원칙에 따라 철학과 신학을 아우른 학위였다.

마기스터가 되었으니 통례대로라면 공부를 계속해야 했겠지만, 메르카토르는 성경 공부와 스스로 관찰한 것 사이에서 목격한 모순 때문에 마음이 흔들리고 있었다. 물론 그때는 마르틴 루터가 교회의 교리와 접근 방식에 도전장을 내민 시대였다. 메르카토르와 그의 대학 친구들도 종교와 과학의 철학적 충돌에 대해 분명히 토론했을 것이다. 또 대학 당국이 그들의 토론을 조금이라도 눈치챘더라면 그들은 이단으로 취급되었을 것이다. 이 20대 청년들은 아무것도 기록으로 남기지 않을 만큼 신중했던 것으로 보인다. 그는 1534년 대학을 떠나기로 결심하고 안트베르펜으로 가서 철학적 사색에 시간을 바쳤지만, 성서의 가르침과 날로 증가하는 세계 지리 지식 사이의 모순은 그의 남은 평생을 줄곧 괴롭히게 된다.

메르카토르는 학창 시절에 알고 지내던 수학자 및 지리학자들과 계속 연락했다. 그들 중 한 명인 프란치스코회 수도사 프랑키스쿠스 모나쿠스Franciscus Monachus(태어날 때의 이름은 '프란스 스뮁크Frans Smunck') 역시 뢰번 대학교 출신으로, 메르카토르와 비슷하게 종교에 대한 의심에 시달렸던 다소 논쟁적인 인물이었다. 지리학에 대한 모나쿠스의 견해는 전적으로 그 자신의 조사와 관찰과 연구에 토대를 둔 것이었고, 이것은 젊은 메르카토르에게 영향을 끼쳤을 것이 틀림없다.

안트베르펜에서 메르카토르는 금세공, 동판, 정밀 천문 기구, 지구의, 천구의 제작에 뛰어난 장인인 하스파르 판 데르 헤이던Gaspar van der Heyden의 도제가 되었다. 1530년대 초에 판 데르 헤이던은 모나쿠스와의 협업으로 그의 첫 번째 지구의를 제작했는데, 메르카토르는 여기서 글자 서체를 담당했다. 당시 메르카토르가 일했던 판 데르 헤이던의 공방에서는 물리학자, 수학자이자 지도 제작자인 헤마 프리시위스Gemma Frisius의 조력으로 곧 두 번째 지구의가 제작되었는데, 1535년에 구상해서 1536년에 완성된 이 지구의는 지리학의 최신 발견을 반영하고 있었다. 우리의 주인공 메르카토르는 이 모든 과정을 지켜보았다. 그가 자신의 신학적 질문을 밀쳐놓고 지리학에 집중하게 된 건 아마도 이 시점부터였을 것이다. 말년에 그는 이렇게 썼다.

> 젊은 시절부터 지리학은 내 주된 연구 주제였다. 나는 지구뿐만 아니라
> 세계라는 기계 전체의 구조를 기술하는 것이 좋았다.
>
> _메르카토르가 편집한 프톨레마이오스의 『지리학』 서문, 1578년

1534년 말, 스물두 살의 메르카토르는 대학으로 돌아가 헤마 프리시위스의 지도를 받으며 지리학, 수학, 천문학 공부에 전념했다. 그리고 장차 그에게 필요하게 될 수학과 천문학의 모든 요소를 서서히 섭렵해 나갔다. 이후 대학에서 학생들에 대한 개인 교습 권한을 부여받은 뒤에는 학생들을 가르치는 한편으로 황동판 다루는 법과 판각 기술을 숙달했다. 그는 판 데르 헤이던의 1536년 지구의 제작에 긴밀히 관여했고, 이 지구의에 글자를 판각하며 자신의 이름을 새겨넣음으로써 그의 이름을 최초로 세상에 알리게 된다. 1538년 메르카토르는 자신의 첫 세계지도를 제작했다. 이 지도는 그 범례의 첫 구절을 따서 흔히 「오르비스 이마고 Orbis imago」라고 일컬어진다.

이제 서른 살이 된 메르카토르는 자신의 능력과 장래에 점차 자신감이 붙기 시작했다. 그는 자신이 제작한 지도들을 출간했고 이제 유럽의 영향력 있는 인물들과 서신을 교환하고 있었다. 하지만 여기에 정치가 개입했다. 저지대 국가들의 종교적으로 불안정한 상황을 자신의 정치적 목적에 이용하려 한 클레베 공작이 친루터파인 자신의 병력을 이끌고 뢰번을 포위한 것이었다. 이 포위는 결국 풀렸지만, 메르카토르를 비롯한 상인과 무역업자들은 재정적으로 큰 손해를 보았다. 두 번째는 자칫 치명적으로 비화될 수 있는 사건이었는데, 바로 종교재판소로부터의 소환이었다.

그 시대의 대다수 학자들과 달리 메르카토르는 태어난 곳에서 그리 멀리까지 여행하지 않았다. 대신에 주로 지리학·수학·철학을 주제로 대단히 광범위한 서신 교환을 꾸준히 이어갔다. 오스만 제국의 해군 장교이자 지도 제작자인 피리 레이스Piri Reis의 지도 견본과, 특히 여러 항해 지침이 수록된 그의 저서 『해양의 책Kitab-i Bahriye』도 메르카토르가 우편을 통해 받아본 최신 지리 지식 중 하나였다.

종교재판은 그에게 좌절을 안겨주었다. 그가 서신에서 루터교도를 자처한 적은 한 번도 없었지만 루터교의 입장에 동조했다는 암시는 이곳저곳에서 찾을 수 있다. 그 결과로 1543년 종교재판관들이 그의 문간에 들이닥쳤고, 체포된 그는 뤼펠몬더 성으로 끌려가 장장 6개월, 아니 어쩌면 7개월간 반대 심문을 받았다. 하지만 많은 친구들이 압력을 넣어 그를 도운 덕분에 결국에는 증거 불충분으로 석방되었다.

다행히도 메르카토르의 체포와 수감은 그와 후원자들의 관계에 부정적인 영향을 끼치지 않은 듯했다. 그와 영국의 수학자이자 점성술사인 존 디 사이에 오간 편지들은 이 시기에 그가 주고받은 서신의 전형을 보여준다. 두 사람은 디가 케임브리지를 졸업한 뒤 뢰번 대학교의 '몇몇 학자와 대화하고 논의하기 위해 바다를 건넜을 때' 만난 적이 있었고 이후 평생 동안 친구로 지냈다. 디는 그에게서 지구본과 천문 기구를 받은 보답으로 영국의 탐사 영역이 표시된 최신 지도를 보내주었다.

메르카토르는 1552년 뢰번에서 클레베 공국의 뒤스부르크로 이주하여 카를 5세 황제의 왕실 승인을 받은 지도 제작소를 차렸다. 그는 이주한 까닭을 명확히 밝히지 않았지만 클레베 공국의 종교적 관용과 조용하고 안정된 분위기에 끌린 것이 틀림없다. 빌헬름 공작은 그를 환영하여 궁정 우주지학자로 임명했고 메르카토르는 이 지역의 엘리트들과 교류했으며, 그중 한 명인 뒤스부르크 시장 발터 크힘Walter Ghim은 훗날 메르카토르의 전기 작가가 되었다. 이후 17년간 메르카토르는 다양한 고객을 상대로 사업을 했다. 그의 아들인 아르놀트, 바르톨로뫼스, 뤼몰트도 가업을 이어서 모두가 나름 한몫을 했다.

1569년은 메르카토르의 가장 유명한 지도인 「항해 용도에 맞게 조정한 지구의 새롭고 더 완전한 재현Nova et aucta orbis terrae descriptio ad usum navigantium emendate accommodata」이 출간된 해였다. 그때까지 유럽의 지도 제작자와 탐험가들은 대부분 프톨레마이오스의 위선·경선 격자에서 파생된 타원도법 지도에 의존하고 있었다. 이 지도는 위선과 경선 사이의 1도 간격이 모두 같은 너비로 표시되었는데, 그러면 항해사가 일정한 나침반 방위를 따라 지도에 긋는 일직선 – 항정선rhumb line – 이 곡선으로 그어져서 이동할 때마다 다시 계산해야 했다. 메르카토르는 적도에서 남북으로 멀어질수록 위선 사이의 간격을 벌려 위선과 경선이 이루는 각도를 일정하게 90도로 만들면 항해사의 항정선을 직선으로 유지할 수 있으며, 따라서 번번이 다시 계산할 필요가 없다는 것을 깨달았다. 지도를 보면 메르카토르의 투영법이 어떻게 작용하는지를 대충 이해할 수 있다. 실제 수학 공식은 복잡하기 짝이 없어서 큰 두통을 유발할 터이므로 여기에서 설명하지는 않겠지만, 여러분이 사서 고생하길 좋아하고 며칠의 여유 시간이 있다면 인터넷에서 찾아볼 수 있다(추가로 여러분의 회복을 도와줄 다정한 가족이 있다면 그 또한 도움이 될 것이다).

이 투영법은 항해사를 위한 복음이었고 오늘날의 해도 제작자들에게도 여전히 활용되고 있다. 하지만 이 투영법에는 비판할 지점도 명백하다. 구형의 세계를 원통형으로 옮긴 다음 이 원통을 위선과 경선이 일직선이 되게끔 평평하게 펼치면, 거리가 정확히 표시되는 위도는 적도뿐임을 알 수 있을 것이다. 북쪽이나 남쪽으로 갈수록 왜곡이 점점 더 심해진다. 그래서 일례로 그린란드가 남아메리카보다 더 크다. 정

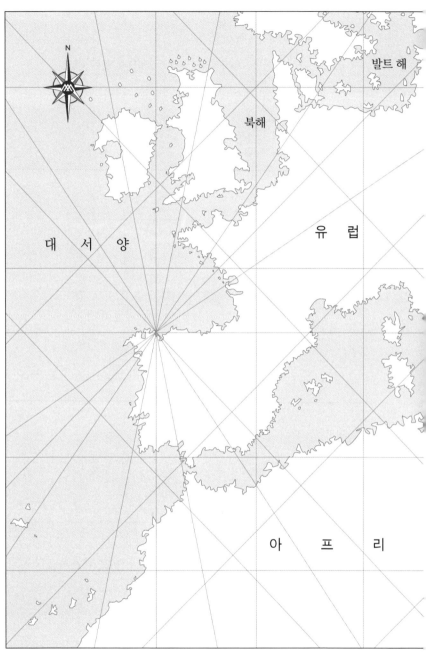

발트 해

북해

유 럽

대 서 양

아 프 리

지도 30. 아흐메드 무힛딘 피리는 피리 레이스라는 이름으로 너 잘 알려져 있다. 그는 오스만 제국의 해군 장교, 지리학자, 항해사이자 대단히 숙련된 지도 제작자였다.

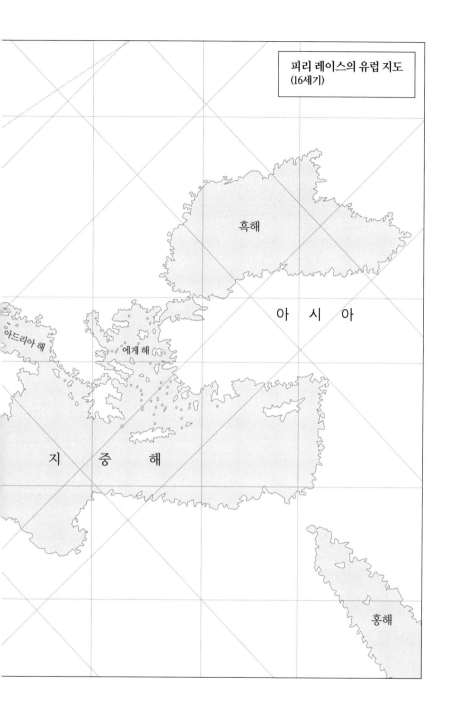

피리 레이스의 유럽 지도
(16세기)

흑해

아 시 아

아드리아 해

에게 해

지 중 해

홍해

지도 31. 게라르두스 메르카토르가 고안한 지도 투영법은 일정한 진방위를 따르는 항로가 일직선으로 표시되는 독특한 방식 때문에 모든 항해사에게 애용되어 왔다.

30° 50° 70° 90° 110° 130° 150° 170°

•뢰번 유럽 아 시 아

아 프 리 카

궤서양 인도양

치적으로도 비판할 지점이 있다. 북쪽에 치우친 유럽의 크기가 과장되어 - 그것도 유럽이 식민 제국을 소유했던 시대에 - 마치 유럽이 지리적으로 우세한 대륙처럼 표현되기 때문이다.

메르카토르는 뒤스부르크에서 계속 일하며 1570~1572년에는 유럽 지도첩을, 1578년에는 프톨레마이오스의 『지리학』을, 1585년에는 유럽 주요부 지도 51점을 묶은 지도첩을 발표했다. 1586년 오랜 세월을 함께한 아내가 세상을 떠났고, 1587년에는 장남이자 동업자였던 아르놀트가 그 뒤를 따랐다. 이 시기에 메르카토르는 많은 신학·철학 서적을 집필했지만, 그 와중에도 어떻게 짬을 내어 일흔일곱 살 때인 1589년에 그 지역 여성인 게르트루데와 재혼했다. 그리고 게르트루데의 딸과 자신의 막내아들 뤼몰트를 결혼시켰다.

1589년에는 22점의 지도를 묶은 지도첩을 출간하여 토스카나의 대공인 페르디난도 1세 데 메디치에게 헌정하기도 했다. 하지만 1590년 심한 뇌졸중으로 짐작되는 병으로 거동이 불편해졌다. 그는 작업 중인 지도들을 힘겹게 완성했지만, 1594년 두 차례 더 뇌졸중을 겪고서 결국 사망했다. 1595년 그의 아들 뤼몰트가 『아틀라스, 혹은 우주의 창조에 대한 우주지리학적 명상 Atlas, or Cosmographical Meditations Upon the Creation of the Universe, and the Universe as Created』을 유작으로 출간했다. '아틀라스'라는 단어가 지도첩의 제목에 쓰인 최초의 사례였다. 그의 사후에 출간된 이 최초의 '아틀라스'는 영국 여왕 엘리자베스 1세에게 헌정되었다.

10

· 남쪽의 땅 ·

유럽인에게 오스트레일리아는 그들이 탐험한 여느 지역들과 다른 독특한 경험이었다. 그때까지 유럽인의 탐험은 조직화되었거나 규모가 큰 부족사회와 교역할 의도로 추진되었다. 주민의 일부를 노예로 삼든지 귀중한 광물이나 향신료를 독점하든지 - 그리고 물론 - 영토 획득과 식민화를 통해 착취할 수 있어야 했기 때문이다.

오스트레일리아의 경험은 독특하게 달랐다. 이곳에서는 대륙 규모의 광활한 섬 전역에 자리잡은 소규모 부족들이, 이 대륙이 제공하는 모든 기후 환경에 완벽히 적응하여 가족 집단을 - 씨족을 - 그러니까 '민족'을 이루고 있었다. 조사에 따르면 유럽인 도래 이전까지 같은 전통과 언어로 묶인 민족이 약 250개였으며, 그중 50개 민족이 현재까지 존속하고 있다. 그리고 이 모든 민족이, 약 4만 년 전부터라고들 하지만 아마도 그보다 더 오래되었을 문화를 어느 정도 공유하고 있다. 이들은 지구상에서 가장 오래된 예술 양식을 변함없이 유지해왔다.

이들이 어떻게 오스트레일리아에 도달했는지는 아직 풀리지 않은

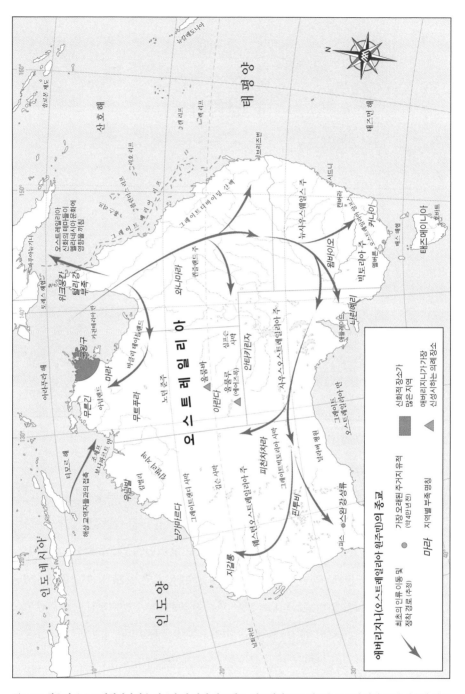

지도 32. 최초의 오스트레일리아인은 약 4만 년 전에 상륙했고, 지구상의 모든 민족을 통틀어 가장 오래 지속된 예술 양식을 보유하고 있다.

미스터리다. 원주민aborigin 문화의 어디를 봐도 원양 항해 기술의 증거가 없기 때문이다. 아주 최근까지만 해도 그들이 오스트레일리아를 점유한 기간이 4,000~5,000년이었을 것으로 여겨졌는데, 고대 인류 유골의 탄소 연대 측정을 통해 이 기간이 최소 수만 년인 것으로 밝혀졌다. 인류가 오스트레일리아에 도착한 연대는 4만~8만 년 전으로 추정된다. 원양 항해는 해수면이 낮았던 빙하기 때 이루어진 것이 틀림없다. 그때 뉴기니는 오스트레일리아의 일부였고 태즈메이니아도 본토와 붙어 있었다. 그래도 오스트레일리아에 상륙하려면 약 96.5킬로미터 거리의 해로를 통과해야 했다. 연해를 오가던 카누 선단이 폭풍으로 경로를 이탈하여 집단으로 새로운 땅에 상륙했을 수도 있다. 생물학적으로 재생산에 성공하려면 이 집단의 규모는 25명 이상이어야 했을 것이다. 그리고 물론 그들은 현지의 자원을 이용하는 데 능숙한 수렵채집인이었을 것이다. 그들이 본래 누구였든 간에 16·17·18세기에 유럽인이 오스트레일리아를 발견했을 때 원주민 사회들은 형성 초창기였다.

발견 당시 원주민의 총인구는 35만 명 전후로 여겨졌지만, 최근의 계산에 따르면 75만 명 전후였던 것으로 추정된다. 이 대륙의 면적이 768만 6,850제곱킬로미터임을 감안하면 어떤 기준으로 봐도 텅 빈 것이나 다름없었다. 개중 높은 인구 수치를 대입해도 10제곱킬로미터당 한 명가량에 불과하다. 배를 타고 지나가는 입장에서는 사람이 산다는 것조차 눈치채기 어렵다. 제임스 쿡은 많은 현지인이 자신과 자신이 타고 온 크고 이상한 배에 무관심해 보이는 점에 주목했다. 아마존 강 상류를 최초로 탐험한 포르투갈인들도 이런 현상을 기록했다. 포르투갈인들이 규모가 큰 촌락 옆을 지나갈 때 몇몇은 빤히 쳐다보고 몇몇은 달아났지만, 대다수는 – 마치 너무나 이상한 광경이어서 머리로 처리하거나 합리적인 설명을 찾지 못하는 듯이 – 본체만체하며 하던 일을 계속했다고 한다.

1780년대에 이곳 원주민에 대한 쿡 선장의 견해는 그들이 '만족한 상태'로 환경과 조화를 이루어 살고 있기 때문에 주변 세계의 다른 사회들과 같은 식으로 발전할 필요를 못 느낀다는 것이었다. 그들의 언어에는 '어제'나 '내일'에 해당하는 단어가 없는 듯 보였다. 그들의 문화는 그들이 나중에 접촉하게 된 유럽의 문화와 다른 속도를 지닌 듯했다. 어쩌면 그들이 수만 년간 오스트레일리아에서 살았는데 이 땅의 모습이 그동안 거의 변하지 않았다는 것이야말로 그들의 결정적인 특징일지 모른다. 반면 오스트레일리아에 살게 된 유럽인 정착민들은 땅을 파서 기초를 세우고, 정착지를 건설하고, 담보대출을 받고, 사방에 울타리를 치고, 목축용 양과 외래종 토끼를 도입하는 등 이 땅의 광활한 면적이 무색하게도 모든 걸 변화시키기 시작했다.

— ◦▴◦ —

오스트레일리아 해안선을 최초로 목격한 유럽인은 아마도 포르투갈인이었을 것이다. 1515년 그들은 오스트레일리아에서 북쪽으로 불과 650킬로미터 떨어진 티모르 섬에 처음 상륙하여 기지를 세웠다. 이 모험심 강한 인간들이 새로운 교역 기회를 찾을 생각에 조금이라도 시간을 내어 이 지역을 조사하지 않았으리라고는 생각하기 힘들다. 이 생각을 입증하는 듯 보이는 지도가 많이 있지만, 이것은 고대인들이 지구의 균형을 맞추기 위해 존재한다고 상상했던(제3장의 '프톨레마이오스' 부분 참조) 가상 대륙의 지도일 수도 있다. 어떤 경우든, 포르투갈인들이 문서를 제대로 보존하지 않아서 오스트레일리아와 조우한 기록이 전부 소실되었을 수도 있다.

현존하는 기록에 따르면 1606년 빌럼 얀스존Willem Janszoon이 다위프 컨 호라는 네덜란드 선박을 이끌고 유럽인 최초로 오스트레일리아에 상륙했다. 그가 출발한 지점은 네덜란드가 안정된 기지를 확보해둔 사와 섬이었다. 그의 임무는 뉴기니라는 큰 땅과 그 남북의 육지에서 교역 가능성을 찾아보라는 다소 모호한 것이었지만, 어쨌든 그는 출항하여 뉴기니의 서해안에 위치한 반탐에 도달했다. 1605년 11월 18일 반탐을 떠난 그는 아라푸라 해의 동쪽을 가로질러 남하했고, 오늘날 카펀테리아 만이라고 부르는 곳으로 들어갔다. 그리하여 1606년 2월 26일 케이프요크 반도 서해안의 페너파더 강 하구에 상륙했지만, 현지인들은 그들을 전혀 환영하지 않았다. 몇 차례의 상륙 탐사를 통해 우호적인 접촉 또는 교역을 시도하는 과정에서 얀스존의 부하 열 명이 살해당했다. 그는 320킬로미터 길이의 해안선을 지도에 표시했고 이 땅을 뉴기니 섬의 연장이라고 믿었으며 다소 혼란스럽게도 '니우제일란트Nieuw Zeeland'라는 이름을 붙였다. 하지만 이 지명은 이곳에 붙지 않고 훗날 다른 곳에 쓰이게 된다. 얀스존은 환영받지도 못하고 교역 대장에 딱히 기록한 것도 없이 빈손으로 떠났다. 하지만 그는 1618년 7월 31일 오스트레일리아를 다시 찾았다 – 아니, 남위 22도 지점에서 우연히 마주쳤다. 그는 이곳이 약 35킬로미터 길이의 섬일 거라고 추측했지만, 별달리 흥미로운 것을 보지 못했기에 그냥 역사의 뒤안길로 계속 항해하여 유복하고 성공적인 삶을 누리다가 1630년에 죽었다.

아벌 얀스존 타스만

1606년 10월, 루이스 바스 데 토레스Luís Vaz de Torres가 지휘하는 스페인 선박이 멀리 페루에서 출발하여 지금은 토레스 해협이라고 불리는 뱃길을 통과해 마닐라로 항해함으로써 - 오랫동안 많은 사람들이 알던 것과는 달리 - 오스트레일리아가 뉴기니와 분리되어 있음을 입증했다. 1616년부터 1642년까지 더 많은 네덜란드인이 이 지역에 나타나면서 (이때쯤에는 많은 해도에 '뉴홀랜드'로 표시된) 이 거대한 땅의 동쪽 해안선에 대한 이해가 조금씩 다져졌지만, 이 광활한 영토를 식민지로 만들려는 시도는 아직 행해지지 않았다.

1642년 8월, 네덜란드 동인도회사에서 일하던 아벌 얀스존 타스만Abel Janszoon Tasman이 남대양 탐사 임무를 띠고 돛을 올렸다. 그의 목적은 당시까지 남반구를 나타낸 지도에 착오로 그려져 있던, 황금이 풍부하다고들 하는 수상쩍은 땅덩어리를 찾는 것이었다. 타스만은 1642년 8월 14일 네덜란드 동인도회사의 거점인 바타비아(현재의 자카르타)에서 출발해 9월 5일 모리셔스에 도착했다. 그는 1598년부터 1710년까지 네덜란드의 식민지였던 이 섬에 한동안 머물며 배 - 헤임스커르크 호와 제이한 호 - 를 수리하고 개장했다. 그리고 다시금 돛을 올린 타스만은 오늘날 우리가 '노호하는 40도대Roaring Forties'라고 부르는 위도대의 편서풍에 실려 동남쪽으로 향했다. 갈수록 날씨가 추워지자 선원들의 압박을 견디다 못한 선단의 간부회의는 11월 7일 좀 더 따뜻한 날씨를 찾아 경로를 약간 북쪽으로 수정한다는 결정을 내렸다. 그들은 솔로몬 제도의 어딘가에 닿을 것으로 예상했지만, 11월 24일 그들이 도착한 곳은 태즈메이니아 섬의 서해안, 오늘날의 맥쿼리하버에서 약간 북쪽에 위치한 해변이었다.

타스만은 이 새로운 땅을 네덜란드 동인도회사의 총독이던 안토니오 판 디먼Antonio Van Diemen의 이름을 따 '판디먼의 땅Van Diemen's Land'(영어식 명칭은 '밴디먼스랜드' - 옮긴이)이라고 명명했다. 그는 남쪽으로 방향을 돌려 '판디먼의 땅'의 남해안을 천천히 돈 다음, 북동쪽으로 뱃머리를 돌려 어드벤처 만으로 들어가려고 몇 차례 시도했다. 하지만 너무 험악한 날씨가 배를 더 먼 바다로 떠밀어 그가 창의적이게도 '스톰 만'이라고 이름 붙인 곳으로 밀려날 수밖에 없었다. 이틀 뒤에 마침내 메리언 만 부근에서 안전한 정박지를 찾았고, 그로부터 하루이틀 뒤에 상륙하여 1642년 12월 3일 이 땅이 공식적으로 네덜란드 영토임을 선포하고 이를 상징하는 네덜란드 깃발을 꽂았다. 그 후 이틀간 타스만은 계속 해안을 따라갔지만 다시금 '노호하는 40도대'에 붙들려 더 동쪽으로 떠밀려갔다. 이 시점에서 그는 '판디먼의 땅'에 대한 더 이상의 탐사를 포기하고 바람이 떠미는 대로 항해했다.

12월 13일, 타스만은 뉴질랜드 남섬의 북단을 발견하고 네덜란드 의회인 '스타텐헤네랄Staten-Generaal'에 경의를 표하는 뜻에서 '스타턴란트Staten Landt'라고 명명했다. 그는 자신이 발견한 땅이 어쩌면 남아메리카 남단에 위치한 동명의 땅(네덜란드 탐험가 야코프 러 메러가 발견한 로스에스타도스 섬으로, 네덜란드어로는 스타테네일란트Stateneiland이다 – 옮긴이)과 이어질지도 모른다고 일지에 적었다. 그는 잠시 북상하다가 닷새 후에 동쪽으로 방향을 틀어, 마침내 현재의 골든 만 부근에 닻을 내리고 즉시 보트를 해변으로 보내어 식수를 찾아 길어 오게 했다. 하지만 예기치 않은 침입에 놀란 마오리인들이 쌍동카누를 몰고 와서 보트 한 척을 공격, 그의 부하 네 명을 몽둥이로 쳐 죽이면서 상황이 급변했다. 타스만은 – 특히 더 많은 카누가 몰려오고 그중 열한 척에 가득 탄 전사들을 보고서 – 이 지역을 떠나기로 결정했다. 카누 중 한 척이 헤임스커르크 호에 접근했을 때 대포가 발사되어 가장 가까이 있던 카누에 탄 마오리인들을 살해했다.

나중에 행해진 한 연구에 따르면 타스만은 값어치가 큰 농경지대에 잘못 발을 들인 것이었다고 한다. 당시 현지 마오리인들은 다른 마오리

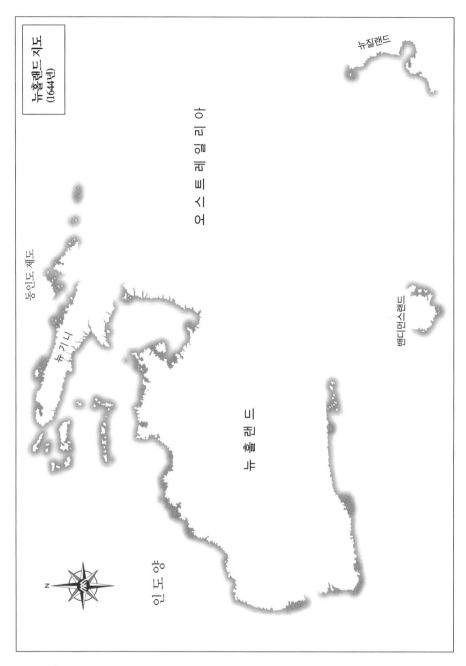

지도 33. 이 지도는 프랑스의 지도 제작자 멜시제데크 테브노Melchisédech Thévenot가 1663년에 쓴 『기이하고 다채로운 여행 이야기Relations de divers voyages curieux』에 수록된 지도에 기반한 것으로, 뉴홀랜드(오스트레일리아)가 남쪽의 거대한 대륙과 이어져 있다는 믿음을 반영하고 있다.

족뿐만 아니라 위협을 제기하는 그 누구에 대해서든 너무나 철저한 방어 태세를 갖추고 있었던 것이다. 타스만은 북쪽으로 항해하여 쿡 해협을 건넜다. 하지만 남섬과 북섬이 분리되어 있다는 걸 깨닫지 못해서 해협을 만으로 착각하고 '제이한 만'이라고 이름 붙였다. 그는 계속 북상한 끝에 1643년 1월 20일 통가 제도를 우연히 발견했고, 위험한 암초가 많은 피지 제도에서 간신히 난파를 면했다. 계속해서 뉴기니 섬 북부 해안을 돌아 1643년 6월 15일 마침내 바타비아로 돌아왔다.

타스만은 두 번째 항해도 했다. 1644년 1월 30일 배 세 척을 이끌고 출발해서 뉴홀랜드의 동해안으로 가는 항로를 찾기 위해 뉴기니 남해안을 따라갔는데, 폭이 150킬로미터인 토레스 해협을 통과하지 못했다. 보나마나 무수한 섬과 암초에 질려서 그랬을 것이다. 계속해서 그는 카펀테리아 만을 포함한 오스트레일리아 북부 해안선을 지도에 표시한 뒤 1644년 8월 바타비아로 돌아왔다. 네덜란드 동인도회사는 그가 황금이 나는 신비의 땅을 찾아내지도, 유용한 교역 항로를 발견하지도 못한 것에 적잖이 실망했다. 유럽인이 뉴질랜드와 태즈메이니아를 다시 찾은 건 그로부터 100년 이상이 더 흐른 뒤였다.

윌리엄 댐피어

서머싯 주의 아들인 윌리엄 댐피어William Dampier는 1651년에 태어나 1670년경 상선의 선원으로 바다에 나갔다. 그리고 프랑스-네덜란드 전쟁에서 두 차례의 스호네벨트 해전을 겪었다. 당시 영국이 프랑스를 도와 참전했으므로 그는 네덜란드를 공격하는 연합 함대에서 복무했다 – 결과는 두 전투 모두 네덜란드군의 승리였다. 그는 건강 상태가 심각하게 나빠져서 여러 해 동안 고생했지만 점차 회복되었고 1679년 결혼한 뒤 다시 바다로 떠났다.

젊은 윌리엄은 해적이자 말썽꾼이었던 바살러뮤 샤프Bartholomew Sharp 밑에서 일했는데, 분명 이 시기에 배운 것이 많았을 것이다. 샤프는 오랜 약탈 행각 끝에 결국 스페인 측의 요청으로 재판에 넘겨졌다. 하지만 해군 고등법원에 출두한 그는 1681년에 자기가 어느 스페인 선박에서 탈취한 지도첩을 꺼내어 넘겨주었다. 이 지도가 해군에 너무나 유용했기에 국왕은 그를 완전히 사면해주었다.

이런 다채로운 모험을 겪은 뒤, 댐피어는 사나포선 시그넷 호의 선장 찰스 스완Charles Swan과 고용계약을 맺고 1686년 3월 그와 함께 스페인의 마닐라 갤리언선을 나포하기 위한 태평양 횡단 항해에 나섰다. 이 시도는 결국 실패했지만 동인도 제도를 습격하는 것으로 만회했다. 시그넷 호는 그 외에도 숱한 무법 행위를 저지른 뒤 1688년 1월 5일 오스트레일리아 북서해안의 킹 만 부근에 정박했다.

댐피어는 배의 수리가 끝나는 3월 12일까지 오스트레일리아에 머물며 그동안 이곳에서 목격한 사람들과 동식물을 기록하고 그림으로 그렸다. 그리고 좀 더 모험을 한 뒤 1691년 영국으로 돌아왔다. 그는 거의 무일푼이었지만 그동안 기록한 일지를 토대로 『새로운 세계 일주 항해 New Voyage Round the World』라는 책을 썼다. 이 책은 대중적으로 큰 인기를 끌었고 해군성의 각별한 주목을 받았다. 어찌나 깊은 인상을 받았던지, 영국 해군은 댐피어에게 로벅이라는 26문 전함을 주고 뉴홀랜드의 동해안을 탐사하라는 명을 내렸다. 원정대는 1699년 1월 14일에 출발했다. 남아메리카 남단의 혼 곶을 돌아서 항해하기엔 너무 늦은 시기였으므로 댐피어는 아프리카의 케이프타운을 돌아 인도양을 건너는 항로를 택했다. 그는 8월 6일 오스트레일리아 서해안의 어느 크고 넓은 만에 도착했다. 이 만의 맑은 물속에는 상어 떼가 우글거렸기 때문에 그는 이곳에 샤크 만Shark Bay이라는 창의적인 이름을 붙였다.

상륙한 댐피어는 오스트레일리아의 동식물에 대한 최초의 과학적 조사 결과를, 그의 시기인 제임스 브랜드James Brand의 드로잉을 곁들여 상세히 기록하기 시작했다. 그리고 북동쪽으로 해안선을 따라가며 지나는 길에 발견한 것들을 적었다. 라그레인지 만 부근에서 북쪽으로 티모르 섬에 가서 보급품을 충당한 뒤, 이번에는 동쪽을 향하여 뉴기니의 북부 해안을 돌며 동쪽의 섬들을 탐사했다. 그의 의도는 남하하여 뉴홀랜드의 동해안을 탐사하는 것이었지만, 안타깝게도 배의 상태가 심각했기에 목적지를 불과 100마일 남겨놓은 지점에서 계획을 포기하고 본국으로 항로를 잡아야 했다. 그는 갈수록 침수가 심해지는 배를 몰고 가까스로 인도양을 건넌 뒤 희망봉을 돌아 북상하여 대서양으로 들어갔다. 1701년 2월 21일 배가 침몰하려는 찰나에 대서양 한가운데의 어센션 섬에 좌초되었다. 승무원들은 이 무인도에 고립되었지만, 4월 3일 지나가던 동인도회사 소속 배에 의해 전원이 구조되고 많은 해도와 드로잉과 표본들을 무사히 건질 수 있었다. 그들은 1701년 8월 영국에 돌아왔고, 댐피어는 1703년 자신의 원정담을 묶어 『뉴홀랜드로의 항해A Voyage to New Holland』라는 솔깃한 제목으로 출간했다.

그런데 본국에 돌아온 댐피어는 갑판장 존 노우드의 죽음(이 혐의는 무죄로 판결되었다)과 부함장 조지 피셔에 대한 가혹 행위로 군법회의에 회부되었다. 항해 중에 댐피어와 피셔의 관계가 서로 욕설과 폭력이 오갈 정도로 악화되면서 로벅 호의 승무원들이 두 편으로 갈라졌던 것이다. 댐피어는 배가 브라질의 바히아에 들렀을 때 피셔를 현지 감옥에 처넣고 그대로 떠나버렸다. 피셔는 우여곡절 끝에 영국으로 돌아왔지만 함장에게 큰 원한을 품었다. 유죄 판결을 받은 댐피어는 원정 사례금을

지도 34. 유럽인이 최초로 오스트레일리아에 닿은 것은 빌럼 안스존이 케이프요크곶에 상륙한 1606년이었다. 훗날 제임스 쿡은 오스트레일리아를 영국 영토로 선포했다.

한 푼도 받지 못했고 영국 해군 군함의 지휘관으로서도 부적격 판정을 받았다.

이 친구가 뭘 할 수 있었겠는가? 댐피어는 사략선을 타는 생활로 되돌아갔다. 그는 대니얼 디포의 『로빈슨 크루소』에 영감을 주었다고 알려진 선원 알렉산더 셀커크Alexander Selkirk를 항해 중에 구조하기도 했다. 그리고 1715년 3월 2,000파운드의 빚을 진 채 런던에서 사망했다 - 누구나의 삶에도 비는 내리는 법이다…….('누구나의 삶에도 비는 내리지Into each life a little rain must fall'는 1944년 미국의 팝 보컬 그룹 잉크 스팟이 발표한 노래의 제목이다 - 옮긴이)

제임스 쿡

항해사이자 탐험가, 탁월한 지도 제작자이자 왕립학회 회원이었던 제임스 쿡James Cook은 1728년 11월 7일 요크셔의 마턴*에서 태어났다. 그는 공식 교육을 겨우 5년만 받은 뒤 농부였던 아버지를 도와 일을 시작했다. 열여섯 살 때 스테이세스라는 바닷가 마을에서 바느질 도구를 파는 잡화상의 견습 직원으로 취직했지만, 이 일은 젊은 제임스에게 맞지 않아서 창밖으로 잿빛 북해의 파도를 내다보며 소일했던 듯하다. 아마도 이 열의 없는 견습 직원에게 실망했을 잡화상 주인은 그를 인근의 항구인 휘트비의 존 워커 선장에게 소개시켜주었다. 존 워커와 그의 동생 헨리는 석탄 운송업계에서 유명한 선주로, 잉글랜드 북동부와 런던

---

* 여러분이 노스요크셔를 방문했을 때 그레이트 아이튼 마을 - 쿡의 부모가 마지막으로 살았고 이 위대한 탐험가가 자주 찾았던 곳 - 에서 '쿡의 생가'를 찾는다면 허탕을 치게 될 것이다. 1933년 윌프리드 러셀 그림웨이드 경이 이 집을 사들인 뒤에 해체하여 253개의 상자와 40개의 배럴에 나누어 담아 - 이 집을 장식했던 담쟁이의 꺾꽂이 순까지 챙겨서 - 오스트레일리아로 실어갔기 때문이다. 그리고 멜버른 건설 100주년인 1934년 멜버른의 피츠로이 가든에 그 집을 다시 지었다. 현재 이곳은 인기 있는 관광지다.

사이를 정기적으로 운항하고 있었다. 제임스는 상선의 견습 선원으로 일해보라는 제안을 받고 승낙했다. 그가 처음 탄 배는 프리러브 호라는 석탄 운송선이었다. 그는 이런저런 연안 무역선을 타면서 수학, 천문학, 고급 항해술을 익히는 데 매신했다. 3년간의 견습을 마친 뒤에는 발트 해의 무역선에서 일했고, 1755년 프렌드십 호라는 배의 지휘를 맡아달라는 제안을 처음으로 받게 되었다. 하지만 겨우 한 달 뒤인 1755년 6월 17일 영국 해군에 자원입대했다.

쿡은 착실하게 진급한 끝에 1757년 6월에는 항해장 시험을 통과하여 영국 해군의 군함을 다룰 수 있는 자격을 얻게 되었다. 그리고 1757년 6월 30일 로버트 크레이그 함장 휘하의 항해장으로 프리깃함 솔베이에 승선했다.

쿡은 7년 전쟁 내내 북아메리카에서 복무했고, 그러는 동안 항해술과 지도 제작술을 점차 인정받게 되었다. 1759년 제임스 울프 장군이 퀘벡 공격 계획을 세울 수 있었던 건 쿡이 제작한 세인트로렌스 강의 지도 덕분이었다.

그는 5년이라는 시간에 걸쳐 뉴펀들랜드와 인접 지역의 해안선 지도를 제작했는데, 이는 땅의 정확한 윤곽을 알기 위해 삼각측량법*을 이용한 최초의 대규모 수로 측량이었다. 유능하고 야심적이었던 쿡은 '나이전의 누구보다도 멀리 갈 뿐만 아니라 인간이 갈 수 있는 한 가장 멀리까지' 가겠다는 포부를 편지에 적었다.

그는 1768년에 그 기회를 잡았다. 5월 26일 해군성은 쿡에게 금성의

---

* 삼각측량법이란 삼각형의 성질을 다루는 수학의 한 분과인 삼각법을 토대로 땅을 측량하는 방법이다. 삼각측량은 기선base line을 잡고 측정하는 일로부터 시작된다. 그다음, 측량하려는 먼 지점을 기선의 양 끝에서 각각 관측한다. 그다음, 측량하려는 지점까지의 두 시선과 기선이 이루는 각도를 측정하면 관측자는 그 지점의 정확한 위치를 알 수 있다. 이제 이 지점은 새로운 삼각형을 그리기 위한 새로운 기선의 고정점이 된다. 이런 식으로, 일단 정확히 측정한 기선은 서로 맞물린 삼각형들의 사슬(삼각쇄)이라는 형태로 멀리까지 연장될 수 있다. 삼각측량은 지형도를 제작하는 주된 방법이다.

태양면 통과를 관측하기 위한 과학 탐사를 지휘하라는 명을 내리고 태평양으로 파견했다. 이 탐사의 목적은 그가 기록한 정보와 지구상의 다른 지점에서 관측한 결과를 종합하여 지구에서 태양까지의 거리를 알아내는 것이었다. 해군은 배의 지휘를 맡기기 위해 그를 대위로 진급시켰고, 해군 봉급과 별도로 왕립학회에서도 쿡에게 100기니(105파운드)를 수여했다. 서른아홉 살의 나이에 그의 운이 트이고 있었다.

1768년 8월 26일 그는 인데버 호의 돛을 올렸다. 인데버 호는 요크셔의 휘트비에서 원래는 '얼 오브 펨브로크 호'라는 이름을 붙여 건조된 튼튼한 선박으로 쿡에게 익숙하고 그가 잘 아는 종류의 배였는데, 1768년 영국 해군이 사들여 이번 임무를 위해 명칭을 바꾼 것이었다. 길이 98피트(29.8미터), 너비 29피트(8.9미터), 무게 366톤으로 94명의 승무원을 태운 이 배는 쿡의 항해 이후로도 수천 마일을 더 항해한 뒤 미국 독립 전쟁 2년째인 1778년 로드아일랜드 뉴포트에서 침몰하게 된다. 인데버 호는 혼 곶을 돌아 태평양을 횡단하여 1769년 4월 13일 타히티 앞바다에 도착했다.

금성의 태양면 통과를 관측하는 임무가 끝난 뒤, 쿡은 해군성에서 미리 준비해 보낸 지령의 봉인을 뜯어보았다. 거기에는 남태평양 일대를 탐사하고 프톨레마이오스 시대 이래로 '테라 아우스트랄리스Terra Australis'로 상정되어온 남반구의 풍요로운 대륙이 존재하는지 여부를 조사하라는 상세 지시가 들어 있었다. 쿡은 뉴질랜드로 가서 그 주요 섬과 인접한 작은 섬의 – 몇몇 사소한 오류만 제외하면 – 완전한 해안선 지도를 상세히 그렸다. 그런 다음 서쪽으로 항해하여 1770년 4월 19일 오스트레일리아의 동남해안에 닿았다. 그로부터 나흘 뒤 대원들이 현재의 뉴사우스웨일스에 속하는 브러시 섬에서 처음 사람을 목격하고 기록에 남겼다. 4월 29일에는 오늘날 커넬 반도로 알려진 곳에 최초로 상륙했다. 쿡은 이곳을 스팅레이 만이라고 불렀지만, 얼마 후에 이 이름을 북북 그어 지우고 '보타니 만Botany Bay'이라고 적었다. 아마 원정대의 식물학자인 조지프 뱅크스Joseph Banks와 대니얼 솔랜더Daniel Solander가 채집한 표본을 보고서 착안한 이름이었을 깃이다(조지프 뱅크스는 훗날 왕립학회의 회장이 되었고, 3만 점의 식물 표본을 가지고 영국에 돌아왔다고 전해진다). 쿡이(또한 아마 그들 자신도) 고이걸Gweagal이라는 이름으로 알았던 현지 부족과의 만남을 기록한 것도 이곳에 머물 때의 일이었다. 그들은 이 원정에서 기록된 최초의 오스트레일리아인이었다.

쿡은 항해를 계속하여 오스트레일리아 동해안을 따라 북상하다가 이따금 상륙하여 표본을 수집했다. 6월 11일 인데버 호가 그레이트배리어 리프에 걸려 크게 손상되자, 오늘날의 퀸즐랜드에 위치한 가까운 강(나중에 쿡이 이 강을 '인데버 강'으로 명명했다) 하구에 배를 끌어다 대고 7주일이나 걸려 수리했다. 그다음 원정을 재개하여, 그가 케이프요크라고 명명한 반도의 끝단에 닿은 뒤 서쪽으로 진로를 변경했다. '인도양으로 통하는 길'이 똑똑히 내다보이는 좋은 지점을 찾아 헤매던 그는 원뿔 모양의 섬을 발견하고 그 비탈 꼭대기에 올라가 주위를 둘러본 뒤 항해할 수 있는 수로를 찾았다는 신호를 대원들에게 보냈다. 갑판에서 요란한 환호성이 터져 나오는 듯했다. 쿡의 기록에 따르면 – 비록 해군성의 지시는 이런 행동을 명확히 인가하지 않았지만 – 그는 오스트레일리아 동해안에 대한 영국의 소유권을 선포하고 이곳을 포제션 섬으로 명명했다고 한다. 그는 네덜란드령인 바타비아, 이어서 희망봉과 세인트헬레나를 차례로 경유하여 1771년 7월 12일 영국의 딜 항구에 돌아왔다.

귀환하고서 얼마 되지 않은 그해 8월, 쿡은 그동안의 성과를 인정받아 중령으로 진급했다. 그리고 곧이어 해군성으로부터 왕립학회를 위한 탐사대를 지휘하라는 명을 받았다. 이는 여전히 가설로 남아 있던

'테라 아우스트랄리스'의 범위를 확인하기 위한 탐사로, 그에게 주어진 임무는 가능한 한 최대한 남쪽으로 지구를 일주하여 이 땅덩어리의 범위, 아니 존재 자체를 규명하는 것이었다. 뉴질랜드 제도는 남방의 땅덩어리와 이어져 있지 않다는 게 입증되었고, 대륙 규모의 섬인 오스트레일리아의 동부 또한 다른 땅과 이어져 있지 않은 듯 보였기 때문이다.

해군은 두 척의 배를 사들여 개장한 뒤 해군 군함 레졸루션과 어드벤처로 개칭했다. 둘 다 영국의 동해안 연안 무역을 위해 휘트비에서 건조된, 쿡에게 아주 익숙한 종류의 선박이었다. 쿡은 레졸루션 호를 지휘했고 토비아스 퍼노Tobias Furneaux 중령이 어드벤처 호를 지휘했다. 두 배는 1772년 7월 13일 플리머스에서 출항했다. 마데이라 제도의 푼샬과 카보베르데 제도를 경유하여 남하한 끝에 10월 30일 대원들 모두 건강한 상태로 남아프리카의 테이블 만에 도착했다. 1773년 1월 17일, 두 배는 남극권에 진입했다. 때는 남반구의 한여름이었지만, 그래도 예방책으로 영국 정부가 드물게 너그러움을 발휘하여 보급한 '피어노트 Fearnought'(모직 섬유를 단단히 압축해서 만든 옷감 – 옮긴이) 방한 재킷과 바지가 대원들에게 지급되었다. 하지만 2월 8일, 남극권의 짙은 안개와 맞닥뜨린 두 배는 흩어지게 된다. 퍼노 중령은 이런 사건이 벌어질 경우를 대비해 미리 만나기로 합의해둔 장소를 향해 배를 몰았다. 그러는 도중에 현재는 태즈메이니아로 알려진 '밴디먼스랜드'의 남부와 동부 해안을 지도에 표시했다.* 그는 1773년 5월 7일 약속 지점인 뉴질랜드의 퀸샬럿 해협에 도착했다.

한편 쿡은 동남쪽으로 계속 전진하여 2월 24일 남위 61도 21분에 도달했다. 그 후 북동쪽으로 방향을 돌려, 3월 중순 뉴질랜드 남섬의 동남쪽 끝단인 더스키 해협에 닿았다. 배에 식수를 싣고 승무원들을 휴식시킨 뒤 항해를 재개하여, 어드벤처 호보다 열흘 늦은 5월 17일 약속 지점에 도착했다.

레졸루션 호와 어드벤처 호는 6월부터 10월까지 남태평양의 제도들을 함께 탐사했다. 8월 중순에 타히티를 방문했을 때는 마이Mai라는 태평양 현지 섬사람이 어드벤처 호에 승선하여 탐험가들에게 현지의 지식을 전수해주었다. 그는 태평양 제도인으로서 최초로 영국을 방문하고 두 번째로 유럽을 방문한 인물이 되었다. 그는 1776년 쿡의 3차 원정 때 타히티 인근의 고향 섬으로 돌아가게 된다.

두 배는 탐험을 계속하여 프렌들리 제도와 통가에 들른 뒤 다시 뉴질랜드로 향했다. 그런데 10월 22일 폭풍을 만나 다시 헤어지게 되었다. 그들은 저번과 같은 약속 지점인 퀸샬럿 해협에서 만나려 했지만 이번에는 일이 어긋났다. 레졸루션 호가 먼저 도착해서 11월 26일까지 기다렸지만 어드벤처 호가 오지 않았다. 쿡은 사전에 합의한 대로 남태평양을 좀 더 탐사한 뒤 다시 뉴질랜드로 돌아오겠다는 메시지를 써서 병에 넣어 묻어두었다. 퍼노와 어드벤처 호는 그로부터 불과 나흘 뒤인 11월 30일에 도착했다. 그가 늦은 건 우연히 마주친 마오리족 무리가 폭력적으로 돌변하여 많은 부하가 살해되는 변을 겪었기 때문이었다. 그는 쿡의 메시지를 발견하고, 자신은 영국으로 돌아가겠다는 답장을 남겼다. 그리고 1773년 12월 22일 퀸샬럿 해협을 떠나 동쪽으로 항해하여, 혼곶을 지나, 1774년 7월 14일 영국으로 돌아왔다.

＊ 이 섬은 나와도 인연이 있는 곳임을 밝혀두어야겠다. 그로부터 97년 뒤, 태즈메이니아의 당시 호바트타운이라고 불리던 곳에서 나의 증조할머니가 태어났기 때문이다. 그분은 죄수 명부에 대리석 절단공으로 등록된 제임스 로James Law의 딸이었다. 추측하건대 내 고조부는 - 모르긴 몰라도 남의 대리석을 조금 깎다가 걸려서 - 영국 정부의 손님 자격으로 호바트타운에 온 듯하다. 유배된 신세였는데도 그분은 기술을 갖고 있었기에 이 새로운 땅에서 꽤 윤택한 생활을 했던 것 같다. 그분의 딸인 헬렌은 본국으로 유학 와서 공부를 마치고 '더 나은' 삶을 누릴 수 있었다. 에든버러에서 가족사진을 찍을 때 80대 초반이었던 증조할머니는 어린 나를 품에 안고 있었다. 나는 당시의 일이 전혀 기억나지 않지만, 덕분에 나도 조금 더 나은 삶을 누리게 되었다고 여기고 싶다.

이제 남반구의 여름을 맞은 쿡은 다시금 남하하여 1,400마일을 항해했다. 남위 71도 10분, 서경 106도 54분에 다다랐을 때 단단한 얼음덩어리와 마주쳤다. 이 지점이 쿡이 도달한 최남단이었다. 그가 다시 북상하여 따뜻한 기후대로 들어가자 승무원들은 기꺼워하며 피어노트 방한복을 벗을 수 있었다. 그는 프렌들리 제도, 이스터 섬, 노픽 섬, 뉴칼레도니아, 바누아투를 들러 가며 적도 바로 아래까지 올라갔다가, 마침내 퀸샬럿 해협으로 돌아와 퍼노가 남긴 답장을 발견했다. 쿡은 1774년 11월 10일 다시금 동쪽으로 출항하여 망망대해 태평양을 건넜다. 12월 17일에는 티에라델푸에고의 서쪽 끝단을 발견하고 거기서 크리스마스를 보내며 휴식을 취한 뒤 이곳을 크리스마스 해협이라고 명명했다. 그런 다음에는 혼 곶을 돌아 남대서양으로 항해하여 들어갔다. 거대한 남방 대륙의 일부일지도 모를 해안선을 찾기 위해서였다. 이 땅은 후대의 발견을 통해 남극 대륙으로 밝혀지게 되지만, 그들은 이 대륙을 찾지 못했다. 대신에 쿡은 사우스조지아 섬과 사우스샌드위치 제도를 찾아서 명명하고 영국 영토로 선언했다. 또한 쿡은 '남극 부근에 육지가 있으며 이것이 광활한 남대양에 널린 해빙 대부분의 원천'일 것이라고 추측했다.

레졸루션 호는 1775년 5월 21일 케이프타운의 테이블 만에 닻을 내리고 5주간 휴식을 취하며 수리를 거쳤다. 그리고 세인트헬레나 섬과 페르난두지노로냐 군도를 경유하여, 마침내 1775년 7월 30일 본국인 영국의 스핏헤드에 도착했다.

이제 대령으로 진급한 제임스 쿡은 과학계의 총아가 되었고 과학계 너머에서도 유명 인사였다. 상원은 그를 '유럽 최초의 항해자'로 일컬었다. 요크셔의 농촌 오두막집으로부터 입지전적인 길을 걸어온 그였지만, 기력은 아직 전혀 녹슬지 않은 상태였다. 베테랑 탐험가 쿡 선장이 지휘하는 3차 원정의 주된 목표는 북아메리카를 관통하거나 돌아서 대서양과 태평양을 잇는다는 전설의 항로 ─ 북서항로 ─ 를 발견하는 것이었다.

원래 해군성은 이 원정을 노련한 해군 대령 찰스 클러크Charles Clerke에게 맡길 계획이었다. 쿡은 일종의 활동적 은퇴 상태로서 자문역을 맡기로 되어 있었다. 쿡은 이 지역에 대한 덴마크 탐험가 비투스 요나센 베링Vitus Jonassen Bering의 탐사기를 비롯해 북태평양에 대해 그가 찾을 수 있는 모든 자료를 연구해놓은 상태였다. 이 점을 염두에 둔 해군성은 원래 계획되었던 지휘관 대신에 이 베테랑 탐험가를 신뢰해보기로 했다. 이로써 제임스 쿡이 북서항로의 태평양 쪽 진입로 탐사를 맡게 되었다. 그는 다시금 레졸루션 호를 지휘하고, 찰스 클러크가 디스커버리 호를 지휘하기로 했다. 한편 리처드 피커스길Richard Pickersgill은 프리깃함 라이언 호를 몰고 허드슨 만으로 들어가 대서양 쪽 진입로를 탐사하기로 했다. 북서항로를 탐사하는 계획은 공개적으로 논의되지 않았다. 일반 대중들은 원정대가 ─ 여러 가지 목적이 있겠지만 그중에서도 ─ 남양 제도 사람으로 사교계의 유명인이 된 마이를 ─ 그는 '오마이'라는 이름으로 잘못 알려져 있었다 ─ 고향인 태평양의 섬에 데려다주기 위해 남태평양으로 돌아간다고 믿었다.

제임스 쿡은 1776년 7월 12일 플리머스에서 출항했고, 클러크는 런던에 있다가 뒤늦게 8월 1일에야 출항했다. 레졸루션 호는 10월 17일 케이프타운에 도착했고, 디스커버리 호는 11월 10일에 뒤따라왔다. 두 배가 만났을 때는 둘 다 물이 새는 상태였다. 두 배는 물이 새는 구멍을 메우고 방수 조치를 한 뒤 12월 1일 함께 출발했다. 남반구의 여름이었다.

그들은 강한 바람을 등지고 동쪽으로 전진하여 1777년 1월 26일 밴디먼스랜드에 닿았다. 인도양을 건너는 길에 프린스에드워드 제도의 위치를 확인하고 영유권을 주장했다. 또 남극권에 있는 케르겔렌 제도의 위치를 확인했다. 케르겔렌 제도는 데솔라숑 제도Desolation Islands(영어와 프랑스어로 Desolation은 '황폐함, 황량함'이라는 뜻이다 – 옮긴이)라고도 하는데, 내 생각에는 적절한 명칭인 것 같다. 두 배는 계속 동쪽으로 항해하여 2월 12일 쿡이 애용하는 정박지인 퀸샬럿 해협에 도착했다. 현지의 마오리인들은 두 배를 목격하고 다소 술렁였는데, 그들이 4년 전 퍼노가 지휘하는 어드벤처 호를 공격하여 승무원 열 명을 살해한 적이 있었기 때문이다. 하지만 마오리인의 입장에서는 다행하게도 쿡과 그 일행은 복수하지 않고 2주 후에 떠났다.

두 배는 타히티로 향했지만, 동풍에 떠밀려 쿡 제도로 가게 되었다. 이 섬을 목격한 날짜는 3월 29일이었다. 쿡은 이 섬들을 허비 제도라고 명명했지만, 1827년에 제정러시아 해군 소속의 독일계 제독인 아담 요한 폰 크루젠슈테른Adam Johann von Krusenstern이 이 위대한 탐험가를 기려 쿡 제도로 다시 명명하게 된다. 그들은 계속 항해하여 프렌들리 제도에 닿았고, 역시 쿡이 1774년에 발견한 파머스턴 섬에 정박하여 4월부터 7월까지 머물렀다. 그리고 다시 출발하여 8월 12일 타히티에 도착했다.

(겉으로 내건 구실에 걸맞게) 마이를 고향 섬에 내려준 뒤, 쿡과 배들은 조금 지체했다가 12월에 출발했다. 그리고 북상한 끝에 마침내 유럽인 최초로 하와이 제도를 발견했다. 쿡은 그의 상관인 해군 장관 – 제4대 샌드위치 백작 – 의 이름을 따 이 섬들을 샌드위치 제도라고 명명했지만, 다행스럽게도 이 지명은 정착되지 않았다. 하와이를 떠난 쿡은 북아메리카의 서해안에서 스페인 식민지로 잘 알려진 영토의 이북을 탐사하기 위해 북서쪽으로 향했다. 그리고 현재의 오리건 주 해안에 위치한 파울웨더 곶에 도착했다. 그 후 바람에 밀려 조금 남쪽으로 내

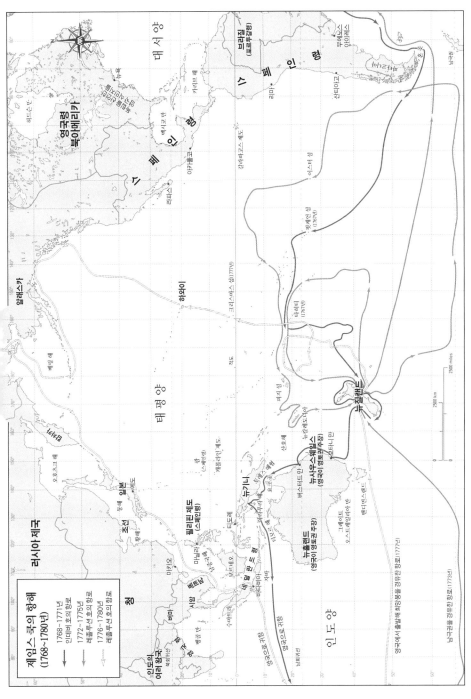

지도 35. 제임스 쿡은 1768년부터 1779년까지 태평양을 세 차례 항해하며 오스트레일리아 동해안과 하와이 제도의 지도를 그렸다.

려갔다가 다시금 북상했는데, 환드퓨카 해협을 – 정말 이상하게도 – 못 보고 지나쳤다.

두 배는 밴쿠버 섬의 누트카 해협으로 들어가 유큇이라는 촌락 인근에 정박했다. 현재 레졸루션 만이라고 불리는 곳이다. 그들은 여기서 현지인들과 교역한 뒤 1778년 4월 26일 닻을 올리고 계속 북상했다. 그러면서 해안과 만과 섬들을 탐사함으로써 러시아가 서쪽으로부터 탐사한 영역과 스페인이 남쪽으로부터 올라가며 탐사한 영역을 보완했다. 쿡은 러시아와 알래스카를 분리하는 베링 해협에 들어가 북으로 밀고 올라가려고 수차례 시도했지만 기후 조건이 너무 혹독했다. 결국 물러설 수밖에 없었던 쿡은 좌절하여 부하들에게 비합리적으로 행동하기 시작했다. 위장병이 도져서 성질이 나빠졌다는 설도 있다.

배들은 남쪽의 알류샨 열도로 향했다. 10월 2일 어널래스카에 입항한 쿡은 다시금 배들을 수리하고 물이 새는 틈새를 메웠다. 이 항구에서 그는 러시아인 항해사 게라심 이즈마일로프Gerasim Izmailov를 만났다. 이즈마일로프는 당시 러시아령 아메리카로 알려진 지역에 관심을 갖고 러시아 식민지 건설에 앞장선 인물이었다. 그는 최초로 알류샨 열도의 자세한 지도를 만들었지만, 쿡이 이 지도를 엿보았는지 여부는 기록된 바 없다. 쿡은 3주일간 머문 뒤 1778년 10월 24일 샌드위치 제도(현재의 하와이 제도)를 향해 출발했고, 11월 26일 마우이 섬 앞바다에 도착했다.

두 배는 샌드위치 제도 주변을 8주간 한가로이 맴돌았다. 베링 해협의 극심한 추위를 겪고 난 뒤라면 누구라도 그랬을 것이다. 안전한 정박지를 찾던 그들의 눈길이 마침내 하와이 본섬의 케알라케쿠아 만에 가닿았다. 그들은 1779년 1월 17일 이곳에 닻을 내렸고, 도착한 뒤 얼마 지나지 않아 현지인들을 만났다. 특히 추장인 팔레아와 제사장인 코아아는 쿡의 배에 승선하여 인근 해안에서 거행되는 의식에 같이 갈 것을 종용했다. 막상 가보니 그것은 상당히 길고 복잡한 의식이었다. 마침 이때가 폴리네시아의 로노 신 숭배와 결부된, 마카히키라는 수확 축제 기간이었던 것이다. 쿡의 배 레졸루션 호의 흰 돛이 로노 신의 전통적인 이미시와 맞아떨어신 선 기막힌 우연의 일지였다. 신화에 의하면 로노 신은 흔히 흰 깃발과 연관되었고 바다에서 배를 타고 육지로 귀환할 것을 약속했다고 하는데, 이런 믿음 때문에 현지인들이 쿡을 로노와 결부시키게 되었던 것이다. 쿡은 적어도 많은 현지인에게 로노의 현신으로 여겨지게 되었다. 나는 항상 지도 제작자와 지도 제작이 특별한 일이라고 생각해왔지만 이건 아무래도 좀 과한 것 같다. 이상의 견해는 레졸루션 호의 한 승무원이 처음 제시한 것인데, 이후로 꾸준히 반론이 제기되고 있다.

원정대는 한 달간 체류한 뒤 출발했다. 그런데 섬이 아직 눈에 보이는 지점에서 레졸루션 호의 앞돛대가 그만 부러지는 바람에, 수리하기 위해 즉시 케알라케쿠아 만으로 되돌아가야 했다. 하와이인들에게 두 배의 놀라운 귀환은 예상 밖이었을 뿐만 아니라 달갑잖은 일이었다. 로노 신을 기리는 축제는 끝났으므로 쿡과 이 신의 연관도 끝났다고 여겨졌기 때문이었다. 호기심에 찬 현지인들이 이 기이하고 이국적인 배들 주위로 몰려들었고, 얼마간의 좀도둑질이 행해졌다. 쿡은 이런저런 수를 써서 귀중품을 웬만큼 되찾을 수 있었지만, 이번 방문은 언짢은 분위기와 다툼과 간헐적인 폭력으로 얼룩지게 되었다. 그리고 배 한 척에 딸린 보트를 도둑맞았는데, 이건 배가 운항하는 데 필수품이었으므로 쿡은 보트를 되찾기로 결심했다.

쿡은 보트를 되찾기 위한 인질로 활용하고자 현지의 국왕인 칼라니오푸를 자기 배로 유인하려 했다. 하지만 칼라니오푸는 사전에 경고를 듣고서 이를 간파했고 이것이 현지인과의 충돌로 비화했다. 일부 무장한 현지인들이 현장에 추가로 도착했다. 쿡과 대원들은 해변에 대놓은 보트로 철수하려 했지만, 육박전을 벌이는 와중에 몽둥이로 머리를 맞은 쿡이 파도 위에 엎어졌고 그대로 창에 찔려 숨졌다. 그의 시신은 격분한 하와이인들의 손에 질질 끌려갔다. 쿡의 육로 여정은 이렇게 종결되었다.

하와이인들의 분노가 수그러들자, 쿡의 시신은 부족의 지도자들에게 넘겨져 종국에는 뼈들만 종교적 상징물로 남게 될 갖가지 의식을 치르게 되었다. 하지만 섬사람들은 대원들의 간절한 호소에 마음이 움직였는지 시신을 영국인들에게 돌려주었다. 쿡의 대원들은 영국 해군의 관습에 따라 그의 유해를 바다에 수장했다.

클러크 대령이 지휘권을 이어받았지만 그도 결핵 말기라 몸 상태가 좋지 않았다. 그는 배들을 몰고 다시 북태평양으로 향했다. 러시아 극동의 캄차카 반도에 기항하여 보급품을 충당한 뒤, 이 원정에서 베링 해협을 통과하려는 마지막 시도를 감행했다. 이 시도 역시 실패하자 돌아선 배들은 페트로파블롭스크에 기항했고, 클러크 대령은 여기서 사망했다. 1779년 8월 22일이었다. 보고서 한 부가 육로로 보내졌다. 이 보고서는 러시아 제국과 유럽의 여러 국가를 거쳐 5개월 뒤 마침내 런던에 도착했다.

이제 레졸루션 호와 디스커버리 호는 존 고어John Gore와 제임스 킹James King이 각각 지휘하게 되었다. 본국으로의 기나긴 항해를 위한 돛을 올린 그들은 일본 서해안을 지나, 중국 해안을 거쳐 마카오로 갔다가, 동인도 교역 항로를 따라 인도양을 건너, 케이프타운을 경유하여 대서양을 북상했다. 브리튼 제도가 가까워졌을 때 심한 돌풍이 몰아쳐 너무 북쪽으로 떠밀려가는 바람에 첫 상륙지는 오크니 제도의 스트롬니스가 되고 말았다. 배들은 거기서 다시 연안을 따라 남하하여 1780년

10월 4일 마침내 시어니스에 입항했다. 저 멀리 페트로파블롭스크에서 보낸 보고서를 통해 쿡과 클러크의 사망 소식이 이미 전해진 상황이었으므로 환영 분위기는 다소 가라앉아 있었다.

해군성은 존 더글러스 박사Dr John Douglas에게 쿡의 항해일지와 다른 원정대원들의 일지 편집을 맡겼고, 그가 마침내 작업을 완료하여 책이 나온 건 1784년 6월이었다. 이 책은 세 권으로 총 1,617쪽에 달했고 지도를 포함한 도판이 87점 수록되었으며 4파운드 14실링 6펜스라는 무지막지하게 비싼 가격이 매겨졌다. 그럼에도 첫 쇄가 사흘 만에 다 팔릴 정도로 베스트셀러였다. 여러분이 운이 좋다면 현재는 약 4,000파운드(약 600만 원 - 옮긴이)를 주고 한 질을 구할 수 있다. 포장·운송료는 별도다. 그만한 값어치가 있느냐고 내게 묻는다면, 충분히 있다고 대답하겠다.

11

· 노예무역 ·

1970년대 말과 1980년대 초에 우리 가족은 주로 콘월에서 휴가를 보냈다. 이따금 유럽으로 짧게 여행을 다녀오기도 했다. 나는 우리 아이들이 훌륭한 유럽인으로 자라길 바랐다. 어쨌거나 영국은 얼마 전 유럽경제공동체에 가입한 터였다. 이 대륙의 피에 물든 과거를 정리하느라 어느 정도 시간을 쏟았으니 이제는 우리 유럽인들이 잘해나가야 할 때라는 생각에서였다.

하지만 콘월은 휴식과 재충전의 장소였다. 우리가 묵은 숙소는 콘월 북쪽 해안의 작은 마을에 세워진 호텔로, 해변까지 이어지는 기다란 정원이 있었다. 해변에서 놀기에 적합하지 않은 날에는 콘월을 더 자세히 탐구하기 위해 출동하곤 했다. 문제의 그날, 우리는 아침을 먹은 뒤 지도를 참조하여 우선 세인트아이브스로 향했다가 남쪽 해안의 매러지언으로 건너가기로 했다. 출발할 때는 구름이 낮게 드리워 있었지만, 마운츠 만이 시야에 들어올 때쯤에는 하늘이 맑게 개어 햇빛이 비치고 있었다. 우리는 우선 아이스크림을 하나씩 돌리고, 끈적끈적해진 손과

입을 대충 닦은 뒤 보트를 타고 나가기로 했다. 보트 타기는 언제나 인기 만점이었다. 우리를 태운 보트는 세인트마이클스 산을 빙 돌았다. 통통거리는 배를 타고 섬 주위를 누비며 바닷물이 튄 안내책자를 읽어보니, 노르밍디의 몽생미셸 수도원이 에드워드 참회왕에게 이 섬을 선물 받아 1424년까지 소유했다고 쓰여 있었다.

역사는 잠시 잊고 섬 주위를 항해한 우리는 해변으로 돌아왔다. 우리는 여기서 점심을 먹으며 어떤 발견을 하게 되었다. 바다 공기가 식욕을 돋우었기에, 우리는 만의 풍광을 내다보며 점심을 먹을 수 있는 호텔을 찾아 들어가 식사를 주문했다. 식사가 나오기를 기다리는 동안 나는 식당 안을 거닐며 벽에 길게 전시된 인쇄물들을 살펴보았다. 각각의 인쇄물 밑에는 60단어가량의 설명문이 새겨진 명판이 붙어 있었다. 이 전시는 호텔 주인의 아내 – 제니라는 열성적인 향토사학자 – 가 마련한 것이었다. 주된 전시 주제는 밀수와 광산 채굴이었지만, 마지막에 걸린 네 점의 그림이 내 눈길을 끌었다. 17세기 초 노예사냥에 나선 바르바리 해적들이 콘월 해안을 습격하는 광경을 보여주는 그림들이었다. 그중 한 그림의 설명에 따르면 '200명 이상(의 콘월인) 남녀와 아이들이 붙잡혀가서 노인과 병자만 남고 마을이 텅 비었다'. 나중에 제니와 이야기를 나누면서 이 습격에 대해 묻자 그녀는 이렇게 대답했다. "네, 분명히 일어난 사건이고 그런 일이 200년 넘게 계속되었죠." 이에 나는 그동안 해군이 뭘 했느냐고 물었다. "네덜란드나 프랑스와 싸우고 있었죠. 우리는 이곳 서쪽 끝에 속수무책으로 노출되어 있었어요. 그건 그렇고 해적들은 아일랜드도 습격했어요."

나는 약간 머리가 핑 도는 기분이었다. 어떻게 이 역사의 한 조각을 까맣게 모르고 있었을까? 이제 좀 조사해봐야 할 시간이었다. 우리가 묵는 호텔의 바에 돌아온 나는 곧 이곳 토박이 주민인 형제와 대화를

하게 되었다. 그들은 어부였지만 지금은 좀 더 안전한 삶을 찾아 관광업에 종사하고 있었다. 나는 북아프리카의 사략선에 대한 이야기를 꺼냈다. 둘 다 노예 상인의 이야기를 알고 있었다. "당시에 그들 무어인이 가진 보트는 진짜 빨랐어요. 우리 것보다 다루기도 훨씬 수월했죠." 그러고는 무어인의 보트와 배의 종류를 마치 어제 일어난 일처럼 묘사했다. "콘월의 보트는 가족이 소유하고 모는 것이어서, 선원이 노예로 잡혀가면 가족은 밥벌이 수단을 잃는 셈이었죠. 바다로 몇 마일만 나가도 우릴 보호할 수단이 없었어요." 그들은 계속해서 설명하기를, 데번 주 북부 해안의 런디 섬이 노예 상인과 해적들의 본거지였으며, 심지어 5년간은 오스만 제국의 깃발이 휘날리기도 했다는 것이었다. 이 또한 내가 들어본 적이 없는 이야기였다. 나는 좀 더 알아보기로 결심했다.

다음에 런던에 갔을 때 나는 런던 도서관에서 하루를 보냈다. 그때는 구글이 없었으므로 유럽 연해안에서 수백 년간 행해진 습격의 역사는 내 눈앞에 천천히 조금씩 드러났다. 나는 스페인의 마지막 무어인 국가인 그라나다가 함락된 1492년부터 갓 건국된 미국과 유럽 여러 나라가 바르바리(이집트를 제외한 북아프리카의 옛 이름 - 옮긴이) 국가들과 마지막으로 전투를 벌인 1815~1816년 사이의 시기에 집중하기로 했다.

전 세계의 붐비는 해상교통로에서 으레 그랬듯이, 유럽 연해안에서도 해적질은 흔한 일이었다. 이런 해적질을 촉발한 동기 또한 고전 시대, 아니 그 이전부터 죽 존재해온 해상 범죄의 동기와 다르지 않았다. 내전으로 미뤄지고 있던 기독교도의 이슬람 스페인 정복이 1479년 아라곤과 카스티야가 연합한 이후로 가속화되면서, 1492년 마침내 최후의 무슬림 왕국인 그라나다가 함락되었다. 이로써 지중해 해역에는 지브롤터 해협에서 발칸까지 이어지는 단층선이 생기게 되었다. 이 바다의 거의 모든 섬은 이 경계선의 북쪽과 서쪽인 기독교 영역에 여전히 속했고, 경계선의 남쪽과 동쪽은 무슬림 영역이었다. 하지만 이 깔끔한 분리 구도는 보기보다 복잡한 양상을 띠었는데, 오스만 제국의 무슬림 세력이 팽창하여 1453년 중요한 기독교 도시인 콘스탄티노폴리스를 함락시키고 발칸으로 침입해 들어오기 시작하면서 수백만 명의 기독교도가 오스만 제국 영토에 복속되었기 때문이다.

무슬림 영토에서 광범위하게 시행된 노예제도는 경제의 중요한 부분을 차지하는 복잡한 시스템이었다. 노예라 할지라도 사회적 출세를 꿈꿀 수는 있었지만, 그러려면 일정한 희생을 – 일례로 하렘의 관리인 이라면, 주로 거세를 – 치러야 했다. 이런 식의 우대책 하에서라면 출세에 대한 흥미를 잃기 십상일 것이다. 콘스탄티노폴리스(이스탄불)의 기록에 따르면 1609년 이 도시 인구의 20퍼센트가 캅카스 지역, 유럽, 중앙아시아, 멀리 남쪽으로는 사하라 이남 아프리카에서 잡혀온 노예였다고 한다.

오스만 제국에는 '혈세blood tax'라고도 불리는 특별 세금이 있었다. 발칸 반도와 아나톨리아에서 어린 기독교도 소년들을 강제로 데려다 이슬람으로 개종시킨 뒤 군대의 엘리트 부대 – 예니체리 – 로 육성시키는 제도였다. 이 제국이 낳은 위대한 지휘관 중 상당수가 이 노예 병사 집단 출신이었다. 나는 이 특정 집단이 심지어 고위직으로 승진한 뒤에도 고환을 잃지 않았다고 기록할 수 있어서 기쁘다. 어찌 됐든 제국은 행복한 병사들을 필요로 했던 것이다. 이 '혈세'는 1703년에 폐지되었고, 제국 내의 노예제는 1924년 터키공화국의 수립과 더불어 종식되었다. 노예제는 이란에서 1929년에, 오만에서는 1970년에 폐지되었다.

유럽에서 노예제 문제는 상당히 중구난방으로 다루어졌는데, 예를 들어 다음과 같았다.

- 1220년 신성 로마 제국의 법률은 노예제를 인간이 하느님의 형상을 따라 창조되었다는 교리에 대한 위반으로 규정했다.
- 폴란드에서는 1350년경 카지미에시 대왕이 모든 비자유민을 해방시키는 법령을 제정했다.
- 1570년 포르투갈의 세바스티앙 국왕은 적대 행위를 하지 않은 아메리카 원주민의 노예화를 금지했다.
- 리투아니아에서는 1588년 3차 법령집을 반포하면서 노예제가 폐지되었다.
- 1649년 러시아는 무슬림에 대한 러시아인 노예의 판매를 금지했다.
- 1791년 프랑스의 전 영토와 속령에서 노예제가 폐지되었다.
- 1815년 빈 회의에서 노예제에 대한 반대 입장이 선언되었다.
- 1833년 영국이 대영제국 전역에서 노예제를 불법화했다.

따라서 우리가 관심을 두는 시기의 지중해 주변에는 활발한 인신매매 시장이 존재했음을 알 수 있다. 종교적 분열이 노예 매매에 얼마간 정당성을 부여했지만, 가장 중차대한 목표는 언제나 수익이었다.

북아프리카에서 오스만 제국의 힘과 영향력은 제한적인 수준에 머물렀다. 특히 현재의 모로코, 알제리, 튀니지 지역에 위치한 나라들은 사실상 모든 면에서 독자적인 대외 정책을 펼쳤고 노예사냥은 그 일부였다. 그들의 주된 표적은 유럽의 해상 무역로와 해안 촌락이었는데, 멀리 북쪽으로 네덜란드와 심지어 아이슬란드까지 이르렀다. 북아프리카의 바르바리 해안에는 현지와 오스만 제국의 수요를 충당하는 노예시장이 형성되어 있었다. 예로부터 그들은 사하라 이남 아프리카에서 노예를 공급받아왔는데, 전통적인 노예사냥터인 지중해 일대에 유럽의 대서양 연안을 추가하는 것은 이 분야에서 경험과 전문성을 발휘해온 그들에게 아무런 문제가 되지 않았다. 그들은 놀라운 수효의 배교한 유럽인들을 이 사업에 합류시킬 수 있었다. '장사' 기회를 찾아 해적 국가에 당도한 이들이었다. 알제와 같은 항구까지 찾아온 많은 이들 중에는 네덜란드인, 프랑스인, 이탈리아인, 그리스인, 영국인 흉악범들이 있었다. 현지 사정에 밝았던 그들이 유럽 연해안의 암초와 여울목을 누비며 항해할 수 있었던 건 우연이 아니었다. 이 배교자들은 바르바리 국가의 깃발을 걸고 항해할 때 적어도 명목상으로나마 이슬람으로 개종했다.

  얀 얀스존 판 하를럼Jan Janszoon van Haarlem이라는 네덜란드인도, 그 시대의 영어 표현을 빌리면 '튀르크화된gone Turk'('포악해지다'라는 뜻이 있다 - 옮긴이) 이들 중 한 명이었다. 그는 '살레의 대제독, 소小무라트 레이스Murat Reis the Younger, Grand Admiral of Salé'를 자칭하며 '살레 해적Salé Rovers'이라고 알려진 무리를 이끌었다. 스페인에서 태어났지만 재정복 이후 가톨릭 스페인에서 축출된 무슬림인 모리스코Morisco들이 모로코의 대서양 쪽 연안에 대거 모여 '살레공화국'이라는 도시국가를 건설했는데, '살레 해적'은 바로 이곳에서 결성된 해적단이었다. 얀스존은 1627년 브리스틀 해협의 런디 섬을 점령한 뒤 5년간 거점으로 삼고 인근의 붐비는 해상교통로를 먹잇감으로 삼았다. 이 기간에 그는 이 섬에 오스만 제국의 깃발을 내걸었다. 이후에도 아이슬란드를 습격하는 등의 공을 세웠고, 1631년 아일랜드의 볼티모어를 약탈하여 108명을 납치한 사건은 널리 알려져 있다. 이때 납치된 이들은 언제나처럼 바르바리 해안의 노예시장에서 팔려갔지만 그중 의지가 굳은 두 명은 우여곡절 끝에 고국으로 생환했다고 한다. 얀스존은 원래 네덜란드 사략선을 몰았지만, 좀 더 통제가 느슨하고 기회가 풍부한 바르바리 해안에 이끌렸다. 그는 이 냉혹한 무역에 종사하며 자유롭게 배회하고 제멋대로 습격하는 무자비

한 모험가 부류를 상징하는 인물이었다. 그와 맞설 만한 세력들이 조직력이 떨어졌던 건 개별 국가들이 주로 자국의 일에만 몰두했기 때문이었다. 몇몇 국가 – 스페인, 프랑스, 제노바공화국, 베네치아공화국 – 는 막강한 함대를 보유했지만 서로 거의 협력하지 않았다. 우리가 살펴보는 시기 거의 내내 유럽에서 한두 국가는 늘 서로 전쟁 중이었다. 그리고 1789년부터 1814년까지는 거의 대륙 전체가 사실상 전쟁 상태였다.

그렇다면 1492년부터 1815년까지 유럽은 바르바리 해적의 활동으로 얼마나 큰 인구 손실을 겪었을까? 우리가 아는 사실은 오스만 제국과 인접 지역의 노예 숫자를 유지하려면 매년 약 8,000명씩 새로 잡아와야 했다는 것이다. 그리고 노예 납치가 순순히 이루어지는 과정이 아님을 고려할 때, 습격 과정의 물리적 폭력과 정신적 충격과 열악한 환경에 의한 인명 손실도 있었을 것이다. 그러니까 노예시장에 매년 8,000명씩 공급하려면 1만 명 정도는 납치해야 했을 것이다. 이렇게 환산하면 이 324년간 유럽으로부터 총 324만 명이 북아프리카의 노예시장으로 끌려와 그 대부분이 오스만 제국의 다양한 지방으로 보내졌다는 이야기가 된다.

미국이 바르바리 무역에 개입하게 된 건 1784년, 미국의 상선들이 납치되고 승무원의 석방을 위한 몸값을 요구받으면서부터였다. 토머스 제퍼슨과 존 애덤스는 대서양 너머 런던까지 와서 트리폴리(오스만 제국의 속주였던 트리폴리 왕국 – 옮긴이) 특사인 시디 하지 압드라하만 Sidi Haji Abdrahaman 을 만나 포로로 억류된 미국인들의 석방 조건을 협상했다. 제퍼슨과 애덤스가 1786년 3월 28일 미국 정치인 존 제이 John Jay 에게 서신으로 보고한 바에 따르면, 제퍼슨은 특사에게 '무엇이 그대와 그대의 나라에 공해에서 사람들을 납치할 권한을 주었는가?'라고 직설적으로 물었다고 한다. 특사의 대답은 이러했다. '그 권한은 선지자의 법에 입각한 것이다. 우리의 권위를 인정하지 않는 모든 나라는 죄인이며, 그들이 어디서 눈에 띄든 그들과 전쟁을 벌이고 사로잡을 수 있는 전부를 노예로 삼는 것이 우리의 권리이자 의무다. 나아가 전투 중에 죽는 모든 무슬림은 천국에 들어갈 수 있다고 쿠란에 쓰여 있다.' 제퍼슨과 애덤스는 조공을 지불해선 안 된다는 데 의견이 일치했다. 하지만 미 해군을 당장 파견할 수 있는 처지가 아니었기에 일단 1차분의 조공을 트리폴리에 지불하고 미국인 포로 대부분을 석방시켰다. 1800년 미국이 바르바리 국가에 지불하고 있던 공물은, 여러분이 어떤 기록을 읽느냐에 따라 매년 100만 달러 혹은 국가 예산의 약 10퍼센트에 달했다. 제퍼슨이 대통령으로 취임하기 직전에 의회가 프리깃함 여섯 척을 건조하는 법안을 통과시킨 것은 미국의 공격력을 대폭 강화하기 위한 조치였다. 트리폴리의 파샤(총독)인 유수프 카라만리Yusuf Karamanli는 1801년 초 제퍼슨이 대통령으로 취임하자마자 22만 5,000달러어치의 조공을 새롭게 요구했다. 제퍼슨이 이를 거절하자 트리폴리는 1801년 5월 10일 미국에 선전포고했다. 이후 4년간 전황은 트리폴리에 불리하게 돌아갔다. 미국은 비슷한 이유로 이미 바르바리 국가들과 전쟁 중이던 스웨덴의 지원을 받아 리비아의 도시 데르나를 점령했다. 미국이 최초로 외국 땅에서 승리의 깃발을 올린 것이었다. 이 도시를 점령함으로써 미국은 더 많은 인질을 석방시키기 위한 협상에서 매우 유리한 고지에 서게 되었고, 1805년 전쟁을 승리로 마무리지었다.

하지만 평화는 오래가지 못했다. 바르바리 해적들은 예전의 악습으로 되돌아갔고, 1807년에는 다시 미국 배들을 납치하기 시작했다. 유감스럽게도 유럽은 으레 그렇듯 서로 전쟁하느라 바빠서 단합되지 않았고 미국도 1812년부터 1814년까지 영국과 전쟁 중이었다. 1814년 8월에는 영국군이 워싱턴을 방화했다. 매디슨 대통령의 행정부는 딴

데 신경 쓸 겨를이 없었다. 1814년 나폴레옹이 패전하면서 비로소 최초로 유럽과 미국이 바르바리 국가들에 맞서 행동을 취할 기회가 생겼다. 제2차 바르바리 전쟁은 1815년 6월 미국에 의해 개시되었다. 스티븐 디케이터Stephen Decatur가 지휘한 미국 해군 함대는 북아프리카 해안에 파견되자마자 알제리의 핵심 전함 두 척을 나포했다. 미국 함대는 6월 마지막 주에 알제 항에 정박하고 알제의 데이(지배자)와 협상을 시작했다. 이 협상은 1815년 7월 3일에 타결되었다. 미국은 나포한 전함 두 척을 돌려주고, 데이는 미국인 포로를 석방하고 미국에 대한 손해배상금으로 1만 달러를 지불한다는 데 합의했다. 또 미국은 일체의 추가 조공을 중단하고, 지중해를 운항할 완전한 권리를 인정받았다.

1815년 빈 조약에 따라 바르바리 국가들의 해적 행위가 금지되었다. 영국은 그 후속 조치로 해적질을 최종 중단시키고 기독교도 포로를 석방시키기 위해 이 지역에 막강한 함대를 파견했다. 바르바리 지역의 지도자들은 해적 행위를 중단하는 데 신속히 동의했지만 알제리의 데이가 끝까지 저항해서 협상이 어려워졌다. 원정대 지휘관인 제1대 엑스머스 자작 에드워드 펠류Edward Pellew는 협상을 끝냈다고 여기고 영국에 돌아가기로 결정했지만, 그 후 얼마 지나지 않아 영국의 보호 아래 있다고 간주되는 포로 200명이 알제리 군대에 학살당했다. 에드워드 펠류의 협상이 실패로 돌아갔음은 모두의 눈에 명백했다. 그는 곧 함대를 이끌고 - 이번에는 네덜란드 전함 여섯 척을 추가로 지원받아 - 알제 항으로 되돌아갔다. 1816년 8월 27일 열린 협상이 또다시 결렬되자, 이번에는 영국 함대가 알제 항을 포격한다는 결정이 내려졌다. 아홉 시간 동안 계속된 포격으로 데이의 배와 요새는 극심한 피해를 입었다. 자신이 지난번에 거부했던 조건을 또다시 받아든 데이는 자기 도시의 까맣게 탄 잔해 한가운데에서 이 조건을 수락할 수밖에 없었다. 협정은

1816년 9월 24일 조인되었다. 1,000여 명의 기독교도가 풀려났고 바르바리 해적의 시대는 사실상 종말을 맞았다. 이후 프랑스가 1830년 알제리 해안을, 1881년 튀니스를 점령하고 이탈리아가 1911년 트리폴리를 점령하면서 유럽의 지중해 통세권이 확립되었나.

12

· 과학적 측량 ·

카시니 집안은 원래 이탈리아 출신이었지만, 조반니 도메니코 카시니 Giovanni Domenico Cassini(1625~1712)는 프랑스 시민이 되어 '장 도미니크 카시니 Jean Dominique Cassini'로 이름을 바꾸었다. 그는 과학·수학 지식에 힘입어 파리 천문대에 일자리를 얻었고 여기서 일하며 토성의 네 위성을 발견했다. 그리고 기나긴 추가 연구 끝에 이 이국적인 행성을 둘러싼 고리 사이의 틈새에 자기 이름을 붙인 것으로 미루어 토성에 좀 집착했던 듯하다.

어느 날 다름 아닌 바로 루이 14세의 재무부 장관이던 장 바티스트 콜베르 Jean-Baptiste Colbert가 카시니에게 접근하여, 프랑스 왕국의 정확한 지형도를 제작하는 일을 도와달라고 제안했다. 프랑스 규모의 국가를 지도로 제작하는 문제를 들여다보았을 때, 그는 곧 지도 제작학의 중대 이슈—경도 측정 문제—에 관심을 갖게 되었다. 경도를 알려면 서로 멀리 떨어진 두 지점의 정확한 시각을 아는 측량사나 관찰자가 있어야 했다. 그 시대의 가장 훌륭한 시계와 시간 계측기도 변화가 심하고 때때로 믿을 수 없었음을 고려할 때 이것은 쉬운 과업이 아니었다. 숙고 끝에 카시니는 별에 의존하기로 했다. 그리고 – 하고많은 것 중에서도 – 목성의 위성에 대한 관측을 토대로 경도를 계산하는 극도로 복잡한 방법을 고안했다. 이 방법을 쓰려면 평평하고 흔들리지 않는 바닥과 아주 큰 망원경이 필요했다. 바다 위에서는 이 방법을 사용하기가 거의 불가능했지만, 육지에서는 상당히 정확하게 계산할 수 있었다. 곧 카시니의 방법을 훈련받은 측량사들이 배치되었고, 프랑스 전역의 여러 핵심적인 장소를 기준으로 수많은 지점의 위치가 정확히 측량되었다. 그리고 이렇게 선택된 지점과 장소들을 포괄하는 윤곽 지도가 매우 세심하게 그려졌다. 이 새로운 윤곽을 기존에 일반적으로 통용되던 프랑스 지도 위에 조심스레 겹쳐놓고 보니, 이 나라의 실제 크기가 이전에 알고 있던 것보다 훨씬 작다는 것을 곧 깨달을 수 있었다. 파리 천문대의 카시니를 방문하고 자기 왕국의 강역이 줄어든 것을 확인한 루이 14세는 "그대의 지도가 내 영지의 절반을 빼앗았구려!"라고 외치고 화를 내며 뛰쳐나갔다고 한다.

그 무렵 카시니는 또한 파리 천문대의 탑에 있는 방의 바닥에 거대한 세계지도를 그리고 있었다. 그리고 그와 교신하는 수많은 연구자가 보내온 위도·경도 관측값과 더불어 확인된 믿을 만한 정보가 도착할 때마다 이 세계지도에 그 정보를 꼼꼼히 기록했다. 이는 기나긴 지도 제작의 역사에서 결정적 순간이었다. 과학적 검토와 체계적 종합을 거친 정확한 정보가 세계지도에 적용된 최초의 사례였다. 이렇게 중세로부터 이어져 내려온 착오와 오해를 바로잡으면서, 현재의 우리에게 익숙한 땅 모양이 조금씩 형태를 갖추기 시작했다.

프랑스의 상황으로 돌아와보자. 루이 14세의 심기를 불편하게 만든 지도는 비록 과거의 것보다 훨씬 더 정확했지만 삼각측량 기술을 이용하여 제작된 것은 아니었다(제10장의 '제임스 쿡' 부분 참조). 하지만 이제 카시니 집안의 아들과 손자들이 맡아서 착수하게 된 지도들은 이 기술을 도입했다. 토지 측량의 정확성이 높아졌다는 점에서 이는 중요한 혁신이었다. 왜곡이 없다는 것이 삼각측량의 고유한 특징이기 때문이다. 삼각측량과 더불어 이를 위해 파견되는 팀원들의 교육 또한 흔히 힘겨운 환경에서 행해지는 현장 작업의 정확성을 대폭 개선했다. 기기를 사용하여 도시와 길과 지리 영역의 정확한 위치를 측량하도록 지시받은 팀원들은 잘 교육받은 사람들이었다. 여기에는 물리적 측정의 정확성을 기하기 위한 지시뿐만 아니라 이렇게 측정한 위치에 올바른 지명을 붙이기 위한 지시 사항도 포함되었는데, 프랑스 영토 전역에서 쓰이는 방언과 언어의 변이가 상당히 컸다는 점을 고려하면 생각보다 쉽지 않은 과업이었다. 또한 길, 강, 소도시, 마을, 교회, 운하, 숲 등을 표시할 때 일정한 양식을 적용하라는 지시도 있었다. 지도 제작 데이터가 속속 파리로 도착하자, 카시니와 그의 팀은 이 정보를 우선 검증한 뒤 최종 지도에 반영했다. 카시니의 1차 목표는 프랑스 전체를 관통하는 경선(자오선)을 확정하는 것이었다. 일단 자오선이 합의되고 확립되면, 자오선 위의 이미 확립된 지점에 삼각측량 기술을 활용하여 관련 지점을 새로 추가해나감으로써 나머지 지도를 완성할 수 있었다. 카시니의 목표는 다음과 같았다.

- 삼각측량으로 거리를 측정하여 지점들의 정확한 위치를 밝히는 것.
- 왕국을 측량하여 그 영토 전역에 흩어진 성읍, 소도시, 마을의 수효를 헤아리는 것.

- 경관의 변치 않는 요소를 표시하는 것.

　1712년 9월 14일 장 도미니크 카시니가 사망하자, 그의 아들인 자크 가시니Jacques Cassini(카시니 2세)가 아버지의 파리 천문대를 이어받았고 다시 그의 아들인 세자르 프랑수아César-François(카시니 3세)의 지대한 도움을 받아 기본 측량을 함께해나갔다. 측량 지점들을 잇는 최초의 프레임워크가 완성된 건 1740년이었다. 이렇게 해서 만들어진 총 18매의 1 : 86,400 축척 지도는 이전의 그 어떤 지도보다도 정확한 지도로 여겨졌다.

　1750년부터 다시 이어진 이 작업은 길과 강과 도시와 기타 지형지물을 측량하면서 계속되었고, 1784년 세자르 프랑수아가 사망했을 때도 끝나지 않았다. 장 도미니크Jean Dominique(카시니 4세)가 이 작업을 이어받아 1791년 마침내 거대한 프랑스 전국 지도를 완성했다. 이때는 프랑스가 혁명으로 격변하던 시점이었다. 군주제에 반대하는 혁명가들은 프랑스 군주 및 구 지배 엘리트와의 친밀한 관계로 오염된 카시니 일가를 거의 즉시 감옥에 처넣었다. 조세 기록과 기타 행정 서류들은 혁명의 소용돌이에서 연기 속에 사라졌지만, 천만다행하게도 카시니의 지도와 그 연구 자료들은 같은 운명을 겪지 않았다.

　장 도미니크는 9개월간 옥고를 치렀지만 운 좋게도 살아서 결국 석방되었다. 그리고 – 내 생각에는 현명하게도 – 조용히 은퇴하여 시골에 내려가기로 마음먹었다. 그곳에서 프랑스의 지형·광산·통계 지도 제작에 착수하여 1818년에 – 다시금 조용히 – 발표했다. 지형도의 초기 개념은 1793년 프랑스 과학아카데미에 의해 발표되었고, 이는 체계적 지도 제작의 새로운 기준을 정립했다. 이 작업은 세계 여러 나라에 영향을 끼쳐서 각국의 지도 제작 사업을 위한 기틀을 닦았다. 카시니 집안과 그들이 만들고 훈련시킨 지도 제작팀은 이후에 세워진 모든 국가 지도 제작 기관의 선구 격이었다. 이 지도에 표시된 해안선, 수계, 도로망 등은 어찌나 정확한지 현대의 인공위성 이미지에 겹쳐놓고 보아도 아주 꼭 들어맞을 정도다. 그들의 노고에 찬사를!

13

· 제국의 문제 ·

    역사학계에서 일하는 지도 제작자에게 제국이라는 문제는 매혹적인 것이다. 13세기 초의 브리튼 섬은 이미 세 제국의 일부였던 적이 있었다. 그 시작은 이 섬이 서기 43년부터 410년까지 속했던 로마 제국이었다. 로마 군단이 철수한 것은 일종의 역逆 브렉시트였다. 그 후 이 섬은 한동안 자력으로 방어해야 했지만, 전문 직업 군대가 떠난 공백을 메우기란 힘든 일이었다. 로마 군대는 많은 신병을 게르만계 부족으로부터 충원했는데, 그들 중 다수는 로마군을 따라갔지만 모두 그러지지는 않았다. 일부는 게르만족의 고향 땅으로 돌아갔고 앵글족과 색슨족 등도 그중 일부였다. 브리튼의 지리에 훤하고 이 땅이 제시하는 기회를 잘 알았을 뿐만 아니라 그들 자신의 인구 증가에 따른 압력에 떠밀린 이들 민족은 불법 이주민이 되기로 하고 다시금 브리튼의 동해안으로 향했다. 시간이 지나면서 브리튼 저지대 대부분 지역의 언어와 문화를 바꿀 정도로 많은 수가 건너왔고, 이 땅에 자기 민족의 이름을 붙여 앵글족의 땅Angleland, 즉 잉글랜드라고 부르기 시작했다.

칼레도니아

히베르니아

브리타니아
인페리오르
에보라쿰
데바 납
브리타니아
수페리오르
이스카실루룸
론디니움 곡물
주석 칼물

노비오마구스
베테라
콜로디아아그리피나
게르마니아 인페리오르
파리 곡물
도자기
포도주
아우구스타 트레베로룸
게르마니아
수페리오르
빈도니사
노예

호박

게르만계 민족들

빈도보나
브리
랜티아
카르눈툼
노리쿰 에모나
판노니아
수페리오르
무르사
아퀼레이아
사르미

대 서 양

갈리아 루그두넨시스

아퀴타니아
곡물

브리간티움
납
금
말
카스트리
레기오니스

납
금
말

루시타니아

타라코넨시스

바에티카
올리브

가데스

카르타고노바

유리
도자기
루그두눔
메디올라눔

갈리아 나르보넨시스
나르보
포도주
아렐라테

코르시카

양모

사르디니아

수산물

발레아레스 제도

곡물
은

수산물

카이사레아

이탈리아
루카
도자기
앙코나
올리브

오스티아

네아폴리스

로마

달마티아
부르눔
살로나

포도주

시칠리아

시라쿠세

곡물

지 중 해

마우레타니아 팅기타나

목재

구리

마우레타니아 카이사리엔시스

노예
람바이시스
누미디아

올리브

유리

카르타고

렙티스
올리브

아프리카의 상아와 향

총독 통치 지역 아프리카

소금

N

0   200 km

0   200 miles

지도 36. 서기 180년경 로마 제국에서 주조된 통화의 풍부한 공급에 힘입어 제국 영토 전역에서
농산물 위주의 교역이 활발히 이루어졌다.

로마 제국의 주요 교역로(서기 180년경)

로마 제국 영토	◇ 요새
보스포루스 왕국	⚓ 제국 해군의 중심 기지
◦ 카이사르 이전의 식민지와 자치도시	■ 속주 수도
◦ 카이사르 치하의 식민지와 자치도시	── 간선도로
● 아우구스투스 치하의 식민지와 자치도시	── 주요 육상 교역로
◻ 군단 기지	- - - 주요 해상 교역로
	곡물 주요 산물

슬라브족

이란계 민족들

올비아

곡물

수산물

보스포루스 왕국

판티카파움

다키아
수페리오르

케르소네수스

철

비단

노예

카스피 해

두로스토룸

흑해

디오스쿠리아스

중국과
인도로 가는
무역로

요이쿠스

수산물

말

시노페

아미수스 트라페주스

목재

니코폴리스

아르메니아

비잔티움

니코메디아

비티니아와 폰투스

갈라티아

카파도키아

살로니키

대리석

아시아

양모

말

파르티아 제국

리카오니아

포도주

사모사타

레사이나

싱가라

에페수스

양타자

클리키아

타르수스

인티오크

카리스

메소포타미아

크테시폰
셀레우키아

미라

시리아

목재

포도주

중국과
인도로 가는
무역로

크레타

구리

키프로스

다마스쿠스

크레타

지 중 해

카이사레아

보스트라

히에로솔리마

올리브
유리
물

아랍계 민족들

키레나이카

(약초)

알렉산드리아

바빌론 요새

멤피스

아일리아

아라비아

유리
곡물
직물
파피루스

아라비아

아이깁투스

아프리카의
금과 상아

홍 해

남아라비아, 동아프리카,
인도로 가는 무역로

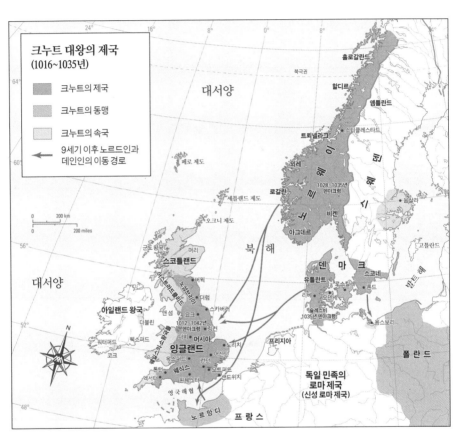

지도 37. 크누트 대왕이 건설한 앵글로-스칸디나비아 제국은 1016년부터 1035년까지 유지되었다.

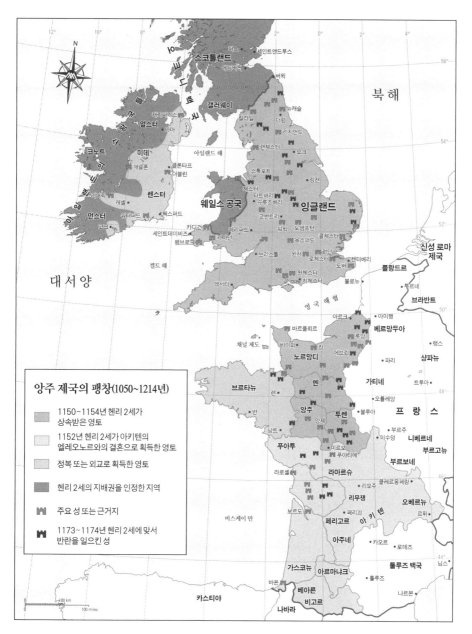

지도 38. 앙주 제국은 주로 잉글랜드와 프랑스에 있던 영토의 집합으로, 합성국가composite state의 초기 사례였다. 이 제국은 1154년부터 1214년까지 유지되었다.

하지만 이야기는 여기서 끝나지 않는다. 브리튼이 속했던 두 번째 제국은 크누트 대왕의 스칸디나비아 제국 또는 북해 제국이었다. 크누트 대왕도 밀려드는 파도를 멈추진 못했기에 이 제국 역시 오래가지 못했다. 이 섬은 다시금, 이번에는 노르만족으로부터의 침공을 겪어야 했고 결국에는 앙주 제국의 일부가 되어 잉글랜드 국왕 헨리 2세의 지배를 받게 되었다. 이 침공으로 잉글랜드의 구 지배 계층은 프랑스와 플랑드르에 연고가 있고 프랑스어를 사용하는 엘리트로 교체되었다. 이렇게 이 섬을 새로이 차지한 가문들 중 하나인 플랜태저넷 가문은 본래 프랑스의 앙주 가였다. '앙주 가Angevins'는 헨리 2세(재위 1154~1189년)와 리처드 1세로부터 시작되어 존 왕(재위 1199~1216년)과 더불어 끝난 봉건왕조로, 이 왕조의 봉건 작위 중에서 가장 높은 작위가 잉글랜드 국왕이었다. 나머지 모든 작위와 영지는 잉글랜드를 정점으로 하여 짜여진 엄격한 위계 순위를 따랐다(내 핏줄의 절반인 잉글랜드인의 심성은 이에 동의하지만, 내 핏줄의 나머지 절반인 스코틀랜드인의 심성은 그렇게까지 동의가 되지 않는다).

———◈♠◈———

네 번째 제국이 나름의 형태를 띠고 존재한 건 1583년부터라고 할 수 있다. 1583년은 엘리자베스 1세에게 '발견과 탐험'을 위한 특허장을 수여받고 탐험에 나선 험프리 길버트 경Sir Humphrey Gilbert이 뉴펀들랜드를 영국령으로 선포한 해였다. 길버트 경은 군인이자 탐험가였고, 북대서양에서 북아메리카를 지나 중국의 풍요로운 부에 가닿을 수 있다는 전설의 북서항로를 지지한 주요 인물이었으며, 하원 의원으로도 일했다. 역사학자들은 이를 첫 번째 대영제국의 출발점으로 간주하지만, 나는 이것을 네 번째 제국으로 본다―어떤 경우든 이 제국은 1783년 미국 식민지를 상실하면서 끝이 났다. 험프리 길버트 경의 모험은 남는 장사처럼 보였지만, 1583년 그가 가장 아끼는 스퀴럴 호를 포함하여 다섯 척의 함대를 이끌고 뉴펀들랜드로 항해했을 때는 운이 따르지 않았다. 그는 영국의 가톨릭교도 투자자들에게 두둑한 후원 약속을 받아놓은 터였다. 이 투자자들은 '노렘베가Norembega'라는 전설적인 지역에 있다는 900만 에이커의 땅에 가톨릭교도들이 이주해 살 만한 정착지를 건설하고자 했고, 그 땅을 (그래봤자 국왕령이 될 테지만) 너그러운 투자자들에게 분배한다는 구상이었다. 하지만 길버트에게는 안타깝게도 가톨릭교도들이 바로 그 신앙 때문에 벌금형에 처해지면서 투자자 거의 전부가 사라져버렸다.

이는 1535년 잉글랜드와 웨일스의 법이 통합되면서 웨일스가 잉글랜드 왕국에 합병된 이후 일어난 일이므로, 잘해야 잉글랜드 제국, 혹은 아마도 앵글로-웨일스 제국이 성립된 기점이었음을 염두에 두어야 할 것이다. 1707년과 1801년에 대영제국을 성립시킨 또 다른 정치적 통일은 뒤에서 다시 살펴볼 것이다.

(흥미롭게도 월터 롤리가 지휘한 한 척의 배가 되돌아가는 바람에) 이제 네 척이 된 길버트의 허름한 선단은 온갖 무법자와 사회 부적응자, 잉글랜드 항구의 인간쓰레기들로 채워져 있었지만, 그래도 어떻게 뉴펀들랜드까지 가닿았다. 선단은 현재의 세인트존스에 도착했는데, 영국인 대장이 지휘하는 어선단이 그들의 입항을 가로막았다. 다국적 어부와 상인들로 구성된 이 공동체는 길버트 휘하의 한 선장이 전년도에 자행한 해적질 때문에 신경이 곤두서 있었던 것이다. 길버트는 이 격앙된 시위를 결국 진압한 뒤 엘리자베스 1세 영국 여왕에게 수여받은 특허장을 움켜쥐고서 상륙할 수 있었다. 여왕은 스페인의 영토로 확립된 땅에서 멀찍이 떨어진 신세계의 어딘가에 자신도 땅 한 조각을 갖

고 싶었던 것이다. 험프리 길버트 경은 뉴펀들랜드 – 세인트존스로부터 남북으로 200리그league(1리그는 약 4.8킬로미터다 – 옮긴이) 이내의 땅을 포함 – 를 영국 영토로 선포하고, 잉글랜드 관습법에 따라 토지소유권 이전을 상징하는 조처로 땅에서 뗏장을 떼어냈다. 또 현지인들로부터 작은 개 한 마리를 선물로 받고 북극성의 이름을 따서 '스텔라Stella'라고 명명했다. 그런 다음 세인트존스 어업 기지와 그 고정자산 일체에 대한 지배권을 확립하고 이곳의 모든 사업체와 어장 전체에 세금을 징수했다 – 주민들이 참으로 기뻐해 마지않았을 것이다. 군중이 '여왕 폐하를 최고로 모시자!'라고 몇 개 국어로 외쳤을 것이다. 아니, 그렇게 외쳤다는 건 단지 길버트의 상상일 뿐이었는지도 모른다.

길버트는 몇 주일간 뉴펀들랜드에 머물렀지만, 보급이 부족했던 탓에 다른 식민지를 찾으려는 시도는 하지 않았다. 어쨌든 그가 거느린 승무원의 대다수는 해적과 도둑들로 이루어져 있었다 – 그가 볼 때 새로운 제국을 건설하기에 최적의 인재들은 아니었다. 아마도 이 신뢰할 수 없는 노동력이 그의 계획의 주된 결함이었겠지만, 여기에는 그의 전술적 착오도 한몫했다. 그는 소함대를 이끌고 인근을 탐사하기 위해 항구를 떠나면서 가장 큰 배인 딜라이트 호를 선두에 세웠다. 다른 지휘관들의 의견에 따르면 이것은 큰 실수였다. 이 배는 결국 좌초하여 침몰했고 다수의 승무원과 남은 보급품의 태반도 수장되어버렸다.

이 '사고' 이후 길버트는 남은 지휘관들과 상의하여 8월 31일 잉글랜드로 항로를 잡았다. 초반에는 순항했지만, 아소르스 제도 인근에서 맹렬한 폭풍을 만났다. 휘하 지휘관들은 스쿼럴 호가 짐을 너무 많이 싣고 포를 너무 많이 탑재한 까닭에 악천후에서는 위험하다고 경고했지만 길버트는 조언을 무시하고 – 그의 성격은 적어도 이런 측면에서 일관성이 있었다 – 자신이 아끼는 스쿼럴 호에 탄 채로 항해를 계속했다.

9월 9일 그의 배는 폭풍에 거의 삼켜질 뻔했다. 다음 날 밤 골든하인드 호가 부르면 들리는 거리까지 가까이 갔을 때, 길버트는 "우린 바다에서도 땅에서만큼 천국 가까이 있다네!"라고 소리쳤다고 하며 갑판의 램프 불빛에 의지하여 책을 읽는 모습이 목격되었다고 한다. 그날 밤늦은 시각 스퀴럴 호의 불빛이 사라졌고 이른 새벽 무렵 배는 온데간데 없었다. 배는 모든 선원과 함께 침몰해버렸다. 공교롭게도 그가 읽고 있었다고 알려진 책은 1516년에 출간된 토머스 모어의 『유토피아』로, 허구의 신세계에 있다는 어느 섬의 사회를 풍자적으로 묘사한 저작이었다.

험프리 길버트 경이 파도 속으로 빨려 들어갈 때 마지막으로 했던 생각의 골자는 아마도 토머스 모어의 종교·정치사상이었을 것이다. 토머스 모어는 열렬한 가톨릭 철학자였으므로 프로테스탄트 왕국에서 그건 좀 위험한 사상이었다. 하지만 최후의 거대한 파도가 그의 배를 집어삼키는 순간에 그건 걱정거리도 아니었을 것이다. 그는 – 적어도 그만의 방식으로 – 브리튼 역사상 네 번째 제국 건설의 첫 삽을 떴다.

1603년 스코틀랜드의 제임스 6세는 잉글랜드의 제임스 1세로서 잉글랜드 왕위에 올랐고, 그 이듬해에 스페인과의 종전을 협상했다. 이것이 19년간의 적대에 종지부를 찍은 런던 조약이다. 이제 잉글랜드는 이미 수립된 스페인 제국에서 창출된 수익을 먹잇감으로 삼는 대신에 자신만의 식민지를 건설하는 데 집중할 수 있게 되었다. 그리고 합자회사들을 설립해 식민지 건설 자금을 충당했다. 일례로 동인도회사는 1600년 12월 31일 엘리자베스 1세의 특허를 얻었다. 1606년 설립된 런던회사

와 플리머스회사는 아메리카를 담당했다.

스페인과 적대하던 시기, 북아메리카 동해안에 식민지를 세우려는 시도들이 일찍이 행해졌다. 로어노크 섬에는 1585년에 정착촌이 세워졌지만 보급이 끊겨 1590년에 버려진 채로 발견된 바 있었다. 그래서 잉글랜드 최초의 식민지 벤처 투자를 회수해줄 곳은 카리브 해가 되었다. 1605년 세인트루시아, 1609년 그레나다 등지에서 몇 차례 정착 시도가 행해졌지만 초기의 시도들은 전부 놀라우리만치 빠르게 실패했다. 하지만 경험과 시행착오 끝에 마침내 1624년 세인트키츠, 1627년 바베이도스 등지에 식민지가 성공적으로 세워졌다. 하지만 이들 섬에서는 금은이 발견되지 않았으므로 이 식민지들은 포르투갈인이 브라질에서 개척한 체제, 즉 노예 노동에 의존하는 설탕 플랜테이션 체제를 모방했다. 영국 식민지들은 계약 노동자를 수입하고 이송된 범죄자들도 활용했지만, 카리브 해의 섬들과 훗날 아메리카 식민지들의 플랜테이션 체제를 정의한 것은 바로 노예제였다. 이후 20여 년간 카리브 해는 잉글랜드 제국의 제일 값진 자산 중 하나가 되었다.

1607년, 북아메리카 동부 해안에 잉글랜드 최초의 영구 정착촌인 제임스타운이 세워졌다. 초기에 이곳을 관리한 주체는 (런던버지니아회사라는 이름으로도 알려진) 런던회사였다. 회사가 동부 해안에서 불하받은 영토는 북위 41도의 롱아일랜드 해협으로부터 남쪽으로 북위 34도의 피어 곶까지 이르는 아주 큰 땅덩어리였다. 제임스타운 정착촌이 세워진 제임스 강 유역은 강 하구인 체사피크 만으로부터 상류로 64킬로미터를 거슬러 올라간 지점이었다. 1620년에는 잉글랜드에서 종교 박해를 피해 건너온 – 당시에는 '필그림스Pilgrims'로 알려진 – 청교도 정착민들이 플리머스를 세웠다. 그로부터 8년 뒤에는 매사추세츠만회사의 주주들에 의해 매사추세츠만 식민지가 세워졌고, 이후 10여 년

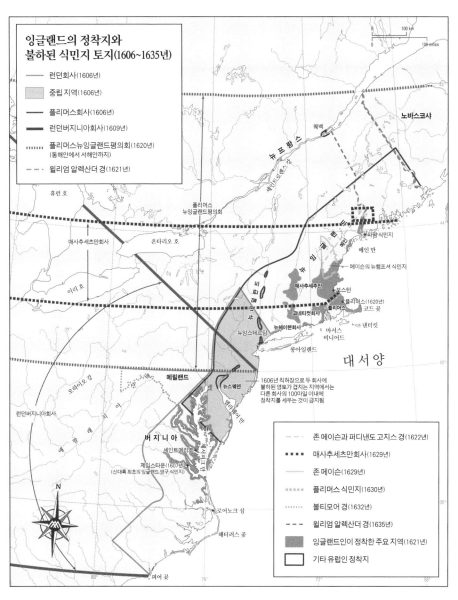

잉글랜드의 정착지와 불하된 식민지 토지(1606~1635년)

——	런던회사(1606년)
▨	중립 지역(1606년)
——	플리머스회사(1606년)
━━	런던버지니아회사(1609년)
⋯⋯⋯	플리머스뉴잉글랜드평의회(1620년) (동해안에서 서해안까지)
– – –	윌리엄 알렉산더 경(1621년)

휴런 호

매사추세츠만회사

온타리오 호

이리 호

뉴프랑스

퀘벡

노바스코샤

플리머스
뉴잉글랜드평의회

피황식민지

메인 만

메이슨의 뉴햄프셔 식민지

매사추세츠만

보스턴

플리머스(1620년)

코드 곶

코네티컷회사

낸터킷

뉴헤이븐회사

뉴암스테르담

마서스
비니어드

롱아일랜드

오하이오 강

메릴랜드

뉴스웨덴

버지니아

런던버지니아회사

세인트메리스

제임스타운(1607년)
(신대륙 최초의 잉글랜드 영구 식민지)

로어노크 섬

해터러스 곶

피어 곶

대서양

1606년 칙허장으로 두 회사에
불하된 영토가 겹치는 지역에서는
다른 회사의 100마일 이내에
정착지를 세우는 것이 금지됨

—·—	존 메이슨과 퍼디낸도 고지스 경(1622년)
■■■■	매사추세츠만회사(1629년)
——	존 메이슨(1629년)
⊠⊠⊠	플리머스 식민지(1630년)
⋯⋯	볼티모어 경(1632년)
– – –	윌리엄 알렉산더 경(1635년)
▨	잉글랜드인이 정착한 주요 지역(1621년)
☐	기타 유럽인 정착지

지도 39. 회사와 유력한 개인들에게 불하된 식민지 토지는 부정확한 지도와 측량 때문에 서로 겹치는 경우가 빈번했다.

간 2만여 명의 정착민이 뉴잉글랜드로 향했다. 새로 밀려든 정착민들은 황금과 같은 보물을 발견하지 못했지만 자급용 농작물 생산에서 구원의 길을 찾았고 얼마 후에는 담배나 인디고 같은 작물도 생산하여 수출함으로써 현금 수입을 올렸다.

더욱 많은 잉글랜드 정착민이 비슷한 생각을 갖고 종교의 자유를 좇아 뒤를 따랐다. 1634년에 세워진 메릴랜드는 로마가톨릭교도의 새 보금자리가 되었고, 그 이듬해에는 로드아일랜드가 모든 종교적 신조를 포용하는 - 실제로 환영하는 - 식민지로서 세워졌다. 1639년에 세워진 코네티컷은 회중교회Congregationalism 신도들을 확실히 더 선호했고, 캐롤라이나 식민지는 1663년에 개척되었다.

식민지들이 성장하자, 1651년 의회는 오직 잉글랜드 선박만 식민지의 산물을 싣고 본국을 오갈 수 있다는 결정을 내렸다. 그전에는 네덜란드 선박들이 이 무역을 지배했다. 물론 네덜란드는 이 결정에 크게 화를 냈으므로 영국과 네덜란드 사이에 잇따라 전쟁이 터졌다. 그 결과는 주로 영국 쪽의 이득으로 돌아오게 된다. 1624년 네덜란드는 맨해튼 섬 남단에 정착촌을 세웠다. 이 지역의 다른 네덜란드 정착촌들을 보호하기 위한 요새도 세웠다. 뉴암스테르담이라는 이름의 이 맨해튼 정착촌은 다른 네덜란드 정착촌들과 더불어 훗날 네덜란드공화국의 외부 영토가 되었다.

영국-네덜란드 전쟁의 결과로, 그러나 잉글랜드와 네덜란드공화국이 잠시 화평 중이던 1664년 8월 27일, 잉글랜드의 프리깃함 네 척이 뉴암스테르담 항구에 들어와서 즉각 항복을 요구했다. 이듬해 뉴암스테르담은 잉글랜드 식민지에 편입되었고, 훗날 잉글랜드 국왕 제임스 2세가 된 당시 요크 공작의 이름을 따서 뉴욕으로 개칭되었다. 잉글랜드는 동부 해안의 식민지를 계속 늘려나가며, 북쪽의 프랑스 식민지와 멀리 남쪽의 스페인 식민지만 남기고 여타 유럽 경쟁국들을 몰아냈다.

북아메리카의 영국 식민지에서 농업의 수익성이 높아지면서 토지 수요가 증가했고, 이는 몇 가지의 중요한 전개로 이어졌다. 첫째로, 특히 캐롤라이나의 담배·쌀 플랜테이션에서 노동력 수요가 증가하면서 아프리카인 노예가 대거 수입되었다. 이 노예들의 공급책은 왕립아프리카회사였는데, 1660년 잉글랜드 왕실과 런던 상인들이 설립한 이 회사는 잉글랜드 식민지에 노예를 독점 공급할 권리를 갖고 있었다. 둘째로, 그전에 인가받은 회사들과 식민지 정부들이 서쪽에 펼쳐진 광대한 토지의 소유권을 주장했는데, 불하된 토지가 서로 겹치는 경우가 빈번했던 탓에 서로 다른 주체들이 같은 땅의 소유권을 주장하면서 숱한 분쟁이 빚어졌다. 셋째로 땅에 굶주린 자발적 식민 개척자들이 최초의 해안 정착지로부터 서쪽으로 밀고 들어가며 과거에 아메리카 원주민이 누렸던 땅을 점령해나갔다. 이렇게 급변하는 상황에서, 1681년 윌리엄 펜William Penn이 잉글랜드로부터 퀘이커교도의 대규모 이주를 독려하기 위해 펜실베이니아 식민지를 세웠다.

노예무역의 결과로 1650년부터 1780년까지 식민지에서 아프리카계 혈통의 인구가 급증했다. 노예무역은 이른바 삼각무역의 중요한 일부가 되었다. 이는 잉글랜드에서 아프리카로 공산품을 수출하고, 그 대가로 노예를 받아 아메리카에 수출하고, 다시 그 대가로 담배와 인디고와 기타 산물을 받아 잉글랜드에 수출하는 무역을 말한다. 이 무역은 영국의 항구도시들, 특히 브리스틀과 리버풀에 수익을 가져다주었다. 카리브 해에서는 전체 인구 중 아프리카계의 비율이 80퍼센트까지 증가했다. 그리고 북아메리카 식민지, 특히 플랜테이션이 많은 남부에서는 아프리카계 인구가 40퍼센트에 달했다.

영국 정부는 영토를 북아메리카의 넓은 지역으로 늘리기 위해 계속

북아메리카의 잉글랜드 제국
(1685년 제작된 지도에 근거함)

N

50°

40°

뉴앨비언

들소가 가득한 지대

산타페

30°

20°

뉴스페인

멕시코시티

태평양

뉴스페인 해

10°

240°　　　　230°　　　　220°　　　　210°

지도 40. 1685년에 제작된 지도를 재현한 것으로, 식민지 통치가 어떤 지도에 의거하여 불하되었는지를 예시로 보여준다. 당시 북아메리카 서부는 아직 지도가 그려지지 않았고, 캘리포니아는 섬으로 여겨졌다.

해서 다양한 회사에 왕실 특허장을 수여했다. 1670년 국왕 찰스 2세는 허드슨만회사에 왕실 특허장을 교부했다. 허드슨 만 유역 분지, 그러니까 당시 '루퍼츠랜드Rupert's Land'라는 이름으로 알려진 150만 제곱마일 면적의 영역이 이 회사의 근거지였다. 이 회사는 모피 무역의 개척에 집중했고, 이를 위해 요새와 무역 기지들의 계열망을 구축했다.

　1695년, 스코틀랜드인들은 자기들도 신세계에 스코틀랜드 식민지를 수립할 때가 되었다고 판단했다. 머리 회전이 빠른 여러 저지대인의 견해는 '어, 그래? 잉글랜드 놈들도 하는데 우리가 못할 게 뭐람?'으로 요약될 수 있었다. 그 결과로 스코틀랜드 의회법에 의해 스코틀랜드 회사가 설립되어 인도·아프리카·아메리카와 스코틀랜드 간의 무역에 대한 독점권을 보장받게 되었다. 주식 공모로 총 40만 스코틀랜드파운드가 모였을 때 '다리엔 계획Darien Scheme'이라는 사업이 입안되었다. 최종적으로 이 계획은 당시 스코틀랜드 내에서 유통되던 모든 화폐의 20~25퍼센트를 빨아들였다. 이 사업의 기본 구상은 파나마 지협의 전략적 거점에 무역 식민지를, 즉 '뉴에든버러'를 건설하자는 것이었다. 물론 이곳은 이미 성공한 스페인 정착지로 둘러싸여 있었다. 또한 이 계획은 잉글랜드가 이 지역에서 기존에 수립해놓은 이해관계에도 위협이 될 터였다.

　스코틀랜드 배 다섯 척으로 구성된 원정대가 1698년에 출발했다. 다리엔 만에 도착한 정착민들은 '세인트앤드루 요새'를 짓고 '칼레도니아' 건설에 착수했다. 하지만 막상 가보니 농사와 수렵이 어려울 정도로 기후가 극단적이어서, 정착민들이 새로운 보금자리에 적응하기가 불가능해지는 않더라도 힘겨웠다. 질병으로 수많은 사람이 죽어나가기 시작했다. 그로부터 불과 8개월 뒤, 남은 생존자들은 정착지를 포기하고 떠났다. 전갈을 보내 2차 원정대의 출항을 막기에는 너무 늦어버린 탓에, 2차 원정대가 재보급을 위해 1699년 11월 칼레도니아 만의 세인트앤드루 요새에 파견되었을 때 그들이 발견한 건 폐허뿐이었다. 인근에 건설된 스페인 요새가 이곳을 마주 보고 있었으므로, 그들은 스페인 측의 공격을 예상하고 버려진 세인트앤드루 요새를 일부 개축했다. 그러는 동안에도 스코틀랜드 정착민들의 사망률은 어마어마했다. 인근에 세워진 요새에서 그들과 대치 중이던 스페인인들은 좀 더 단련되어 있었지만 그들도 사망률은 엇비슷했다. 얼마간의 협상 끝에, 스코틀랜드인들은 총기와 장비를 가지고 '뉴에든버러'를 떠날 수 있다는 보장을 받은 뒤 마침내 최종적으로 식민지를 포기했다. 정착민 총 2,500명 중 생존자는 400명 남짓이었고 생전에 스코틀랜드 땅을 다시 볼 수 있었던 사람은 그보다 더 적었다.

이 재앙은 본국인 스코틀랜드에 심대한 파장을 가져왔다. 이 나라의 거의 모든 가족이 저축의 일부나 전부를 이 사업에 투자한 터였다. 이는 스코틀랜드가 1707년 연합법에 의해 잉글랜드와 합병하게 되는 동기를 부여했다. 스코틀랜드가 파산 직전으로 치닫자, 이제 스코틀랜드의 엘리트들은 '다리엔 계획'이라는 대참사의 여파에서 빠져나올 최선의 방책으로서 성공한 기존 강대국의 일부가 되는 걸 고려하기에 이른 것이다. 그리하여 잉글랜드와 스코틀랜드의 합병으로 그레이트브리튼 왕국이 탄생했고, 잉글랜드 제국은 대영제국이 되었다.

1688년, 새로운 왕조가 '무혈혁명'의 명예를 입고 영국의 왕위를 차지했다. 잉글랜드 국왕 제임스 2세(스코틀랜드 국왕으로서는 제임스 7세)가 축출되고 네덜란드의 빌럼(윌리엄) 3세와 그의 아내 메리 2세가 영국 왕위에

오른 것이다. 이는 영국과 네덜란드가 동맹이 되었음을 의미했다. 동맹을 맺은 그들은 9년 전쟁(아메리카에서는 '윌리엄 왕 전쟁'이라고 부른다)에 뛰어들었다. 이는 유럽과 그들의 식민 영토에서 치러진 국제전이었다.

그다음에는 스페인 왕위 계승 전쟁(이건 '앤 여왕 전쟁'이라고도 부르는데, 혼란만 더 가중시킬 뿐이다)이 이어졌다. 이 또한 유럽과 북아메리카 영토에서 치러졌다. 이 혼돈의 피바다는 13년간 지속된 뒤 1713년 위트레흐트 조약으로 종결되었다. 이 혼란의 와중에서 대영제국은 다시금 – 노바스코샤와 뉴펀들랜드 등지의 중요한 지역을 비롯하여 – 많은 영토를 수복하고 획득했다. 18세기 중엽에도 유럽 식민 영토의 주변부에서 국지전이 계속되었지만, 1756년에 이르자 대부분 영국과 프랑스 간의 싸움이 되었고, 이는 다시 7년 전쟁으로 이어졌으며, 이 전쟁이 1763년 파리조약으로 종결되면서 북아메리카에서 영국의 패권이 공식화되었다. 이제 많은 학자들이 '제1차 대영제국'이라고 부르는 실체가 명확해졌다. 이는 북아메리카와 카리브 해를 중심으로 하는 제국이었지만 아프리카, 아시아, 특히 인도에도 점점 더 관심을 기울이고 있었다.

제국의 이론 – 제국이 존재하고 성장하고 쇠퇴하는 이유 – 에 대해 많은 학자들이 다양한 논문과 연구를 내놓았다. 일례로 해퍼드 매킨더Halford Mackinder의 '심장부 이론'(1904년)은 – '세계섬 이론'이라고도 한다 – 유라시아의 핵심 영역을 장악한 국가가 궁극적으로 세계를 지배할 수 있다는 것을 보여주었다. 그는 이 이론을 다음과 같이 간략하게 표현했다.

동유럽을 통제하는 자가 심장부를 지배한다.

심장부를 통치하는 자가 세계섬을 지배한다.

세계섬을 통치하는 자가 세계를 통치한다.

제국의 문제는, 이런 온갖 이론이 무색하게도 이 이론가들이 제시한 전망을 실현시킨 제국이 단 하나도 없었다는 것이다. 제국들을 검토하면서 나는 모든 제국이 그들의 핵심부를 방어하면서 생겨났다는 점에 주목했다. 일례로 러시아는, 러시아 핵심부를 보호하기 위한 정복과 착취를 통해 외부 확장을 거듭하여 1860년에는 서쪽으로 폴란드, 동쪽으로는 북아메리카의 영국령 캐나다 변경까지 이르렀다. 러시아가 적실한 사례인 것은, 이 나라가 매킨더의 '심장부 영역'에 걸쳐 있음에도 세계를 지배하는 강대국이 되는 데는 이상하게도 실패했기 때문이다. 서구 세력은 러시아의 핵심 영토를 두 차례 침략했는데 - 첫 번째는 1812년 나폴레옹, 두 번째는 1941년 히틀러 - 둘 다 두들겨 맞고 쫓겨났다. 하지만 1905년에 러시아는 동쪽 변경에서 신흥 제국인 일본과 짧은 전쟁을 치른 뒤 패배하여 세계를 놀라게 했다. 러시아의 가장 큰 문제는 그 광활한 면적과 지리에 있다. 러시아의 함대들은 1년 중 상당한 기간 동안 얼음에 갇힌다. 러시아의 육군은 산맥과 수백만 제곱마일에 걸친 지대에 둘러싸여 있으며, 인구가 희박한 이 광활한 지대는 더 이상의 팽창을 지원할 만한 자원이 부족하다. 세계를 지배하는 강대국이 된다는 건 핵심 지역의 능력을 넘어서는 일이었다.

❖❖❖

대영제국으로 되돌아와보자. 1763년 이후 그레이트브리튼 왕국과

지도 41. 해퍼드 매킨더가 1904년에 발표한 '역사의 추축 Pivot of History' 이론은 지정학적 분석을 지구 전체를 포괄하는 범위로 확장시켰다.

북아메리카 13개 식민지의 관계는 점점 더 불편해졌다. 런던의 정부가 식민지에 부과하는 세금 때문이었다. 물론 식민지는 영국 정부의 보호를 필요로 했다. 붉은 군복을 입은 영국의 씩씩한 젊은이들은 복수심에 불타는 인디언들을 저지하고 북아메리카 식민지 시가지의 질서를 유지함으로써 식민지를 위한 방패막이가 되어주었다. 잘 훈련된 육군과 해군은 언제나 믿음직한 존재였다. 하지만 이 세금이 식민지 주민에게는 너무나 과중했기에, 그들은 영국 국민의 권리를 내세우며 불평하고 투덜거리기 시작했다. 여전히 스스로를 잉글랜드인 혹은 영국인으로 여겼던 많은 식민지인은 '대표 없이 과세 없다'고 외치며 자신들도 런던의 의회에 대표를 파견할 권리가 있다고 주장했다. 하지만 영국 정부는 영국의 직접 지배를 지원하는 군대를 파견함으로써 고압적으로 대

허드슨만회사
슈피리어 호
인디언 보호 구역
퀘벡
퀘벡
페놉스코트족
노바스코샤
몬트리올
아베나키족
매사추세츠
휴런 호
뉴햄프셔
팔머스
온타리오 호
콩코드
포츠머스
올버니
뉴욕
매사추세츠
보스턴
코드 곶
스프링필드
이리 호
이로쿼이족
코네티컷
프로비던스
반스터블
하트퍼드
뉴포트
뉴헤이븐
델라웨어족
펜실베이니아
뉴욕
로드아일랜드
마이애미족
피츠버그
랭커스터
뉴저지
요크
필라델피아
대 서 양
윌밍턴
인디언 보호 구역
헤이거스타운
메릴랜드
볼티모어
아나폴리스
델라웨어
쇼니족
체서피크 만
버지니아
핀캐슬
리치먼드
제임스타운
노퍽
치커소족
애빙던
워런턴
세일럼
힐즈버러
솔즈베리
롤리
노스캐롤라이나
뉴번
팸리코 만
샬러츠버그
체로키족
카토바족
엘리자베스타운
윌밍턴
캠던
사우스캐롤라이나
오거스타
찰스타운
조지아
서배너
크리크족
이스트플로리다
세미놀족
0 200 km
0 200 miles
N
48°
44°
40°
36°
32°
84°
80°
76°
72°
68°
1763년 선언선
1763년 선언선. 이 선은 국왕 직할령 퀘벡과 이스트/웨스트플로리다를 제외한 애팔래치아 산맥 서부에 개척민의 정착을 금지했다. 그리고 서쪽으로는 스페인령 루이지애나, 북쪽으로는 허드슨만회사까지 이르는 영역에 인디언 보호 구역을 지정했다.
메이슨 딕슨 선. 메릴랜드의 북쪽 경계를 정의하는 이 선은 1763~1764년에 그어졌다.
정착이 이루어진 지역
요새
크리크족 인디언 부족

지도 42. 1763년 10월에 내려진 국왕 포고령은 애팔래치아 산맥을 따라 그어진 선 너머로의 이주와 정착을 금지했다. 이 지역은 인디언 보호 구역이 되었다.

응했고, 결국 1775년 전쟁이 터졌다. 식민지들 입장에서 독립을 위한 움직임은 이미 시작되어 있었다. 이른바 제국 충성파의 다수는 자신을 영국인으로 여겼고 영국과의 결별은 반역 행위로 비칠 수도 있었음에도, 이미 문화적 변화를 경험한 대다수 주민은 스스로를 아메리카 식민지에 사는 미국인으로 여기기 시작하고 있었다.

1776년에 이르자, 영국 지배로부터의 독립 감정이 고조되고 있던 식민지들은 '국가들 States'이 되었고 한데 모여 - '합중 United' - 1776년 독립선언서를 발표했다. 그 후 이어진 전투에서 양측은 팽팽한 공방전을 펼쳤지만, 1778년 프랑스가 참전하면서 - 특히 1781년 요크타운 포위전 이후로 - 전황은 미국에 유리해졌다. 요크타운 전투에서 프랑스의 지원을 받은 식민지 미국인들은 영국군 상당수의 항복을 받아냈다. 이 참패, 혹은 - 여러분이 누구 편을 드느냐에 따라 - 승리 이후 양측은 강화 조건을 협상하기 시작했고, 1783년 파리 조약이 조인됨으로써 조지 워싱턴을 초대 대통령으로 한 새로운 국가가 탄생했다.

미국 헌법을 제정하기 위한 논의 과정에서, 새롭게 미국 시민이 된 이들 중 일부는 조지 워싱턴에게 미국 국왕의 칭호를 수락할 것을 종용하기도 했다. 하지만 그들은 (역시 조지라는 이름의) 왕 한 명을 방금 내쫓은 참이었으므로 워싱턴은 이 제안을 받아들이지 않았다. 왕정이라는 발상이 미국인들에게 개운치 않은 뒷맛을 남길 거라고 생각했기 때문이었다. 그럼에도 무려 10만에 달하는 왕당파가 새로 독립한 합중국을 떠나 제국 내의 다른 곳으로 이주했다. 이로써 일부 학자들이 제1차(혹은 내 식대로라면 제4차) 대영제국이라고 부르는 것이 종말을 맞았다.

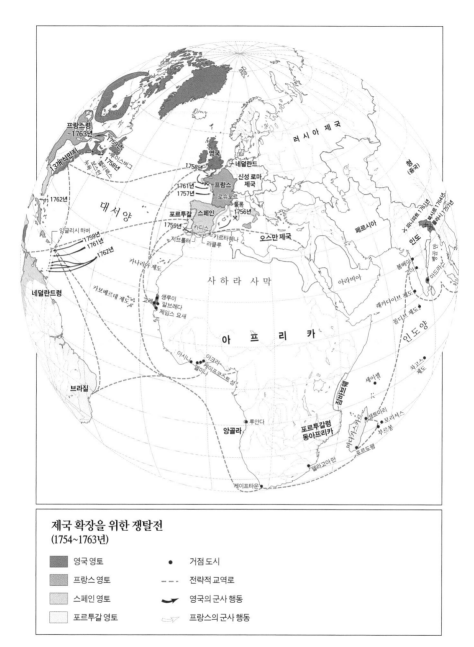

제국 확장을 위한 쟁탈전
(1754~1763년)

■ 영국 영토   ● 거점 도시

▨ 프랑스 영토   --- 전략적 교역로

▨ 스페인 영토   ↩ 영국의 군사 행동

☐ 포르투갈 영토   ↪ 프랑스의 군사 행동

지도 43. 이 쟁탈전은 최초의 세계대전급 전쟁으로 비화했고, 전 세계로 제국을 확장하고자 기도한 유럽 열강 대부분이 이 전쟁에 연루되었다.

이제, 일부는 제2차, 나는 제5차 대영제국으로 부르는 대영제국의 재편성이 시작되었다.* 미국 독립 전쟁으로부터 50여 년 전에 영국은 중대한 경제적 변화를 겪은 터였다. 이제는 산업혁명이 순항 중이었고 영국은 세계를 이끄는 산업 강국이 되어 있었다. 미국 식민지를 상실한 뒤, 이 나라에는 그런 식민지의 필요성보다 전 세계적 자유무역을 확립할 필요성이 더 중요하다는 정서가 존재했다. 이제 영국은 다른 나라들을 잠재적 식민지로서보다는 잠재적 시장으로 여기고 있었다 – 물론 그것이 그렇게 단순하지만은 않았다. 그 후로도 영국은 아주 기회주의적인 방식으로 영토를 하나씩 하나씩 장악해나가게 된다. 그 배후의 동기 중 하나는 영국으로 실어 와서 공산품으로 바꿔 재수출할 수 있는 광물과 자원을 통제하려는 욕망이었다.

영국이 그 힘을 행사한 수단은 바로 성장하는 해군이었다. 영국 해군은 나폴레옹 전쟁 중에도 계속 성장해서 아주 정밀하게 조율된 무기가 되었다. 영국 해군은 1789년과 1815년 사이에 나폴레옹의 상대적으로 단명한 제국을 유럽 대륙 안에 묶어두었을 뿐만 아니라 영국이 세계의 대양을 제약 없이 마음대로 오갈 수 있게 해주었다. 비록 캐나다와 카리브 해의 제도들은 여전히 대영제국의 요긴한 영토로 남아 있었지만, 그 축은 이제 아시아로 옮겨갔다. 동인도회사는 인도 아대륙에 보유한 영토를 확장해나가며 인도의 산물과 무역을 착취하여 수익을 올렸고, 동남아시아에서 영국이 보유한 지분 또한 영토적으로 계속 확대되면서 경제적 중요성을 더해갔다.

과거 영국은 미국 식민지에 범법자들을 유배 보내서 노예로 부려먹

---

* 나는 제5차 대영제국의 끄트머리에 태어났다. 이는 가장 최근에 존재했고 – 물론 선출된 자치 정부와 '민족' 집단의 권리라는 현대적 개념에 의거할 때 제국의 성공을 어떻게 판단하느냐의 문제를 유념해야겠지만 – 가장 성공한 대영제국이었다. 내가 1946년에 태어났을 때의 제국 판도는 아마도 최대였겠지만, 그로부터 20년 뒤에는 거의 전부가 사라지고 없었다.

었는데, 미국 식민지를 상실한 뒤 영국의 관심은 오스트레일리아에 집중되었다. 이를 제안한 사람은 코르시카 혈통에 미국 태생의 왕당파였던 제임스 마리오 마트라James Mario Matra였다. 1770년 제임스 쿡과 함께 보타니 민을 항해했던 그는 오스트레일리아를 제국 충성파를 위한 식민지로 고려할 여지가 있다고 제안했다. 하지만 영국 정부가 그의 아이디어를 받아서 적용한 결과는 세계의 머나먼 반대편에 새로운 식민지를 만들어 잡범들을 이송한다는 것이었다. 이 가련한 영혼들은 대부분 하층 계급 출신으로, 모르긴 몰라도 값을 지불하는 걸 깜빡 잊은 채 애플파이 한 조각을 들고 있다가 잡혀온 이들이었다. 한편 제임스 마트라는 시드니 교외의 마트라빌이라는 지명 속에 남아서 오래도록 기억되고 있다.

본국에서는 점점 확장되는 영국의 영토에 대한 측량이 개시되었다. 하지만 과학적 측량이라는 개념은 프랑스인의 것이었다. 1783년, 당대 최고의 지도 제작 가문으로 유명했던 카시니 집안(제12장 참조)의 세자르 프랑수아 카시니 드 튀리(카시니 3세)는 영국 정부에 합작 벤처 사업을 제안했다. 정부는 당황했다. '맙소사, 프랑스 놈들이 이번엔 또 무슨 짓을 꾸미려는 거지?' 뭐라고 답해야 할지 도무지 알 수 없었던 정부는 프랑스의 왕립아카데미 격인 영국의 왕립학회에 이 문제를 떠넘겼다. 카시니는 그리니치 천문대와 파리 천문대의 상대적인 위도와 경도를 정확히 알기 위해 두 곳을 연결하는 삼각측량을 하자고 제안한 것이었다. 그러면 두 나라를 한데 묶은 지도를 개발하는 데 도움이 될 것이고, 이렇게 나라를 하나씩 더해나가면 결국 과학에 의거한 세계지도를 만들

수 있을 것이라는 구상이었다.

카시니의 제안으로, 그때까지 영국의 지도 제작술이 열등했다는 – 아니면 적어도 도외시되어왔다는 – 사실이 명백해졌다. 왕립학회가 이 문제를 타진해보고서 적임자로 선정한 인물은 윌리엄 로이William Roy였다. 로이는 1745~1746년 자코바이트의 반란 직후에 데이비드 왓슨 대령이 이끌었던 스코틀랜드 고지대의 세부 측량에 참여한 바 있었다. 반란군을 검거하는 임무를 띤 정부군의 입장에서 고지대는 잘 알려지지 않은 땅이었기 때문이다. 국지적 지리의 세부는 아주 개략적이었고 현지인들은 게일어를 썼다. 그래서 정부군은 엉뚱한 사람을 체포하는 – 최악의 경우에는 살해하는 – 일이 빈번했다.

그 후 로이는 왕립공병대에서 성공적인 경력을 쌓아 소장까지 진급했고, 영국 측 측량의 대부분을 책임지게 되었다. 그전에도 로이는 영국 전역을 측량하기 위해 정부의 관심을 끌고자 노력했지만 정치인들은 별로 열의를 보이지 않았다. 이를 위해서는 프랑스의 자극이 필요했다. (쿡의 태평양 원정대에 참여했던) 조지프 뱅크스 경(제10장의 '제임스 쿡' 부분 참조)은 로이에게 이 작업을 맡길 것을 제안했고, 로이도 그 제안을 받아들였다. 로이의 기술력과 통솔력은 이후에 그의 작업을 선례로 삼은 모든 이들에게 아주 높은 기준을 정립했다. 그는 정부로부터 수주를 따내기 위해 예산안을 아주 낮게 잡아 제출했다. 지금과 마찬가지로 당시에도 영국 정부로부터 혁신적인 투자를 받기란 힘겨웠지만, 결국 정부는 이 장기적이고도 따지고 보면 가치 있는 과업을 추진해나갔다.

1784~1790년의 영국-프랑스 합동 조사는 영국 측의 기선 측량으로 시작되었다. 하운슬로 히스의 평탄한 땅 위에 고정된 이 기선은 현재의 히스로 공항 북쪽 활주로 바로 밑에서 시작하여 햄튼의 햄튼 구빈원에서 끝났다. 기선 측량이 마무리되던 무렵 로이는 기기 제작자인 제시

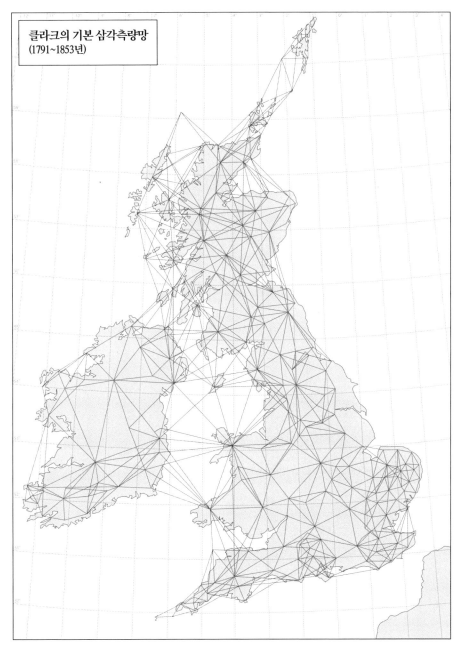

클라크의 기본 삼각측량망
(1791~1853년)

지도 44. 브리튼 제도에 대한 기본 삼각측량principal triangulation은 최초의 정밀한 삼각측량으로, 1791년부터 1853년까지 수행되었다.

램즈던 Jesse Ramsden에게 새 경위의theodolite(수평각과 연직각을 측정하는 측량 도구)를 주문했다. 하지만 램즈던의 완벽주의적인 성격으로 납품이 한참 지체되는 통에, 로이와 램즈던 사이에 오간 편지에는 왕립학회의 최종 보고서에서 삭제해야 될 정도로 가시 돋친 말이 오르내리기에 이르렀다. 이런 거친 언사에도 불구하고 경위의는 1787년에 배달되었고 현장에 배치되자마자 제 값어치를 했다.

이 조사는 1790년에 마무리되었고, 윌리엄 로이 소장은 그로부터 얼마 지나지 않은 7월 1일에 사망했다. 그 이듬해에 조지 3세는 군사 계획의 일환으로 전국 측량을 개시했다. 1789년 프랑스 혁명이 터지면서 카시니 일가는 혁명 세력의 눈 밖에 나게 된 터였다. 전운이 드리우고 있었다. 영국에 더 좋은 지도가 필요해졌다. 1801년에 최초의 1마일당 1인치(1 : 63,360 축척) 지도가 발행되었다. 영국-프랑스 합동 조사가 이루어졌던 켄트 주의 지도였다. 그다음에 발행된 에식스 지도는 영국 육지측량부 지도의 양식을 정립했다. 영국 전체의 삼각측량이 완료된 건 1841년이었다. 이는 1858년에 재능 있는 수학자이자 저술가이자 왕립 공병대의 장교인 알렉산더 로스 클라크Alexander Ross Clarke의 노력에 힘입어 한층 더 개선되었다.

━━━━◆◦◆◦◆━━━━

한편 세계 저편의 인도에서는 1767년 동인도회사가 지도제작부를 설치했다. 이는 회사가 인도에 소유한 영토의 정확한 범위를 확인하는 데 매우 요긴했다. (이렇게 제작된 지도들은 필시 회사의 대차대조표를 보기 좋게 꾸며주었을 것이다.) 인도 전역에 걸친 최초의 과학적 측량은 1793~1796년에 수행되었고, 1802년에 시작된 대삼각측량Great

Trigonometrical Survey은 완수되기까지 50년이 걸렸다. 이 방대한 사업에 착수한 사람은 윌리엄 램턴William Lambton 대령이었는데, 우연찮게도 그 또한 완벽주의자 제시 램즈던이 제작한 대경위의를 사용하게 된다.

램턴은 인도 대삼각측량을 배후에서 추동한 주요 인물이었나. 그는 미국 독립 전쟁에 참전했고, 전쟁이 끝난 뒤에는 인도로 가서 훗날 웰링턴 공작이 된 아서 웰즐리Arthur Wellesley 밑에서 복무했다. 그는 새로운 임지에 부임하기 위한 준비로 입수 가능한 인도 지도를 모두 구해서 연구하고 더 정확한 측량이 필요하다는 결론을 내렸다. 여기에 필요한 허가를 받은 뒤 램턴이 취한 첫 번째 조치는 제시 램즈던의 놀라운 경위의를 주문한 것이었다. 이 기기는 제때 영국에서 발송되었지만, 그것을 실은 배가 그만 프랑스군에 나포되어 모리셔스로 끌려가고 말았다. 다행히도 이때는 신사적인 시대라, 프랑스인들은 그 과학적 중요성을 깨닫고 경위의를 인도로 보내주었다.

1802년 4월 10일, 램턴은 마드라스 시(현재의 첸나이) 인근에 기선을 잡으면서 측량을 개시했다. 그리고 거기서부터 남인도를 가로질러, 북위 13도를 따라 한 줄로 삼각측량을 해나갔다. 기존 지도들의 정확성에 대한 그의 의구심은 사실로 확인되었다. 그는 북위 13도에서 인도 반도의 폭을 575킬로미터로 계산했는데, 기존 지도들에 표시된 폭보다 70킬로미터가 짧은 값이었다. 측량의 첫 단계는 1806년에 마무리되었다. 동인도회사는 이 사업을 완료하는 데 약 5년이 걸릴 것으로 여겼지만 결국에는 69년이 걸렸다. 그것도 인도 전체가 아니라 동서와 남북으로 뻗은 삼각쇄들의 '격자망'만 측량한 것이었다. 램턴은 대측량의 완수를 향해 한결같이 일하다가 1823년 그의 임지에서 일흔 살의 나이로 사망했다. 그의 부관이었던 조지 이브리스트George Everest 대령이 그의 후임이 되어 이후 20년간 사업을 진행했다.

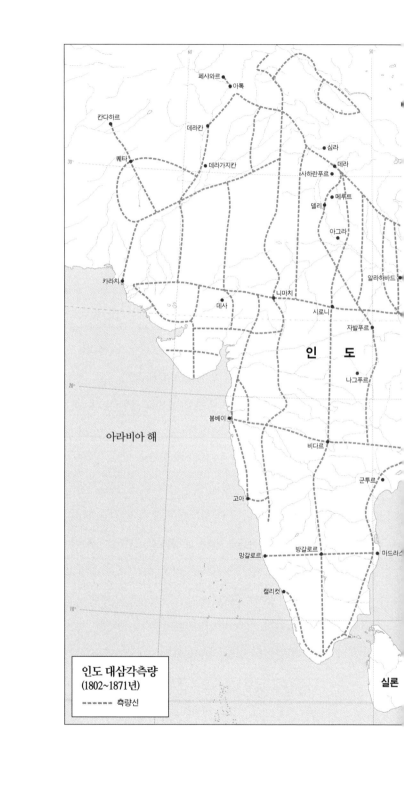

인도 대삼각측량
(1802~1871년)
- - - - - 측량선

베   트

라싸 ●

▲에베레스트산
● 다르질링

● 디브루가르

버   마

● 만달레이

● 캘커타   ● 치타공

● 쿠타크   ● 아키아브

프롬 ●   ● 통구

랑군 ●

벵골 만

● 메르귀

지도 45. 1802년부터 시작하여 1871년에 완료된 이 측량 조사에 힘입어, 영국 행정부는 인도 아대륙 내의 영토를 한눈에 꿰뚫어볼 수 있게 되었다.

1834년에 측량대는 히말라야 기슭에 다다랐고, 이후 9년간 이브리스트는 산맥 깊숙이까지 측량을 확대했다. 네팔과 티베트의 국경선에는 그냥 '15번 봉우리Peak XV'라고만 알려진 장엄한 산이 있었다. 이브리스트는 1843년에 퇴임했다. 그가 결국 자기 이름을 갖게 된 이 거대한 산을 보기는 했는지도 확실치 않다. '15번 봉우리'는 그 위치 때문에 인도 측량대에 금단의 영역이었다. 하지만 1849년 측량대는 그보다 낮은 정상들을 등정하여 서로 다른 여섯 방향에서 이 상엄한 봉우리를 경위의로 측정했다. 당시의 기술적·물리적 한계를 고려할 때 이 측정값이 하나도 일치하지 않은 것은 놀랄 일이 아니었다. 한 벵골인 서기가 그 결과를 전부 확인하고 측정값의 평균을 내보니 높이가 정확히 2만 9,000피트(8,839.2미터)로 나왔다. 그는 이브리스트의 후임인 앤드루 스콧 워Andrew Scott Waugh 측량대장의 집무실로 달려가 이 정보를 보여주었을 것이다. 애석하게도 그 이름이 역사 속에 묻혀버린 이 서기는 "대장님, 제가 세계에서 가장 높은 산을 발견했습니다!"라고 불쑥 내뱉었다. 워는 이 자료를 잠시 검토한 뒤 몇 년에 걸쳐 무수한 확인 작업을 진행했다. 인도의 수학자 라다나트 시크다르Radhanath Sikdar에게 측량대가 발견한 내용을 확인해서 '15번 봉우리'의 높이를 최종적으로 계산해달라고 의뢰하기도 했다. 시크다르의 최종적인 계산 결과는 벵골인 서기의 계산 결과와 일치하는 2만 9,000피트(8,839.2미터)였다. 워는 이 값이 너무 근사치처럼 보인다고 생각해서 총합에 2피트(0.6미터)를 더했다. 그때까지 측량대는 측량에 포함된 지형지물에 현지의 지명을 사용해왔지만, 이 특정한 산만은 그때그때 저마다 다른 명칭으로 인지되어온 터였으므로 워는 변함없이 사용될 명칭을 고르기가 불가능하다고 주장했다. 그래서 그 산에 자신의 전임자인 이브리스트의 이름을 붙이기로 했다.[*]

　　1857년 세포이 항쟁 이후 동인도회사가 해산되고 영국 정부가 인도를 직접 통치하게 된 뒤에도 워와 측량팀은 작업을 계속 이어나갔다. 정부는 인도 대삼각측량 조사 또한 이어받았고, 조사는 1871년에 마침내 마무리되었다. 이는 그때까지 시도된 것들 중 가장 큰 규모의 측량 조사였을 뿐 아니라 가장 힘겨운 환경에서 수행된 가장 어려운 측량 조사였다. 또한 이 조사가 완료된 후에도 인도 전체의 지도를 제작하는 더 큰 과업을 여전히 완수해야 했다. 하지만 이제는 훌륭한 작업의 표준이 확립되어 있었다.

나폴레옹 전쟁이 끝나고부터 제1차 세계대전이 시작되기 전까지 대략 2,600만 제곱킬로미터의 영토가 대영제국에 추가되었다. 이 영토에는 약 4억 명이 살았다. 영국은 이 영토를 직접 통치했고 세계 무역에서 우위를 점했기에 여러 나라 – 예를 들어 아르헨티나, 샴(현재의 태국), 그리고 중국의 넓은 지역 – 의 경제를 사실상 통제할 수 있었다. 영국의 세계 지배를 뒷받침한 건 여전히 영국 해군의 힘이었다. 당대의 과학적 경이는 넬슨 시대의 목재 군함으로부터 1860년대의 증기 철갑함, 1900년대 초에 새로 개발된 장갑 군함 – 1906년에 최초로 진수된 드레드노트 전함 – 으로의 진화를 이끌었다. 이런 노골적인 군사력 투입 덕분에 해군 함정들의 보호를 받은 대규모 상선단은 '해가 지지 않는' 제국을 연결하는 해로를 지배했다. 이 제국은 스페인, 네덜란드, 프랑스 등의 경쟁 제국을 물리치고 러시아 제국을 억누르는 데 성공했다.

---

* 여기서 알아두어야 할 것이 있다. 오늘날에는 이 산을 '에베레스트'라고 부르지만 정작 조지는 자신의 성을 '이브리스트'라고 발음했다는 사실이다. 그러니 다음번에 여러분이 맥줏집에서 퀴즈 게임을 할 때는 세계에서 가장 높은 산의 이름을 올바르게 발음해주길 바란다.

14

· 경도와 위도 ·

　내가 미국에 가고 싶다고 생각한 건 열 살 무렵이었을 것이다. 물론 나는 언젠가 리버풀에서 증기선을 타고 뉴욕으로 향하는 내 모습을 꿈꾸었다. 나는 3등급 선실보다 조금 좋은 선실에 몸을 싣고서 여행할 것이고, 대서양을 횡단하는 배는 폭풍에 그리 들썩이지 않으리라. 자유의 여신상 옆을 미끄러지듯 지나쳐 뉴욕 항에 도착할 때, 나는 배의 난간을 움켜쥔 채 한껏 몸을 내밀고서 맨해튼 고층 빌딩들의 첫인상을 눈에 담을 것이다. 실제로 내가 미국에 갔을 때는 30대 초반이었고 여정은 며칠이 아니라 정확히 일곱 시간이 걸렸다. 나는 맨체스터 공항에서 비행기를 타고 매사추세츠 주의 보스턴에 갔다. 뉴잉글랜드를 내가 아주 잘 아는 '올드 잉글랜드'와 비교해볼 생각이었다.

　미국을 여행할 때 내 머릿속에는 이 나라에 대해 30년간 쌓인 선입견이 들어 있었다. 나는 수십 권의 책을 읽었다. 콜럼버스 이전에 창촉을 가지고 이주한 클로비스인들, 초기의 스페인 탐험가들, 동부 해안의 첫 영국인 정착촌들(그중에는 보스턴에서 멀지 않은 정착촌들도 있었다), 초기의 이

주자들과 아메리카 원주민의 만남, 결국 영국 식민지에 제압당해 흡수되어버린 네덜란드 정착민들의 투쟁, 그 외에도 많은 것을 알았다 - 아니, 안다고 생각했다. 비행기 좌석에 앉은 내 손엔 버나드 베일린Bernard Bailyn의 『서부로의 항해사들Voyagers to the West』이 꼭 쥐어져 있었다. 하도 읽어서 손때가 묻고 책장 모서리가 접힌 책이었다. 왠지 모르게 이 책이 내게 신세계에 대한 대비책이 되어줄 것만 같았다. 내 생각을 형성하는 데 도움을 준 또 다른 가이드는 앨리스터 쿡Alistair Cooke이 진행하는 BBC 라디오의 주간 방담 프로그램 「미국에서 온 편지Letter from America」였다. 물론 이 모두는 내게 아무런 대비책도 되어주지 못했고 미국에 대한 나의 심상 지도mental map는 아무짝에도 쓸모없었다.

보스턴을 떠나며 나는 뉴욕까지 기차 여행을 하기로 했다. 네 시간가량의 여정이었기에 가면서 뉴잉글랜드의 풍경을 보고 싶었다. 역에서 빠져나온 기차는 매사추세츠 주의 시골로 들어갔다. 내가 집에서 열심히 들여다보았던 지도에 따르면 우리는 - 수많은 목장이 펼쳐지는 - 농장 지대를 통과하고 있어야 했건만, 사방으로 끝없이 펼쳐진 숲밖에 보이지 않았다. 기차가 굴러가는 동안 이따금 구불구불 돌아 숲속으로 모습을 감추는 돌담의 잔해가 눈에 띄었다. 나는 속으로 생각했다. '왜 굳이 숲속에 밭담을 쌓는담?' 나중에 뉴저지의 지도 출판사인 해먼드에서 알게 된 사실이지만, 이 회사의 지도는 어쩐 일인지 1920년대 이후로 한 번도 업데이트가 안 되어 있었다. 일어난 일의 경위는 이러했다. 뉴잉글랜드의 현실적인 농부들은 1850년대부터 줄곧 서부로 이주했고, 20세기에 들어서도 수십 년간 뉴잉글랜드의 돌투성이 땅을 버리고 오하이오, 아이오와 등 서부의 더 좋은 땅으로 점차 옮겨갔다. 그래서 탁 트인 농지였던 땅은 서서히 숲으로 되돌아갔다. 뉴잉글랜드의 마을과 풍경을 보니, 이곳이 '올드' 잉글랜드에서 온 정착민들에게는 경작하기 아주 힘든 땅이었을 것임을 바로 알 수 있었다. 그때는 뜨거운 7월이었지만 – 적어도 내 기준에는 뜨거웠다 – 그렇게 높은 기온이 아니었어도 아마 힘들었을 것이다. 우리는 뉴헤이븐, 페어필드, 그리니치를 지나 결국 맨해튼 도심으로 들어갔고 마침내 펜 스테이션(펜실베이니아 역)에 도착했다.

이 첫 번째 관광 이후 2년 사이에 미국은 우리 회사에서 제작하는 지도의 가장 큰 시장으로 성장했다. 그때부터 우리가 제작한 지도 중 거의 절반은 미국을 주제로 한 것이었다. 맨체스터와 뉴욕을 오가는 항공편은 나의 단골 노선이 되었다. 스미소니언 재단과 내셔널지오그래픽 협회를 방문하기 위해 워싱턴에 가는 여정도 마찬가지였다. 여기서 우리는 『아틀라스 오브 아메리칸 히스토리Atlas of American History』를 계획하기도 했다 – 결국은 다른 회사에서 출간되었지만.

그로부터 몇 년 뒤, 워싱턴 DC에 있는 고객의 의뢰로 식민지 시대의 미국에 대한 작업을 끝낸 나는 다음 작업을 개시하기 전에 뉴욕에서 며칠간의 휴가를 갖기로 했다. 북쪽으로 천천히 드라이브하며 지난 몇 개월 동안 내가 지도를 그린 장소를 몇 군데 둘러볼 작정이었다. 국도와 시골길을 타고 북쪽으로 향하며 익숙한 지명들(웨스트민스터, 햄스테드), 희망을 이야기하는 지명들(리버티타운), 창건자를 가리키는 지명들(저먼타운)을 지나치니 메릴랜드 주와 펜실베이니아 주의 경계선이 가까워졌다. 이 경계선 – 메이슨 딕슨 선Mason-Dixon Line – 을 넘는다는 건 '딕시Dixie'(미국 남부를 가리키는 관용어 – 옮긴이)를 떠나 북부로 들어간다는 뜻이다. 이는 지도 제작자가 지도 위에 단지 선을 긋는 데서 그치지 않고 역사에 진정한 문화적 이정표를 놓은 희귀한 순간 중 하나였다.

내 주위의 잘 정돈된 경관을 둘러보며 1760년대에 이 땅이 어떠했을지 상상하기란 쉽지 않았다. 때는 1756~1763년의 7년 전쟁(북아메리카에서는 프렌치 인디언 전쟁)이 치러진 직후의 특수한 시기였다. 1763년 이후 평화가 찾아오자, 브리튼 제도에서 – 또 그보다는 적었지만 북서유럽에서 – 대서양을 건너 영국의 북아메리카 식민지로 오는 이주민의 수는 과거 어느 때보다도 많아졌나. 미국에 도착한 이수민의 절반이 펜실베이니아, 메릴랜드, 델라웨어 지역으로 왔다. 인구가 급속히 증가하고 새로운 정착지가 형성되면서, 그전까지 영국이 불하해온 토지를 근거로 만들어진 부정확한 지도 때문에 식민지에서 토지 분쟁이 일어나기 시작했다.

1632년, 잉글랜드 국왕 찰스 1세는 제1대 볼티모어 경 조지 캘버트George Calvert에게 칙허장을 교부했다. 포토맥 강에서 북쪽으로 북위 40도까지, 그리고 대서양에서 서쪽으로 포토맥 강의 수원지를 통과하는 자오선까지의, 그때까지 정착이 이루어지지 않은 모든 땅을 수여한다는 내용이었다. 하지만 애석하게도 제1대 볼티모어 경은 이 서류가 발부되기 몇 주 전에 사망해버렸기에, 그의 아들인 제2대 볼티모어 경 세실이 그 정확한 경계선의 위치를 확인하는 도전에 응하게 되었다.

반세기가 흘렀다. 브리튼 제도는 잔혹한 내전을 겪었고, 찰스 1세는 1649년 1월의 어느 추운 날에 환호하는 런던의 군중 앞에서 참수되었다. 왕정복고는 찰스 2세가 귀국하여 왕위에 오른 1660년 5월에야 이루어졌다. 1681년 찰스는 윌리엄 펜에게 특허장을 수여하여 메릴랜드 북쪽의 영토에 대한 소유권을 주었다. 이 영토의 남쪽 경계선은 메릴랜드의 북쪽 경계선이기도 한 북위 40도였다.

두 특허장의 근거가 된 지도의 부정확성 때문에 문제가 불거졌다. 나중에 이들 영토에 실제로 말뚝을 박아 표시하게 되었을 때, 측량사들은 종래의 지도에 북위 40도가 너무 남쪽으로 그려져 있다는 사실을 발견했다. 이 지리적 착오가 더욱 심각해진 건, 1635년 볼티모어 경이 자기 영지의 지도를 주문할 때 1608년에 그려진 지도의 내용을 대부분 반영했기 때문이었다. 이것은 체서피크 만의 북단 바로 밑을 자기 영토의 북쪽 경계선으로 정한 캘버트 측에 불리하게 작용했다. 설상가상으로, 1682년 펜 가문이 델라웨어 만 서쪽 연안의 땅을 추가로 획득했기 때문에 상황은 더욱 복잡해졌다. 찰스 1세가 발부한 특허장은, 이 땅에 이미 네덜란드인 - 또 그 후에는 스웨덴인 - 기독교도들이 정착한 바 있으므로 델라웨어 주는 캘버트의 칙허장에서 제외된다고 결론 내리고 있었다.

제3대 볼티모어 경 찰스 캘버트Charles Calvert는 잘 무장시킨 관리들을 이끌고 곳곳에서 주의 깊게 위도를 측정해가며 델라웨어 강을 거슬러 올라가, 체스터와 마커스 훅과 뉴캐슬의 시민들에게 펜 가문이 아닌 자기한테 세금을 내라고 명령했다. 이로써 수십 년에 걸친 분쟁과 맞고소와 소송전이 시작되었다. 펜실베이니아의 관리들도 그들대로 과세 권한을 주장했고 나중에는 토머스 크레섭Thomas Cresap이라는 인물과 충돌하게 되었다. 크레섭은 요크셔 태생으로 서스쿼해나 강 주변에 정착하여 성공한 상인이었는데, 펜 가문의 영토로 여겨지던 지역에서 볼티모어 경의 토지 관리인으로서의 임무를 수행하다가 자기 이름을 딴 전쟁을 일으키게 된다. 1730년부터 분쟁 지역에서 소규모의 충돌과 재산 절도가 빈발하면서 '크레섭 전쟁Cresap's War'이 터진 것이다. 메릴랜드는 1736년 민병대를 소집했고 펜실베이니아도 1737년 이에 맞대응했다. 양측의 - 혹은 특정한 소속이 없는 - 깡패들은 변경 지대에서 이 기회를 이용해 외딴 농장의 재물과 동산을 약탈했다.

1738년, 국왕 조지 2세는 이 골치 아픈 식민지의 양측을 불러 휴전을 종용했다. 이 불안정한 상황은 1750년 잉글랜드의 대법관이 내린 판결을 1760년 캘버트 가문과 펜 가문이 수용하면서 어느 정도 일단락되었다. 새로운 경계선이 필라델피아 시에서 남쪽으로 15마일 떨어진 지점에서부터 서쪽으로 그어졌고, 델라웨어의 북쪽-남쪽 경계선도 합의되었다. 하지만 런던에서 선을 긋는 일은 쉬웠어도, 빽빽한 삼림과 드넓은 강과 늪지대로 덮인 땅 위에 이 선을 표시하는 건 전혀 다른 문제였다. 현지의 여러 측량사를 써보았지만 캘버트 진영에도, 펜 진영에도 불만족스러웠다. 결국 그들은 중립적이고 정확한 중재역으로서 런던의 왕실 천문관에게 자문을 구했다. 왕립학회 회장은 이 직무에 두 사람을 추천했다. 잉글랜드 남서부 글로스터셔 출신의 찰스 메이슨Charles Mason과, 잉글랜드 북동부 더럼 주 출신의 제러마이아 딕슨Jeremiah Dixon이었다.

1763년 11월, 이 노련한 두 사람은 최신 장비와 편견 없는 접근 방식 – 아마 캘버트 가문과 펜 가문에는 이것이 더 중요했을 것이다 – 으로 무장하고 필라델피아에 도착했다. 측량이 시작되기도 전에, 캘버트 측과 펜 측은 이 경계선이 특허장의 문구대로 '북위 40도 밑'에 그어져야 한다고 결론 내려둔 상태였다. 이는 필라델피아 시의 남측 경계로부터 남쪽으로 15마일 떨어진 지점을 뜻했다. 측량사들이 첫 번째로 한 일은 북위 39도 56분 29.1초에 이 남측 경계 지점을 표시하는 것이었다 (후대에 다시 확인한 바에 따르면 오차가 2.5분밖에 나지 않았다). 그다음, 마차 안의 깃털 침대 위에 장비를 싣고서 – 필라델피아의 정남향에 놓인 뉴저지 영토를 피하기 위해 – 위선을 따라 서쪽으로 이동했다. 그리고 딕슨 자신처럼 잉글랜드 북동부 출신인 할랜드라는 집안 소유의 농장에 도착했다. 그들은 할랜드 농장에서 관측을 한 뒤에 표석을 놓았는데, 할랜드 집안을 비롯한 이곳 사람들은 이 표석을 '천문학자의 돌stargazers' stone'이라 불렀고 아직까지도 그렇게 부르고 있다. 측량사들은 거기서 남쪽으로 26킬로미터 떨어진 지점으로 이동하여 알렉산더 브라이언트 씨의

메릴랜드 식민지
(1632~1776년)

펜 실 베 이 니 아

이스트저지

메릴랜드 측이 주장한 경계선

랭커스터

필라델피아   브리지턴

1767년에 확립된 메이슨 딕슨 선

뉴캐슬

보헤미아   웨스트저지
메이너

메릴랜드

조파

볼티모어

도버

어런들턴   델라웨어 만

펜실베이니아 측이 주장한 경계선

케이프 섬
루이스

델라웨어

세인트메리즈

버 지 니 아

대서양

N

0   100 km

0   100 miles

지도 46. 1763년부터 1767년까지 찰스 메이슨과 제러마이아 딕슨이 식민지 아메리카에서 측량한 이 선은 메릴랜드와 펜실베이니아와 델라웨어 사이의 영토 분쟁을 해결했을 뿐만 아니라 문화적 경계선도 만들어냈다.

농장 앞마당 부근에서 멈추었다. 메이슨과 딕슨은 이 지점에서 측량을 시작하자고 제안했고, 펜 가문과 캘버트 가문의 대리인들도 동의했다.

1764년 6월부터 9월까지 그들이 델마바 반도에서 측량한 남북 선은 나중에 델라웨어 식민지와 메릴랜드 식민지 – 더 나중에는 델라웨어 주와 메릴랜드 주 – 의 경계가 되었다. 측량대는 도끼를 든 나무꾼 무리를 앞장세워 나무를 베어 길을 내가며 남쪽으로 135킬로미터를 이동했고, 허리 높이까지 오는 석회암 표석을 1마일마다 세웠다. 메이슨과 딕슨은 1765년 초봄에 브라이언트의 집으로 되돌아와 이곳에 동서 선의 첫 번째 표석을 세우고 '서쪽'이라고 새긴 뒤 이를 '서쪽이 표시된 말뚝post marked West'이라고 불렀다. 그들의 작업은 언제나처럼 세심했다. 도끼를 든 일꾼들을 시켜 약 10미터 폭의 길을 터서, 정확한 관측이 가능하게끔 수시로 확인하고 왔던 길을 되짚어가면서 측정했다. 또한 철고리 100개를 엮은 건터체인을 이용해 평지의 거리를 측량했다. 그리고 경도 10분(약 17.5킬로미터)마다 한 번씩 꾸준히 천문 관측을 했다.

메이슨과 딕슨은 1765년 10월 블루리지 산맥의 정상에 다다른 뒤 겨울을 나기 위해 해안으로 돌아왔다. 그리고 1766년 봄 현장에 복귀하여, 지난해에 세워둔 통나무 말뚝 대신 석회암 표석을 세우고 측량선을 서쪽으로 더 늘려나갔다. 이리하여 출발점에서 서쪽으로 경도 5도 떨어진 지점에 다다랐다. 펜실베이니아 특허장에 지시된 바로 그 지점이었다. 이로써 첫 번째 임무를 완수했다.

측량사들은 1766~1767년의 겨울 휴가 기간을 이용해 델마바 반도로 돌아가 위도 1도의 길이에 대한 측지 측량geodetic determination(지표상 기준점의 정확한 위치를 알기 위해 천문 관측을 활용하여 정확한 측정값을 얻는 방법)을 수행할 생각이었다. 이는 다른 장소(페루, 핀란드)에서는 행해졌지만 북아메리카 식민지에서는 아직까지 행해지지 않은 측량이었다. 캘버트 가문과 펜 가문은 이 측량이 이 지역의 지도와 토지소유권을 좀 더 정밀히 개선하는 데 도움이 될 거라고 여기고 그들을 후원했다.

이 작업이 진행되는 동안 식민지의 관리들은 서쪽으로의 측량을 계속하기 위해 6족 연합 Six Nations 인디언 부족들과 협정을 맺었다. 메이슨과 딕슨은 그들 자신의 안전을 위해 이 부족민들을 잘 대우하라는 당부를 받았다. 여기에는 넉넉한 양의 술을 '하루 세 번을 넘지 않게' 돌리라는 내용도 포함되어 있었다. 측량이 길어지면서 점점 더 서쪽으로 밀고 들어가던 1767년 여름, 측량대의 인디언 가이드가 하나둘씩 사라지자 대원들 모두 점점 더 위기감을 느끼기 시작했다. 던카드 크릭에 이르자 도끼를 든 인부와 여러 대원이 더 전진하기를 거부했다. 여기서 메이슨과 딕슨은 마지막 측량을 했다. 측량해보니 '서쪽이 표시된 말뚝'으로부터 233마일 3체인 38링크 거리만큼 와 있었다. 이 지점은 현재 펜실베이니아 주와 웨스트버지니아 주의 경계에 위치해 있다.

1768년 9월, 메이슨과 딕슨은 잉글랜드로 돌아갔다. 제러마이아 딕슨은 1779년에 사망했다. 찰스 메이슨은 계속 일했지만 몸이 쇠하고 형편이 어려워진 후인 1780년에 별다른 설명 없이 필라델피아로 돌아왔고, 1786년 그곳에서 사망하여 묘비 없는 무덤에 묻혔다. 메이슨과 딕슨의 이름은 크나큰 의미가 담긴 지도 위의 한 선에서 살아 숨 쉬고 있다. 북부와 남부, 자유민과 노예, 반란군과 연방군을 가르는 문화적 분계선, 바로 '메이슨 딕슨 선'이다.

15

· 영토 분쟁 ·

　지도 제작자로서, 내 담보대출을 갚아주고 양식을 조달하고 자녀들을 교육시킨 것은 다름 아닌 전쟁인 듯하다. 내 창의적인 삶을 되돌아볼 때 이 주제에 대한 작업에 보낸 시간이 다른 무엇보다도 많았다. 내가 가장 초기에 맡았던 일들 중 하나는 『십자군 아틀라스The Atlas of the Crusades』였다. 지금은 고인이 된 조너선 라일리 스미스Jonathan Riley-Smith 교수가 런던 대학교에 있던 1980년대 중반에 그를 만나 함께 작업한 책이다.

　십자군의 시작은 기독교 비잔틴 제국의 사절이 교황 우르바노 2세에게 자국의 동부 지방을 침략한 셀주크 투르크에 대항할 군사적 원조를 요청한 1095년 3월로 거슬러 올라간다. 우르바노 2세는 서유럽의 기사들에게 이 기독교 공동체들을 도우러 와달라고 호소하기로 이미 결심한 상태였다. 기사들을 소환하여 예루살렘으로의 순례 – 그와 동시에 전쟁 – 에 참여시킬 생각을 하고 있었던 것이다. 이것이 제1차 십자군이 되었다.

지도 47. 가톨릭교회의 승인을 받은 십자군 전쟁은 기독교 유럽이 대륙 경계 바깥에 최초로 군사 개입한 사건이었다.

십자군(1096~1204년, 국경선은 1200년경 기준)

종교
- 라틴(가톨릭) 기독교
- 그리스(정교) 기독교
- 이슬람

십자군 이동 경로:
- 제1차 십자군(1096~1099년)
- 제2차 십자군(1146~1148년)
- 제3차 십자군(1189~1192년)
- 제4차 십자군(1202~1204년)

교황이 출범시킨 이 종교운동은 18세기 말에야 잦아들게 된다. 그때쯤 유럽인의 기억에서 십자군 자체는 여러모로 희미해진 상태였지만, 중동에서는 대중의 기억 속에 여전히 남아 있었다. 일례로 중동의 토착 기독교인 마론파 신도들이 기독교 세계의 성시를 사수하기 위해 로마 교회와 구축한 연계는 현대까지도 이어졌다. 많은 마론파 신도들은 십자군 시기를 '황금시대'로 여긴다. 1950년대에 이집트의 대통령 가말 압델 나세르Gamal Abdel Nasser는 당시 갓 국유화된 수에즈 운하를 점령하려 기도한 프랑스·영국 제국주의자들의 공격을 살라딘과 십자군의 전쟁에 비유하기도 했다.

십자군이 한창이던 12~13세기에는 수십만 명의 남녀가 – 때로는 아이들도 – '성스러운 폭력'이라는 신학적 신념으로 무장하고 동쪽으로의 원정길에 올랐다. 성스러운 폭력은 과거에 입은 피해에 대한 대응이므로 성스러운 폭력의 가해자는 대의명분을 갖추었으며, 고로 그들의 행동은 정당하다는 믿음이었다. 십자군 원정을 떠난 많은 이들은 신념으로 무장했을 뿐 변변한 무기조차 갖추지 못했기에 가는 길에 수천 명씩 떼죽음을 당하곤 했다. 모든 기독교도는 십자군 원정에 참여하는 대가로 세금 면제부터 과거의 범죄에 대한 사면과 – 그리고 물론 – 천국에서의 자리 보장에 이르기까지 다양한 특전을 받았다. 이렇게 대규모의 원정군이 쇄도한 결과로 근동에 기독교 국가들이 세워졌다. 이를 로마 멸망 이후 유럽이 확장을 기도한 최초의 사례로 보는 이들도 있다.

제1차 십자군은 온갖 악조건을 이기고, 언제나처럼 엄청난 피를 쏟고서 1099년 예루살렘을 점령하는 데 성공했다. 초기 기독교 세력의 근거지들은 여러 소국으로 발전했다. 그리고 트리폴리 백국의 해안에 있던 최후의 두 요새 루아드와 지블렛이 함락된 1302년까지 존속했다. 십자군 운동은 1378년 가톨릭교회가 '대분열'로 갈라지면서 그 동력을

지도 48. 십자군이 정복한 영토는 중세 유럽식의 구조를 취하여, 각 봉건 영지에서 공급하는 기사들로 국방을 해결했다.

상실했다. 유럽은 서로 대립하는 두 교황 - 한 명은 로마에, 또 한 명은 아비뇽에 - 사이에서 갈팡질팡하게 되었다. 두 교황 모두 상대편 교황과 싸우기 위해 십자군을 소집하는 데 거리낌이 없었다. 1417년이 되어서야 교황 마르티노 5세가 선출되어 유럽 전체를 재통일하게 된다. 하지만 그때쯤에는 무슬림 오스만 제국의 세력이 발칸으로 팽창하여 - 콘스탄티노폴리스 시 주변으로 한 줌의 땅밖에 남지 않은 - 비잔틴 제국 서쪽의 기독교 국가들로부터 끊어내버린 뒤였다. 서방에서 1492년 그라나다의 함락과 더불어 스페인 재정복이 완료되었을 때, 오스만의 동방 정복은 베오그라드까지 다다라 있었다. 오스만의 팽창은 계속되어 1683년에는 빈의 입구까지 다다랐다. 이 위기의 순간에 유럽의 기독교 국가들은 자기들끼리의 차이를 제쳐놓고(평소에 그들은 서로 싸울 일이 아주 많았다) 이 침공을 막기 위한 '신성 동맹'을 결성했다. 그리고 오스만을 다뉴브 강까지 몰아냄으로써 목표를 일부분 달성했고, 이 경계선은 1900년대까지 유지되었다. 종교전쟁은 모든 전쟁을 통틀어 가장 고약하고 용서하기 힘든 전쟁인 듯하다. 특히 기독교 세계에서 가톨릭과 프로테스탄트, 이슬람에서 수니파와 시아파의 싸움이 잘 보여주듯이, 같은 종교에 대해 두 가지 해석이 존재할 때 벌어지는 전쟁은 더더욱 그러하다.

『십자군 아틀라스』를 디자인하고 제작하는 동안 또 다른 프로젝트가 지평선에 떠올랐다. 미국 남북전쟁에 대한 아틀라스였다. 미국 역사를 볼 때 - 1850년대 말경에는 확실히 - 뚜렷이 구분되는 두 개의 사회가 발전했고, 둘은 서로 다른 경제적 목표를 추구했다. 저비용 노예 노동 경제인 남부는 그 지역의 주요한 환금작물 - 면화 - 을 수출하기 위해 자유무역을 필요로 했다. 한편 북부는 계속해서 산업화되었고 그 과정에서 유럽으로부터 대규모의 이민을 흡수했다. 이 경제는 성장하는 산업을 확보하기 위해 일종의 보호무역주의를 필요로 했다.

멕시코와의 전쟁에서 승리한 1848년 이후 미합중국은 광대한 영토를 추가했다. 당연히 서부로의 사업 확장을 원했던 남부의 노예 소유주들은 이 새로운 영토로 노예를 데려갈 권리를 요구했다. 북부인들 또한 노예제를 제한하고 새로운 영토를 '자유 준주free territories'로 만들어야 한다고 요구했다. 1850년대에 대충 꿰맞춰 만든 갖가지 타협안은 1860년 에이브러햄 링컨의 당선과 더불어 무너졌다. 1861년 3월 4일의 취임 연설에서, 링컨은 아직 연방을 탈퇴하지 않은 8개 노예주를 안심시키고 이미 탈퇴한 7개 주 남부연합을 달래기 위해 각고의 노력을 기울이겠다고 약속했다. 또한 개별 주의 - 노예제를 포함한 - 사회 질서에 간섭하는 것은 연방정부의 소관이 아니라고 말했다.

1861년 4월 11일 남부연합의 준장이던 P. G. T. 보우리가드P. G. T. Beauregard가 찰스턴 항에 위치한 연방 요새인 섬터의 항복을 요구했고, 요새 측은 응하지 않았다. 4월 12일 남부연합의 포병대가 포격하자 요새 측도 응수했다. 그리고 4월 13일 섬터 요새는 항복했다. 그때까지도 주저하던 북부는 이제 합중국을 보존한다는 링컨의 사명 아래 단결하게 되었다.

북부 측에서는 제1차 불런 전투, 남부 측에서는 매너서스 전투라고 부르는 전투는 남북전쟁에서 최초로 벌어진 대규모 회전이었다. 이 전투는(비록 남군이 승리했지만 - 옮긴이) 단호한 행동을 통해 전쟁에서 신속히 승리할 수 있으리라고 희망적으로 믿었던 사람들 - 특히 남부인들 - 의 환상을 깨뜨리게 된다. 이 전투의 피비린내 나는 결과는, 이것이 남부가 이길 수 없는 기나긴 소모전이 될 것임을 보여주었다.

개전 당시 연방군 혹은 북군의 전력은 불과 1만 6,367명이었고, 그중 장교는 1,106명이었으며 그 대부분은 남부 출신이었다. 그들 중 다수는 북군에 대한 충성 서약을 깨고 자신의 출신 주로 돌아가 남부연합군을 도왔다. 그래서 당시 북군 측에는 연방을 지킬 군대를 건설할 핵심 인력이 소수밖에 남지 않은 상태였다. 대통령은 3개월 안에 7만 5,000명을 소집하라는 명령을 주정부에 내렸고, 이에 반발하여 4개 주가 추가로 남부연합에 가입했다. 이런 움직임이 우려스러워 보이긴 했어도, 실제 전력에서 여전히 북부가 우세하다는 건 종이와 연필만 있으면 누구라도 알 수 있었다. 북부의 인구는 2,200만 명이었던 반면, 남부의 인구는 900만 명인데다 그중 390만 명은 노예였다. 12만 개의 공장을 보유한 북부는 군과 민간의 모든 수요를 자체 생산으로 조달했다. 반면 2만 개의 공장을 보유한 남부는 일부 물품을 한정된 수량으로 생산했고 군사 수요의 상당 부분을 수입에 의존했다. 전쟁이 끝날 무렵 북군 측은 36만 명을 잃었지만 여전히 100만 병력을 보유하고 있었다. 북부의 인구와 산업 역량은 오히려 더 증가했다. 남군 측은 26만 명이 – 징병 연령대의 백인 남성 네 명 중 한 명꼴로 – 전사했고 남부 자산의 약 70퍼센트가 파괴되었다.

남군과 북군은 급속히 증강되었다. 활용된 전술은 나폴레옹 전쟁이나 멕시코 전쟁 때와 달라진 점이 거의 없었지만, 둥근 머스킷 탄환을 쓰는 구식 활강총 대신 보병대가 라이플총을 들고 전투에 임한 것은 중요한 변화였다. 라이플의 총신에 파인 홈(강선)은 탄환에 회전을 걸어 명중률을 크게 높였고, 발사될 때 팽창하여 강선에 꽉 맞물리는 미니에 탄환을 사용했다. 이는 두 보병대가 평행하게 마주 섰을 때 전보다 훨씬 더 먼 거리에서도 적에게 정확히 발포할 수 있다는 뜻이었다. 한 번

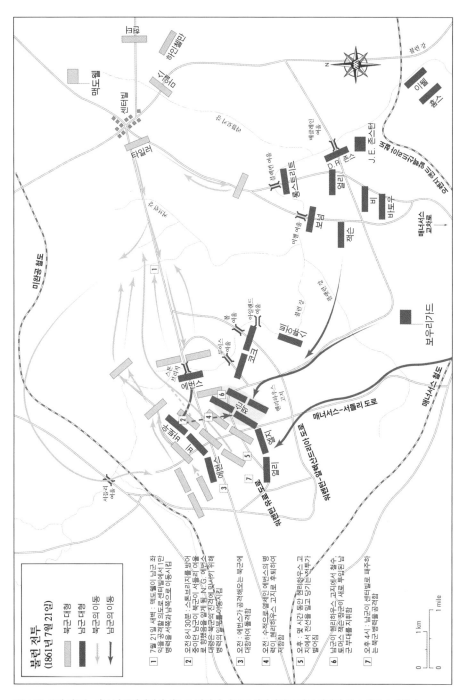

지도 49. 불런 전투는 미국 남북전쟁에서 최초로 벌어진 대규모 회전이었고 전투 병력의 큰 손실을 초래했다.

만 발포하고서 총검을 들고 돌격하는 대신에 세 번 이상 발포할 수 있었으므로 무서우리만치 많은 사상자가 났다. 연발 소총을 사용할 수 있게 되자 상황은 더 끔찍해졌다. 게티즈버그 전투에서 '피켓의 돌격'에 가담한 남군 공격대의 절반이 제대로 싸워보지도 못한 채 전사해버렸다. 남군은 용감하게 싸웠지만 실효를 거두기에는 너무 늦은 시점이었고, 남부연합의 북부 침공은 실패로 돌아갔다. 남북전쟁 전투에서 이런 필사적인 순간은 드물지 않았다. 그 전해에 프레데릭스버그의 돌벽을 거듭 공격한 북군은 공격에 나선 보병대의 80퍼센트를 잃었지만, 무서운 손실에 직면하고도 양측 모두 항복하지 않았다. 그만큼 전투 성과에 모든 것을 걸었던 것이다.

1863년 7월 1~3일의 게티즈버그 전투 이후 링컨 대통령은 게티즈버그 연설이라고 알려진 연설을 했다. 아직 전쟁이 한창인 와중에, 여러 면에서 이것은 미국인 모두의 기억에 새겨진 끔찍한 상처에 대한 치유의 시작을 의도한 연설이었다.

미국 남북전쟁이 끝나고 제1차 세계대전이 터지기 전까지 세계는 거의 지속적으로 전쟁을 치렀다. 이 시기에 유럽에서는 모종의 연합 체제가 확립되었다. 새롭게 통일된 독일은 오스트리아–헝가리 제국과 2국 동맹을 맺었다. 이 동맹은 1882년 이탈리아로 확대되어 삼국동맹으로 알려지게 되었고, 얼마 후에는 루마니아도 가담하여 유럽 대륙의 중앙에 걸터앉은 블록을 형성했다. 독일의 급속한 경제성장을 경계한 프랑스는 러시아 제국과의 동맹을 모색했고, 그 후 이탈리아와 중립 조약을 맺었고, 끝으로 1904년에는 영국과의 평화 협상에 서명했다. 다음으로 영국은 오래전부터 벨기에의 중립국 지위를 보호하기 위한 조약을 맺어둔 터였고 러시아와의 이해관계를 원만하게 조정했으며 이탈리아와 비밀 조약을 체결했다.

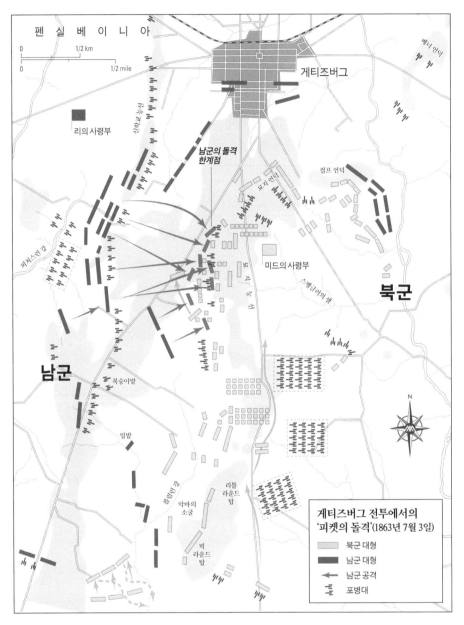

펜 실 베 이 니 아

게티즈버그

리의 사령부

남군의 돌격
한계점

컬프 언덕

미드의 사령부

북군

피처스런 강

남군

복숭아밭

밀밭

리틀
라운드
탑

악마의
소굴

빅
라운드
탑

게티즈버그 전투에서의
'피켓의 돌격'(1863년 7월 3일)

북군 대형
남군 대형
남군 공격
포병대

지도 50. 남군 측 피켓 장군의 사단이 택한 기나긴 진격로는 진군하는 부대들을 포격에 - 그 후에는 머스킷 총격에 -
노출시켜 많은 사상자를 냈다.

이 동맹 체제는 대체로 잘 작동했지만 1897년 이후부터는 독일이 '선두적인 자리a place in the sun'를 열망하게 된다. 제국을 창조하려는 이 열망은 기존의 구 제국 열강들에 명백한 위협이었다. 독일은 영국 해군과 경쟁하게 될 이른바 '대양함대'의 건설에도 착수했는데, 이는 영국이 1904년 프랑스와, 1907년 러시아와 타협하게 만든 주된 동기였다. 프랑스도 그들 나름대로 1902년에 이탈리아와의 분쟁을 종결지었다. 그 후에 프랑스, 러시아, 영국이 맺은 삼국협상은 독일의 위협에 대해 이들 세 나라가 취한 대외 정책이었다. 결국 독일도 주로 영국이 조성한 포위망의 위험을 우려하게 되었다.

유럽의 분위기는 서서히 삼국동맹과 삼국협상이라는 두 무장 진영을 중심으로 말려 돌아가고 있었다. 삼국동맹의 남쪽 변경에는 오스만 제국의 영토가 놓여 있었다. 19세기 후반에 오스만은 쇠퇴하는 세력이었다. 1878년에 이르면 세르비아, 루마니아, 그리고 불가리아의 일부와 그리스의 상당 부분이 오스만으로부터 독립하게 된다. 이 모든 신생 국가는 자국의 입지를 확립하고 가능하다면 팽창하기를 열망했는데, 이런 움직임은 특히 세르비아에서 두드러졌다. 오스트리아-헝가리 제국은 1878년 보스니아-헤르체고비나를 통치령으로 삼았고, 1908년 독일의 지지를 받아 이 영토를 공식 합병했다. 아무도 이를 달가워하지 않았지만 세르비아 민족주의자들의 반발은 특히 심했다. 그리고 이는 오스트리아-헝가리 제국과 (그 자체로 다종족 국가인) 러시아 간의 적대감 또한 자극했다. 러시아는 발칸 반도의 슬라브인에 대한 일종의 보호자를 자처하며 오스만을 유럽에서 몰아낼 목적으로 발칸 동맹을 후원했다. 1912~1913년의 발칸 전쟁은 이 목표를 부분적으로 달성했다. 세르비아의 영토는 두 배가 되었고, 이는 오스트리아에 모종의 경계심을 불러일으켰다. 1914년 6월 28일, 보스니아의 세르비아인이자 - 오스트리아-헝가리 제국 지배의 종식을 목표로 한 조직인-'청년 보스니아'의 단원이던 가브릴로 프린치프Gavrilo Princip가 사라예보에서 오스트리아 왕위 계승자인 프란츠 페르디난트 대공을 암살했다.

오스트리아 정부는 세르비아에 최후통첩을 보냈다. 그것이 이 건방진 나라가 너무 강해지기 전에 처리할 마지막 기회인 것 같았다. 세르비아 측의 응답은 오스트리아-헝가리 제국을 만족시키지 못했고 두 나라는 전시 대비 체제에 돌입했다. 독일은 가까운 동맹국의 편에 섰다. 러시아도 러시아대로, 세르비아를 무방비로 내버려두는 것처럼 비쳐서는 안 되었으므로 오스트리아-헝가리에 대항하여 총동원령을 내렸다. 독일 또한 러시아의 동원령을 자국의 안보에 대한 직접적 위협으로 여기고 총동원령을 발동했다. 독일의 대전략은 러시아의 동맹인 프랑스를 즉각 공격하는 것이었다. 광대한 영토에 흩어져 있는 러시아 군대가 서부 전선에 동원되기 전에 프랑스를 신속히 패퇴시키는 것이 그들의 희망사항이었다. 7월 28일 오스트리아가 세르비아에 선전포고했다. 독일은 8월 1일 러시아에, 8월 3일 프랑스에 선전포고했다. 영국은 벨기에, 프랑스, 러시아와의 동맹관계에 응하여 8월 4일 독일에 선전포고했다. 동맹 체제와 일촉즉발의 발칸 정세가 결합하여 통제 불능 상황으로 치달으면서 '대전'이라고 불리게 될 전쟁이 촉발된 것이다.

열강들의 전쟁 계획은-그리 변변한 계획은 못 되었지만-속전속결을 예상했다. 독일의 '슐리펜 계획'(야전원수인 '알프레트 폰 슐리펜Alfred von Schlieffen'의 이름을 땄다)은 벨기에를 통해 빠르게 진격한 뒤 남쪽으로 선회하며 파리를 포위함으로써 러시아가 군대를 동원하여 집결시키기 전에 프랑스를 전쟁에서 탈락시킨다는 작전이었다. 과연 독일군이 벨기에를 통과해 프랑스 깊숙이 진격하면서 이 계획은 성공하는 듯 보였지만, 그들은 파리를 포위하는 데 실패했다. 프랑스군과 영국군이 마른 강에

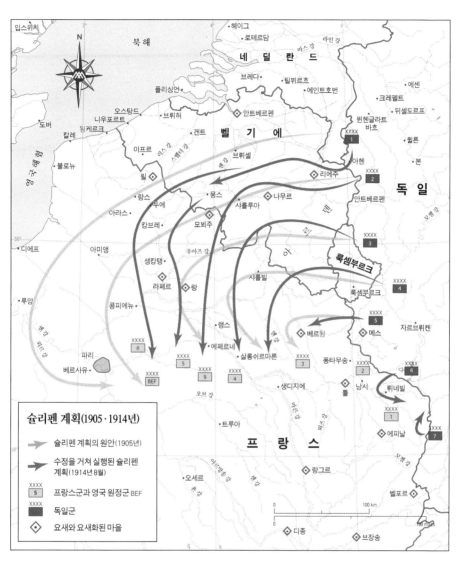

지도 51. '슐리펜 계획'은 신속히 이동하여 프랑스를 제1차 세계대전에서 탈락시킨다는 작전이었지만, 막상 부딪힌 현실은 달랐다.

서 단호한 반격을 펼쳐 공격을 중단시키고 독일군을 조금 뒤로 밀어낸 것이다. 하지만 양측 모두 참호를 파기로 결정하고 참호의 측면을 계속 연장해나감으로써 북해부터 스위스 국경까지 이르는 참호선이 구축되기에 이른다.

한편 동부에서는, 독일이 예상한 시간표보다 조금 더 신속히 동원된 러시아군이 동프로이센을 공격해 들어왔다. 8월에 독일은 서부 전선에서 부대를 차출해 타넨베르크에서 이 공격을 물리쳤다.

서부 전선에서의 전투는 간간이 대규모 공세가 펼쳐지는 기나긴 소모전으로 바뀌었다. 볼트액션 소총, 기관총, 속사포의 수비 화력과 사방에 깔린 철조망의 결합은 전선을 거의 돌파할 수 없게 만들었다. 그럼에도 여러 달에 걸친 대규모 전투가 솜(1916년 2월부터 12월까지)과 파스샹달(1917년 7월부터 11월까지) 등지에서 치러졌다. 또 서유럽에서는 복잡한 철도망과 차량 운송을 활용할 수 있었기에 위협에 처한 어느 지점으로든 신속한 이동이 가능했다.

이 교착 상태를 우회할 방도를 찾던 연합군은 1914년 10월에 동맹국(주로 독일과 오스트리아-헝가리) 편으로 참전한 오스만 제국을 공격했다. 1914년 영국은 먼저 수에즈 운하를 공격하고 다음해 초까지 메소포타미아에 병력을 상륙시켰다. 그러나 1915년 2월 갈리폴리에서 개시한 해군 공격은 결국 성공하지 못했다. 연합군은 세르비아를 지원하려는 시도로 1915년 10월 그리스 북부 살로니카에 또 다른 전선을 열었다. 이 전선들의 대부분은 거의 진전을 보지 못했지만, 팔레스타인에서만큼은 아랍 반란군의 지원을 받아 예루살렘과 다마스쿠스를 점령할 수 있었다.

1915년 5월, 이탈리아가 연합군 편에서 선전포고를 하고 알프스 산맥에 오스트리아 제국에 대항하는 전선을 열었다. 이탈리아 측은 무수

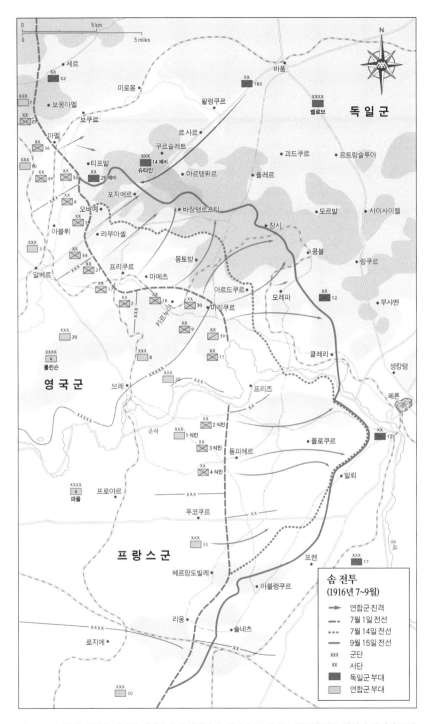

지도 52. 솜 공세 계획은 대단히 세밀하게 입안되었다. 하지만 그 결과로 입증된 것은 방어가 언제나 공격을 압도한다는 사실이었다.

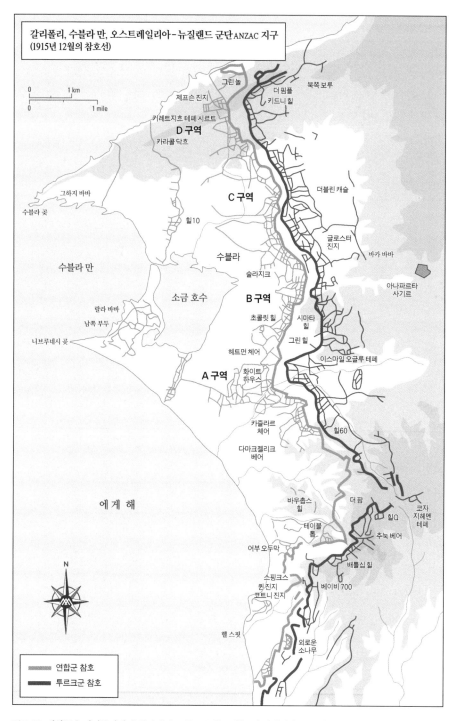

갈리폴리, 수블라 만, 오스트레일리아-뉴질랜드 군단ANZAC 지구
(1915년 12월의 참호선)

0   1 km
0   1 mile

그린 놀
더 핌플
북쪽 보루
제프슨 진지
키드니 힐
키레트지흐 테페 시르트
D 구역
카라콜 닥흐

더블린 캐슬

그하지 바바
수블라 곶
힐10
C 구역
글로스터 진지
바카 바바

수블라

수블라 만
술라지크
B 구역
아나파르타 사기르

소금 호수
초콜릿 힐
시마타 힐
랄라 바바
남쪽 부두
그린 힐
니브루네시 곶
헤트먼 체어
이스마일 오글루 테페

A 구역
화이트 하우스

카즐라르 체어
힐60
다마크젤리크 베어

에 게 해
바우촙스 힐
더 팜
코자 지헤멘 테페
힐Q
테이블 톱
추눅 베어
어부 오두막
배틀십 힐

스핑크스
퀸진지
코트니 진지
베이비 700

헬스핏
외로운 소나무

N

▨▨▨ 연합군 참호
▬▬▬ 투르크군 참호

지도 53. 연합군은 갈리폴리에서 실질적인 교두보를 확보하는 데 실패했다. 오스만군이 방어 참호선을 확립할 수 있었던 것이 결국 이 전투를 교착 상태로 이끌었다.

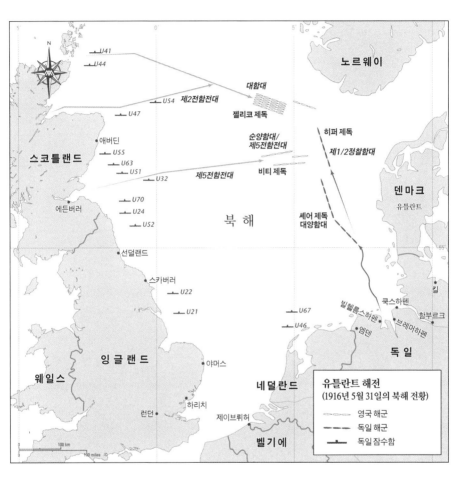

지도 54. 1916년 5월 31일부터 6월 1일까지 치러진 제1차 세계대전 최대의 해전에서 151척의 영국 함대가 99척의 독일 함대를 격퇴했다.

한 공격을 전개했지만 별다른 진전이 없었다. 1917년 10월 동맹군이 이탈리아군을 피아베 강까지 밀어붙이자 이탈리아군은 이곳에 진을 치고 저항했다. 1918년 10월 23일부터 11월 1일까지 치러진 비토리오 베네토 전투의 결과로 마침내 오스트리아-헝가리는 이탈리아 전선에서 패배했다.

한편 독일은 1916년 말부터 연합군 측에서 펼친 해상 봉쇄의 영향으로 곤란을 겪고 있었다. 독일 대양함대는 북해상의 영국 함대와 맞서 대함대의 일부나마 파괴하기 위해 대규모 작전을 개시했다. 이는 대양함대가 처음이자 마지막으로 전개한 대규모 작전이었다. 1916년 5월 31일 양측 함대가 유틀란트 앞바다에서 만났다. 이어진 전투에서 독일군 함대는 항구로 밀려났다. 영국 측이 더 많은 전함을 잃었지만 제해권은 여전히 그들의 수중에 있었다. 이에 대한 반격으로 독일군은 영국 측 전시 동원의 생명줄인 공급선을 끊기 위해 대서양에서 잠수함전을 개시했다. 하지만 무제한 잠수함 작전은 그 목표를 달성하는 데 실패했고, 미국 선박들을 침몰시킴으로써 1917년 독일에 대한 미국의 선전포고를 도발하게 된다. 이제는 유럽과 중동뿐만이 아니라 아프리카·태평양의 독일 식민지와 중국 연안에서도 전쟁이 치러지고 있었다.

한편 좀 더 유동적인 상황이 지배적이던 동부 전선에서는 3년간의 어마어마한 분투 끝에 독일과 오스트리아가 마침내 제정러시아군을 격퇴하고 우크라이나, 발트 해 국가들, 벨라루스를 점령했다. 1917년 10월에는 러시아 자체가 혁명으로 해체되기에 이른다. 독일은 공산주의 혁명가 레닌을 ─ 그가 페스트균이라도 되는 것처럼 봉쇄한 기차에 실어 ─ 스위스에서 독일을 거쳐 러시아까지 데려다주어 러시아 정치계에 주입했다.

1918년 3월 러시아의 볼셰비키 정부와 동맹국의 화평을 중재한 브

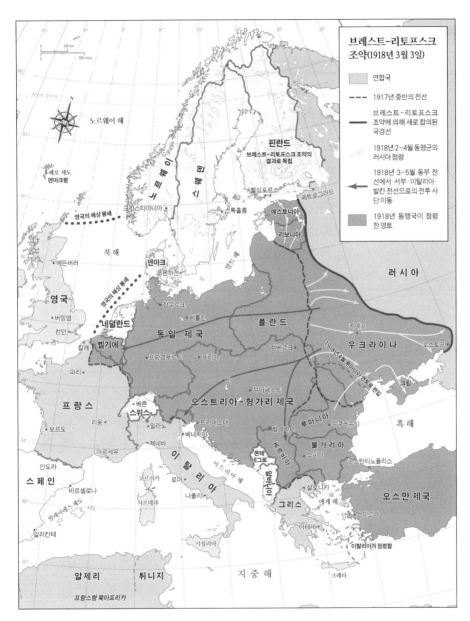

지도 55. 1918년 3월 3일, 러시아에 새로 들어선 볼셰비키 정부와 동맹국이 브레스트-리토프스크 조약을 체결하면서 러시아가 제1차 세계대전에서 이탈했다.

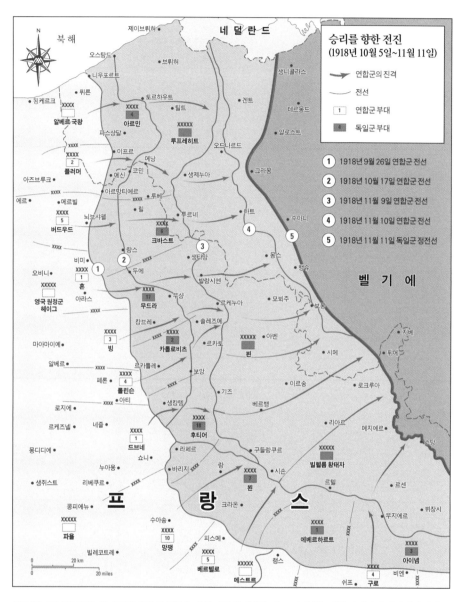

지도 56. 1918년 10월, 한때 막강했던 독일군은 이제 미군의 지원을 업고 진격하는 연합군 앞에서 서서히 후퇴하고 있었다.

레스트-리토프스크 조약의 체결과 더불어 러시아가 전쟁에서 이탈했다. 독일은 점령한 영토를 유지하기 위해 여전히 많은 병력을 동부에 남겨두어야 했지만, 이제는 병력의 일부를 서부 전선으로 이동시킬 수 있게 되었다. 독일은 미국이 병력을 두입하기 선에 프랑스와 영국을 격퇴할 심산으로 1918년 3월부터 서부 전선에 대대적 공세를 연이어 전개했다. 독일군의 공세는 거의 성공할 뻔했지만 연합군은 용케 버텨냈다. 미국에서 도착한 병력으로 증원된 연합군은 독일의 진격을 밀어내는 데 성공했다. 광활한 제국과 산업 역량을 갖춘 서방 연합국은 언제나 전선에 식량과 탄약과 인력을 재보급할 수 있었던 반면, 동맹국 측은 모든 자원이 바닥나고 사기가 붕괴되기 시작했다. 1918년 10월에 오스트리아-헝가리 제국은 해체 직전에 이르렀고 독일은 본국과 전선의 양쪽에서 중대한 위기에 직면했다. 서방 연합국은 1918년 11월 11일 그들의 휴전 요청을 받아들였다. 그로 인한 화평은 독일, 오스트리아-헝가리, 오스만 투르크, 제정러시아라는 네 제국의 종말을 가져왔다. 그중 제정러시아는 결국 공산 제국이 되었다.

휴전일까지 양측에서 나온 총 사상자 수는 동원된 6,800만 명 중 전사 990만 명, 부상 2,100만 명 이상이었다. 이에 더하여 전쟁의 직접적인 결과로 민간인 770만 명이 사망했다. 또 귀환한 병사들이 퍼뜨린 인플루엔자가 1918~1920년에 대유행하면서 5,000만~1억 명 이상이 사망했다.

1919년 베르사유에서 개최된 강화 회담에서, 승리한 연합국은 동맹국 측의 영토를 빼앗고 막대한 금전 배상과 가혹한 제약을 부과했다. 동맹국은 전쟁의 금전적 비용을 부담해야 했는데, 1919년에 이는 1,860억 달러로 계산되었다. 베르사유 조약의 성격은 궁극적으로 이것이 '모든 전쟁을 끝내는 전쟁'이 되기는커녕 그로부터 불과 20년 뒤에

제2차 세계대전이 터지리란 걸 예고하고 있었다.

시간이 흘러 지금의 우리는 이런 일들이 다시는 일어날 수 없다고 생각하는 경향이 있다. 나는 좀처럼 그런 확신이 서지 않는다. 역사를 들여다보면 똑같은 실수를 반복 또 반복하는 모습이 보인다. 나는 그것을 입증하기 위해 지도를 그려왔다. 과거의 교훈을 망각하는 건 단지 시간 문제일 뿐이다.

16

· 세계대전 ·

현재 우리가 '제2차 세계대전'이라고 부르는 전쟁은 아시아·아프리카·유럽에서 개별적인 전쟁이 잇따르며 시작된 것으로, 이들이 결합하여 전 세계적 충돌로 비화된 건 1941년이었다. 인류사를 통틀어 이런 사건은 전무후무했다. 특히 유럽과 아시아에서뿐만 아니라 전 세계의 대양과 인간 생활에서도 파괴로 인한 손실은 어마어마했다. 이 전쟁으로 약 7,000만 명이 사망했다고 추산되지만, 심지어 지금도 새로운 수치들이 밝혀지고 있다. 여기에는 집을 잃고 굶주리고 강제 이주를 당한 수백만 명도 포함되는데, 그중 많은 이들은 아직까지도 행방불명 상태이다.

워낙 거대한 사건이다 보니, 이 이루 설명할 수 없는 사건을 다루는 데만 책 한 권 또는 아틀라스 한 권이 필요하다는 것이 물론 지도 제작자로서의 내 생각이다. 나는 이 주제를 다룬 네 권의 아틀라스를 제작하는 데 참여했지만, 세계사에서의 이 엄청난 격변에 대해 충분히 설명한 것 같다는 느낌이 든 적은 단 한 번도 없었다. 따라서 이 책의 범위에서는 단 네 차례의 전투만을 가지고 이 전쟁의 윤곽을 살펴보려 한다.

＊━━━━━◎△◎━━━━━＊

　1918년 11월 11일 휴전에 들어간 제1차 세계대전은 베르사유 조약 (1919년)과 더불어 공식적으로 종결되었다. 이 조약의 내용이 알려지자 많은 독일인은 상실한 영토의 규모와 자신들에게 찍힌 전쟁 범죄 낙인에 경악했다. 그리고 물론 승전국에 지불할 배상금을 통해 전쟁 비용을 강제로 떠맡게 되었다. 식민지였던 영토도 잃었고, 그중 대부분은 영국, 프랑스, 일본이 차지하게 되었다.

　전후 세계가 그 모습을 드러내자 결국 명백해진 것은 베르사유 조약에 대한 깊은 분노가 독일에 존재한다는 것이었다. 아돌프 히틀러는 이 분노를 이용하여 자신의 영향력을 높였다. 제2차 세계대전의 기원에 대해서는 의심의 여지가 있을 수 없다. 1920년대 중반에 출간된 『나의 투쟁』에서 히틀러는 다음과 같이 썼다. '독일인을 위한 레벤스라움 Lebensraum(생활권)을 말할 때, 우리는 주로 러시아와 러시아에 종속된 접경국들을 생각해야 한다. 운명의 여신은 바로 여기에 우리의 길이 있음을 가리키고 싶어 하는 듯 보인다.'

　한편 지구 저편의 일본 정부는 날이 갈수록 호전적으로 변해가고 있었다. 일본은 베르사유 조약의 결과로 태평양의 옛 독일 영토와 중국 해안의 칭다오를 획득한 바 있었고, 1931년에는 만주를 점령했다. 경제가 급속히 성장하고 있던 일본은 영국, 프랑스, 네덜란드에 속한 식민지의 원자재와 시장을 지배하기 위해 군사적 영토 확장 정책을 전개하기 시작했다. 1937년 중일전쟁이 발발했다. 일부 학자들은 이때를 제2차 세계대전의 실질적 개전 시점이라고 주장한다.

유럽으로 돌아오면, 이탈리아에서는 1920년대 초부터 베니토 무솔리니와 그의 파시스트 운동 세력이 정권을 잡았다. 그리고 기차를 제시간에 운행하게 만드는 등 국가를 근대화하기 시작하는 한편, 이탈리아 군대에 집중적으로 투자하기 시작했다. 이탈리아가 제1차 세세내전 때 삼국협상의 동맹으로서 희생을 치렀는데도 거의 보상받지 못했다는 정서 또한 존재했다. 1935년 국제연맹이 아프리카에서 영토를 확장하려는 무솔리니의 열망을 승인하지 않자 이탈리아는 1935년 10월 아비시니아('에티오피아'의 옛 이름 - 옮긴이)를 침공하여 1936년에는 그 정부를 무너뜨렸다. 이 행동을 계기로 이탈리아는 그때까지의 서방 연합국으로부터 등을 돌리고 나날이 공격성을 더해가는 독일의 정치적 영향권으로 들어갔다.

국가 권력의 지렛대들을 단단히 틀어쥐고 대중매체를 장악하여 자기 입지를 굳건히 다졌다고 판단한 히틀러는 서방 연합국을 시험해보기로 했다. 그래서 베르사유 조약의 조항을 위반하고, 라인란트를 점령하고, 오스트리아를 병합하고, 주데텐란트(독립 체코슬로바키아의 독일어 사용 지역)를 합병했다. 유럽에서의 전쟁은 1939년 9월 1일 폴란드 침공과 더불어 공식적으로 개시되었다. 나치와 불가침조약을 체결한 소련 측은 이 침공을 묵인했다(비록 오래가진 못했지만).

이제 독일과 맞서게 된 서방 연합군은 주로 제1차 세계대전을 재현한 전략에 근거하여 강력한 방어선을 구축했다. 하지만 급진적 지도자가 이끄는 독일은 급진적인 계획을 채택했다. 연합군 측 방어선에서 가장 취약한 지점인 아르덴을 그냥 통과하여 프랑스 북부의 탁 트인 지대로 치고 들어와 영국 원정군과 벨기에의 프랑스군 대부분을 고립시킨 것이다. 영국군과 그 일부 동맹군은 됭케르크로 후퇴하여 가까스로 생포를 면했고, 임시로 긴급 동원한 선단이 이들 연합군 병사를 33만 명

넘게 구출해냈다.

1940년 6월 22일 프랑스가 항복하자, 이제 영국은 홀로 독일과 맞서게 되었다. 독일 공군은 여전히 단발 엔진 전투기 993대, 장거리 쌍발 엔진 전투기 375대, 폭격기 1,015대, 급강하 폭격기 346대를 기동할 수 있었다. 해협 너머의 영국 공군은 단발 엔진 전투기 704대, 폭격기 약 440대를 보유했다. 브리튼 방어의 주된 희망은 공습이 전개될 때 비행대를 전장으로 안내해줄 공중 방어 시스템에 놓여 있었다. 이 방공 시스템은 레이더에 기반하고 방공군단 – 다시 말해 두 눈과 쌍안경 – 에 의해 뒷받침되었다.

영국군의 전술은 단순히 공군 비행장과 주요 도시와 산업 지대를 방어하는 것이었다. 독일군의 접근 방식은 정확히 그 반대였지만, 그들은 레이더가 수행하는 중요한 역할을 과소평가했다. 처음에는 영국 전투기를 끌어내기 위해 영국해협의 수송선단을 집중 공격했다. 하지만 영국군의 지휘 통제 시스템이 너무나 잘 작동했기에 항공기를 거의 적시에 정확한 장소에 집중시킬 수 있었다.

1940년 8월 13일, 독일군은 '독수리의 날_{Adlertag}' 작전을 개시하여 약 1,500대의 항공기를 영국에 출격시켰다. 하지만 사전 공격을 감행했는데도 영국의 방공 시스템은 여전히 멀쩡했고, 영국의 항공산업은 독일의 역량을 사실상 능가하고 있었다. 일례로 매달 450대의 항공기가 영국 공군에 배달된 반면, 독일 공군은 200대씩밖에 받지 못했다. 그래서 영국의 방공 인프라에 대한 공격 방식이 바뀌었다. 런던, 특히 런던의 부두 주변과 기름 탱크와 가스 공장이 독일 공군의 주된 표적이 된 것이다. 이 모두가 주거지역 인근에 있었기에 주거지역 또한 폭격을 피할 수 없었다. 1940년 9월 5일, 히틀러가 공습을 재가했다. 하지만 독일군의 호위 전투기가 폭격기 옆에 10분 남짓밖에 머물러주지 못했기 때

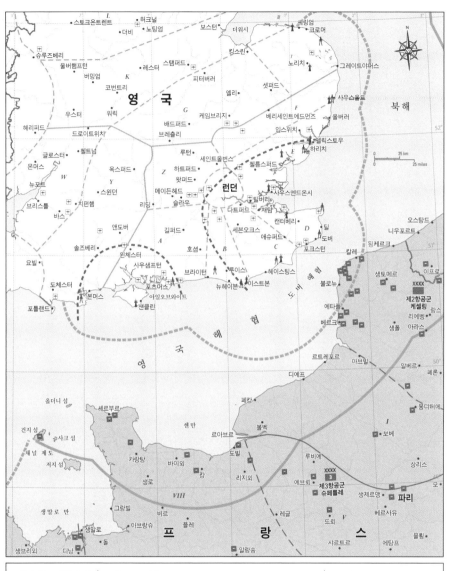

영국 본토 항공전 (1940년 6~9월)	영국 공군 배치		독일 공군 배치
	⊞ 영국 공군 비행장	👤 저고도 레이더 기지	■ 독일 공군 비행장
	A 영국 공군 작전구역	······ 저고도 레이더 탐지 범위	XXXX 3 독일 항공군
	—— 영국 공군 작전구역 경계		—— 독일 항공군 경계
	- - - 전대별 작전구역 경계		*IV* 독일 비행군단
	👤 고고도 레이더 기지		— · — 독일 비행군단 경계
	—— 고고도 레이더 탐지 범위		- - - 독일 전투기 작전 반경

지도 57. 영국은 1940년 7월 10일부터 10월 31일까지 브리튼 섬을 성공적으로 방어했고, 그 과정에서 나치 독일에 처음으로 중요한 패배를 안겨주었다.

문에 그 후에는 폭격기가 영국 전투기의 공격에 노출될 수밖에 없었다. 영국 공군이 여전히 영국 상공의 제공권을 틀어쥐고 있다는 사실이 독일 국방군최고사령부 회의에서 인지된 결과, 주간 공습이 단계적으로 폐지되고 9월 16일부터 장거리 야간 작전이 개시되었다. 10월 13일 히틀러는 바다사자(영국 침공) 작전을 취소했다. 야간 공습은 1941년 5월까지 계속되었다. 그때쯤 히틀러는 독일의 대서양 쪽 측면에 위치한 적을 정복하지 못한 채로 내버려두고 이제 동쪽으로 시선을 돌리게 된다.

한편 1940년 9월에는 일본이 독일, 이탈리아와 더불어 삼국동맹 조약에 서명했다. 추축국을 자칭한 삼국동맹은 소련을 동쪽에서 위협할 수 있게 되었다. 이로써 아시아와 유럽의 전쟁이 결합하여 세계대전으로 발전하기 시작했다.

1941년 6월 21일 전야, 사상 최대의 침공 전력이 소비에트 러시아의 서부 국경에 집결했다. 러시아로 진격한 추축군 병력은 거의 360만에 달했고 탱크가 3,600대, 항공기가 거의 2,800대였다. 서부 국경에서 그들을 맞이한 290만 소련군은 탱크가 1만~1만 9,000대(그중 다수는 폐물이었지만), 항공기가 약 8,000대였다. 이 전력 뒤에는 소련 내륙 전역에 흩어진 2,600만 명이 버티고 있었다.

스탈린은 공격이 임박했다는 첩보를 받았지만 이 정보를 계속 무시해온 터였다. 그는 붉은 군대의 지휘 체계에서 정치적으로 신뢰할 수 없다고 판단한 이들을 숙청하는 데 더 골몰하여 전력을 약화시켰다. 추축국의 공격으로 인한 충격은 소련군의 지휘부와 통제 체제를 사실상 마비시켰다.

1941년 6월부터 10월까지 추축군은 동쪽으로 진격하며 엄청난 수의 소련군을 포로로 잡았다. 레닌그라드에서 모스크바 진입로를 거쳐 훨씬 남쪽으로 로스토프나도누 시에까지 이르는 전선이 형성되었다. 한

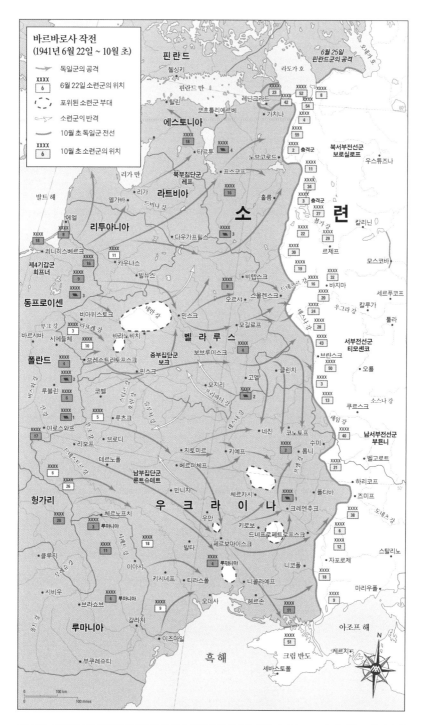

지도 58. 바르바로사 작전은 약 350만 명의 추축군이 동원된 초대형 작전으로, 1941년 6월 22일 개시되어 1942년 11월에 최대 영역을 점령했다.

편 소련은 어마어마한 노력을 기울여 공장 수천 개와 그곳에서 일하는 노동자 수백만 명을 몰려오는 적군의 공격이 닿지 않는 동쪽으로 옮겼다. 스탈린은 병사들뿐만 아니라 민간인의 사기를 유지하기 위해 11월 7일 혁명 기념일 퍼레이드를 지시했다. 소련군 부대는 붉은 광장을 가로질러 크렘린을 지나 행진한 뒤 곧바로 전선으로 향했다.

1941~1942년의 겨울은 20세기를 통틀어 가장 추웠다. 이 추위가 양측 군대에 끼친 영향은 과장할 필요가 전혀 없을 정도로 가혹했지만, 동계 방한복이 없었고 13만 명이 동상에 걸린 독일군에는 훨씬 더 가혹했다. 지칠 대로 지친 독일군은 1941년 12월 5일 진격을 멈추었다. 소련 측은 한동안 전력 증강의 시간을 가진 뒤 1942년 1월 5일 역공을 개시했다. 독일군 부대는 응집된 저항을 해보지도 못하고 좀 더 수비가 용이한 전선으로 후퇴했다. 히틀러는 퇴각을 중단하고 남은 땅 한 뙈기까지 사수하라는 명령을 내려 휘하 장군들의 분노를 샀다. 1942년 봄의 해빙기가 되자 역공은 마무리되었다. 이는 독일 침공군의 첫 패배였고 모스크바에 닥쳤던 급박한 위협은 해소되었다.

모스크바는 히틀러가 세운 1941년 작전의 최종 목표였다. 이 목표는 결국 이 도시의 방어에 막혀 달성하지 못했고, 러시아에서의 작전을 신속히 끝낸다는 발상에 종지부를 찍었다. 독일군 최고사령부는 이것이 길고 피비린내 나는 전쟁이 될 것임을 깨닫게 되었다.

이제 지구 반대편의 아시아로 가보자. 일본은 미군 태평양 함대의 제거야말로 그들이 동남아시아에서 계획한 전쟁을 승리로 이끄는 열쇠라고 판단했다. 1941년 12월 7일, 항공기 430대가 실린 일본 해군의 항

공모함 여섯 척을 필두로 진주만 공격이 감행되었다. 그들은 현지 시각으로 오전 7시 40분에 미군 정박지를 공격하여 미군 태평양 함대의 함선을 침몰시키거나 훼손했다. 이어서 8시 53분에 행해진 두 번째 공격으로 미군 항공기 188대가 파괴되고 미국인 2,403명이 사망했다. 하지만 미군 항공모함은 모두 훈련을 나가 있어서 공격을 피할 수 있었는데, 이것은 그 후 태평양 전쟁에서 중대한 변수가 되었다. 그리고 손상된 선박을 일본이 도저히 따라갈 수 없을 만큼 빠른 속도로 수리하거나 새로 건조할 수 있는 미국의 엄청난 산업 역량이 새롭게 터진 이 세계대전의 결과에 영향을 끼치게 된다.

1942년 6월, 야마토 제독은 중앙태평양의 미드웨이 섬을 점령하여 그곳으로 미군을 끌어낸다는 계획을 세웠다. 하지만 야마토가 주의 깊게 구상한 일체의 계획은 무용지물이었다. 연합군이 일본 해군의 암호를 해독할 능력이 있었기에, 태평양 함대 최고사령관인 니미츠 제독이 가장 유리한 지점에 전력을 배치할 수 있었던 것이다. 그는 두 항공모함 전단을 파견했다. 하나는 호넷 호와 엔터프라이즈 호로 편성되어 스프루언스 제독이 지휘했고, 또 하나는 얼마 전에 수리된 요크타운 호를 중심으로 하여 플레처 해군 소장이 지휘했다. 함께 출격한 항공기는 233대였고 미드웨이 기지에 127대가 더 있었다. 니미츠는 미드웨이 서쪽에 잠수함 호위 부대 또한 배치했다. 일본군이 계획한 잠수함 호위 부대가 배치되기 전에 이 모든 것이 완료되었을 뿐만 아니라 모든 선박이 제 위치에 있었다.

1942년 6월 3일, 미드웨이에서 이륙한 미군 항공기가 섬 서쪽 700마일 지점에서 일본군 수송전대를 발견하고 공격하면서 전투가 시작되었다. 다음 날 일본군은 미드웨이를 겨냥하여 항공기 108대를 출격시켰다. 미드웨이는 집중 공격을 받았지만 작전 능력은 건재했다. 미군 항공기는 일본군이 공격하기 직전에 이미 이륙하여 일본군 항공모함 네 대를 공격하러 가는 중이었다. 일본군 항공모함의 위치는 미군 항모에도 전달되어, 이미 섬에서 이륙한 항공기 외에 이들 항모에서도 항공기 116대가 즉시 출격했다.

이제 미드웨이에서 선봉으로 출격한 항공기들이 일본군 항모를 공격했지만 한 방도 명중시키지 못했다. 이 공격 도중에 미군의 기동함대를 포착했다는 소식이 나구모 제독이 지휘하는 일본군 항모에 전해졌다. 일본군 제독은 이미 진행 중인 미군의 공습으로부터 아군 배들을 방어하는 한편, 사전에 계획된 공격을 준비하기로 결정했다. 하지만 방금 귀환한 항공기들을 미처 재무장·재급유하기도 전에, 미군의 급강하 폭격기 부대가 머리 위에 나타나더니 일본군 항공모함 세 척을 즉시 공격했고 갑판이 화염에 휩싸였다. 공격을 받은 아카기 호, 가가 호, 소류 호가 침몰했고 이제 일본군의 작전 중인 항공모함은 히류 호 한 척밖에 남지 않게 되었다. 복수를 꾀하여 즉각 반격을 개시한 히류 호는 요크타운 호를 명중시키는 데 성공했다. 요크타운 호는 대파되어 전투력을 상실했고, 결국 일본군 잠수함의 어뢰에 맞아 침몰했다.

히류 호 또한 공습을 받았다. 폭탄 세 발을 맞고 미군 잠수함으로부터 두 차례의 어뢰 공격을 받았다. 그 후에도 계속 의연히 떠 있다가 결국 아군 승무원들에 의해 자침했다. 항모 네 척을 잃은 야마모토 제독은 하는 수 없이 패배를 인정하고 – 미군 급강하 폭격기와 뇌격기에 시달려가며 – 남은 배들과 함께 동쪽으로 철수하기 시작했다. 또한 야마모토는 이제 일본군에 남은 유일한 계획은 기나긴 소모전뿐임을 깨닫게 되었다.

한편 다시금 서반구에서는, 이제 미국의 참전과 더불어 추축국이 북아프리카에서 철수했고 연합군이 시칠리아와 이탈리아에 상륙했다.

그리고 오래전부터 계획되었던 프랑스 상륙을 위해 전력이 모이기 시작했다. 독일의 유보트를 무찌른 덕분에 대서양 너머로 자원을 수송함으로써 해협 건너 프랑스에 상륙하는 데 필요한 전력을 증강할 수 있게 된 것이다. 영국의 프레더릭 E. 모건 Frederick E. Morgan 장군이 연합군 최고 사령관의 참모장 COSSAC 으로 임명되었다. 그의 임무는 오늘날 '오버로드 작전'이라고 불리는 계획을 수립하는 것이었다.

이 계획이 극비리에 준비되는 한편, '불굴의 용기 작전 Operation Fortitude' 이라는 일련의 속임수 계획도 입안되었다. 첫 번째 작전을 수행한 건 프랑스의 레지스탕스 부대로, 프랑스 북부 일대의 통신시설과 철로를 집중적으로 공격했다. 1944년 6월 5~6일 밤사이에 기관차 52대가 파괴되고 철로 500개가 끊겼다. 최초의 공중 상륙은 자정에서 불과 15분 경과한 시점에 코탕탱 반도에서 미군 제82공수사단과 제101공수사단이 수행했다. 상륙 지점은 유타 해변 바로 서쪽 지역에 집중되었다. 병사들은 뿔뿔이 흩어졌는데도 용케 독자 임무 수행이 가능한 소규모 부대로 저마다 뭉쳐서 그들이 맡은 대부분의 공세를 취했다. 한편 동쪽 측면에서는 0시 16분부터 영국의 공수부대가 도착하기 시작했다. 공격 글라이더들이 착륙하여 캉 운하의 페가수스 다리를 점령했고, 주력인 제6공수사단이 그 뒤를 따랐다. 여기서도 병사들이 뿔뿔이 흩어졌기에 마침내 목표물을 점령하기까지는 다소 시간이 걸렸다. 소드 해변을 내려다보는 메르빌의 포대도 그 목표물 중 하나였다.

6시 30분에는 미군 제4보병사단이 유타 해변에 도착했다. 의도한 착륙 지점에서 조금 벗어났지만, 지휘관은 바로 그 지점에서 전투를 시작하기로 결정했다. 결국 그들은 미군 공수부대와 만나 해안 교두보를 확보했다. 이 과정에서의 사상자는 197명에 불과했다.

한편 미군 제2레인저 대대는 독일군 포대가 유타와 오마하 해변을

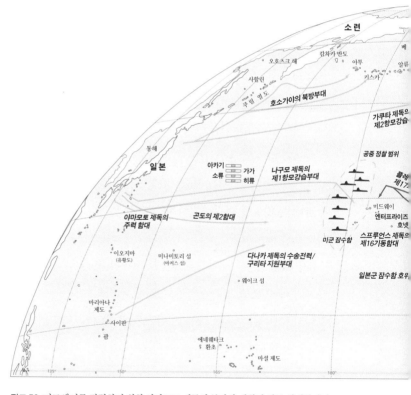

소 련

배

오호츠크 해

캄차카 반도

아투

알류

키스카

사할린

쿠릴 열도

호소가야의 북방부대

가쿠타 제독의
제2항모강습

공중 정찰 범위

동해

일 본

아카기 가가
소류 히류

나구모 제독의
제1항모강습부대

블레
제17

미드웨이

야마모토 제독의
주력 함대

곤도의 제2함대

엔터프라이즈
호넷

미군 잠수함

스프루언스 제독의
제16기동함대

이오지마
(유황도)

미나미토리 섬
(마커스 섬)

다나카 제독의 수송전력/
구리타 지원부대

일본군 잠수함 호위

웨이크 섬

마리아나
제도

사이판

괌

에네웨타크
환초

마셜 제도

135°   150°   165°   180°

지도 59. 미드웨이를 점령하기 위한 야마모토 제독의 복잡한 계획이 결국 실패하면서
태평양 전쟁의 전세는 연합군에 유리한 쪽으로 기울었다.

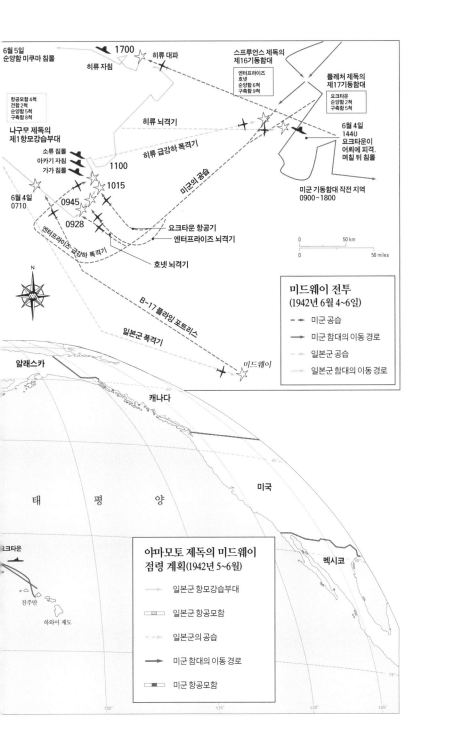

6월 5일
순양함 미쿠마 침몰

히류 자침

1700 히류 대파

스프루언스 제독의
제16기동함대

엔터프라이즈
호넷
순양함 6척
구축함 9척

플레처 제독의
제17기동함대

요크타운
순양함 2척
구축함 5척

6월 4일
1440
요크타운이
어뢰에 피격.
며칠 뒤 침몰

항공모함 4척
전함 2척
순양함 5척
구축함 8척

나구모 제독의
제1항모강습부대

히류 뇌격기

히류 급강하 폭격기

미군의 공습

소류 침몰
아카기 자침
가가 침몰

1100

1015

미군 기동함대 작전 지역
0900~1800

6월 4일
0710

0945

0928

엔터프라이즈 급강하 폭격기

요크타운 항공기

엔터프라이즈 뇌격기

호넷 뇌격기

0   50 km

0   50 miles

B-17 플라잉 포트리스

미드웨이 전투
(1942년 6월 4~6일)

일본군 폭격기

미드웨이

- ▶ 미군 공습

→ 미군 함대의 이동 경로

- ▶ 일본군 공습

→ 일본군 함대의 이동 경로

N

알래스카

캐나다

미국

태   평   양

요크타운

진주만

하와이 제도

멕시코

야마모토 제독의 미드웨이
점령 계획(1942년 5~6월)

→ 일본군 항모강습부대

⊏▭⊐ 일본군 항공모함

→ 일본군의 공습

→ 미군 함대의 이동 경로

⊏▬⊐ 미군 항공모함

내려다보고 있는 푸앵트뒤오크를 공격했다. 그들은 갈고리를 매단 밧줄과 소방 사다리로 약 30미터 높이의 절벽을 독일군의 포화를 맞으며 기어올랐다. 대단한 진취성과 용맹을 발휘하여 진지를 점령하고 보니, 독일군 포대는 남쪽으로 550미터 정도 옮겨져 있었다. 그들은 다시금 포대를 찾아 제거했다. 이 과정을 통틀어 135명의 사상자가 발생했다.

오마하 해변은 방어가 가장 삼엄한 구역으로 여겨졌으므로 미군 제1보병사단과 제29보병사단에 할당되었다. DD 수륙양용전차가 그들을 엄호하기로 되어 있었다. 하지만 악천후 때문에 상륙 시점과 장소를 잘못 맞추어 전차 중 스물일곱 대가 침몰해버렸다. 한편 보병 상륙정도 도착했다. 그중 많은 수가 바람에 떠밀려 제 위치를 이탈했고, 거의 피해를 입지 않은 독일군 진지로부터 위협적인 포화가 쏟아졌다. 미군 병사들은 순전한 용맹으로 생존자를 그러모아 공격 부대를 편성한 뒤, 치열하게 싸우며 – 좌초 위험을 무릅쓴 구축함의 엄호를 받으며 – 내륙으로 전진하기 시작했다. 결국 2만 명의 사상자를 내고서야 해안 교두보를 확보할 수 있었다.

오전 7시 25분, 영국군 제49사단이 영국 순양함 두 척과 지원함의 엄호를 받으며 '골드 해변'에 상륙하기 시작했다. 강한 바람 때문에 상륙을 위해 배를 조정하기가 힘들었으므로 DD 전차를 해안가에 좀 더 근접하여 상륙시킨다는 결정이 내려졌고, 덕분에 보병대가 해안가의 방어 시설을 좀 더 수월하게 정리할 수 있었다. 스탠리 홀리스Stanley Hollis 중대 선임하사관은 몽플뢰리 인근의 적군 벙커를 공격한 공로로 D데이의 유일한 빅토리아 십자훈장을 수여받았다. 햄프셔 여단의 병사들은 약 1,000명의 사상자를 내고 아로망슈 마을을 점령했다. 이곳은 멀베리 항구가 건설된 곳이기도 하다. 영국해협 너머로 예인해온 콘크리트 부재들을 적절한 위치에 가라앉혀 임시 항구를 기막히게 조립해낸 것이다. 이 항구의 잔해는 오늘날에도 볼 수 있다.

그로부터 10분 뒤, 주노 해변에 캐나다군 제3사단이 상륙하기 시작했다. 해변을 벗어나는 데 거대한 포탄 구덩이가 방해물이 되었기에 버려진 진차와 나무 다빌 fascine(나뭇가지를 단단히 묶은 원통형 다발)로 메워졌고, 이는 병사와 차량이 딛고서 전진할 수 있는 일종의 다리가 되어주었다. 독일군의 주요 거점은 모두 75밀리 포와 기관총으로 무장하고 철조망과 지뢰로 둘러싸여 있었지만 결국 제압되었다. 또 다른 수비 병력이 참호에 잘 매복해 있었기에 계속 전진하기 전에 이들을 측면 공격해야 했다. 제9캐나다보병여단의 선두 부대는 카르피케 비행장이 시야에 들어오는 곳까지 진격한 뒤 그 자리에 참호를 파고 밤을 보내면서 보급을 기다렸다. 그날이 끝날 때까지 집계된 사상자는 961명이었다.

소드 해변에는 오전 7시 30분에 영국군 제3보병사단이 상륙했고, 결국에는 인근의 독일군 거점을 제압했다. 로바트 경 Lord Lovat이 이끄는 특수임무여단과 제4코만도 또한 필립 키퍼 Philippe Kieffer가 지휘하는 자유프랑스 코만도의 지원을 받아 뒤따라 상륙했다. 위스트르앙을 거쳐 진격한 그들은 페가수스 다리에서 마침내 공수부대원들과 합류했다. 제3사단은 D데이에 유일하게 행해진 독일군의 기갑 반격에 부딪혔지만, 성공적으로 물리쳤다. 사상자는 약 1,000명이었다.

D데이 상륙 첫날이 끝날 무렵에는 16만 명의 병력이 프랑스에 상륙한 뒤였다. 독일군은 서쪽에서 진격하는 연합군과 동쪽에서 복수심에 불타 몰려오는 소련군 사이에 갇히게 되었다. 연합군과 소련군은 둘 다 전력이 증강된 반면, 독일군 전력은 쇠퇴한 상황이었다. 이것이 어떻게 끝날지는 모두의 눈에 명백했다. 그럼에도 독일군은 독일 땅에서 피투성이로 쓰라린 패배를 맛볼 때까지 계속 싸웠다. 한편 아시아에서 벌어진, 중국·동남아시아·태평양을 둘러싼 기나긴 격전은 미국이 일본의

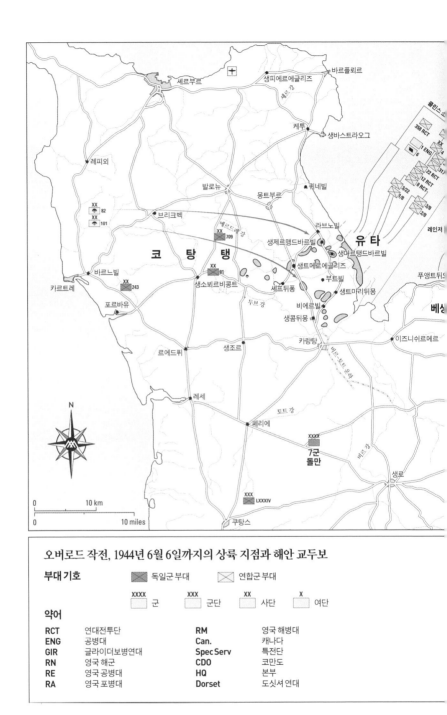

세르부르
생피에르에에글리즈
바르플뢰르
레피외
케투
생바스트라우그
발로뉴
몽트부르
퀴네빌
브리크벡
라브노빌
생제르맹드바르빌
709
생마르탱드바르빌
유 타
바르느빌
81
생메르에글리즈
부트빌
243
생소뵈르비콩트
셰프뒤퐁
생마리뒤몽
82
101
카르트레
비에르빌
포르바유
두브 강
생콤뒤몽
르에드뷔
생조르
카랑탕
이즈니쉬르메르
베싱
레세
토트 강
페리에
7군
돌만
XXXX
LXXXIV
XXX
쿠탕스
생로

368 RCT
ENG
22 RCT
12 RCT
8 RCT
3/22
1/8
3/8
2/8
레인저
푸앵트뒤오
올린스 소

N

0 ——— 10 km
0 ——— 10 miles

오버로드 작전, 1944년 6월 6일까지의 상륙 지점과 해안 교두보

부대 기호   독일군 부대   연합군 부대

XXXX 군   XXX 군단   XX 사단   X 여단

약어

RCT 연대전투단   RM   영국 해병대
ENG 공병대   Can.   캐나다
GIR 글라이더보병연대   Spec Serv 특전단
RN   영국 해군   CDO   코만도
RE   영국 공병대   HQ   본부
RA   영국 포병대   Dorset   도싯셔 연대

지도 60. D데이 상륙이라는 이름으로 더 잘 알려진 '오버로드 작전'은 세계사에서 규모가
가장 크고 가장 복잡한 공수작전이었다.

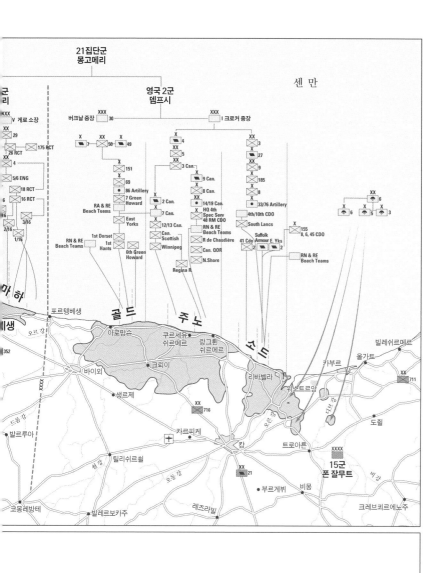

21집단군
몽고메리

군리

영국 2군
뎀프시

XXX
버크날 중장 30

XXX
I 크로커 중장

V 게로 소장

X 7   XX 50   X 49

X 4
XX
X 5
XX
3 Can.

X 3
X 27
XX 185
X 8
XX
33/76 Artillery

XX 6
X 6   X 5   X 3

29
26 RCT   175 RCT

X 151
X 69
86 Artillery
7 Green Howard
RA & RE Beach Teams
East Yorks

X 9 Can.
X 8 Can.
14/19 Can.
HQ 4th Spec Serv 48 RM CDO
RN & RE Beach Teams

4th/10th CDO
South Lancs
Suffolk
Armour E. Yks

X 155
8, 6, 45 CDO

4
5/6 ENG
18 RCT
16 RCT
3/16
2/16
1/16

X 2 Can.
RN & RE Beach Teams
1st Dorset
1st Hants
6th Green Howard

12/13 Can.
Can. Scottish
Winnipeg
Can. QOR
N.Shore
Regina R.

R de Chaudiere
41 Cdo   2

RN & RE Beach Teams

포르텡베생
골드
주노
소드

아로망슈   쿠르세유   랑그륀   빌레쉬르메르
쉬르메르   쉬르메르   카부르   올가트
크루이   리바벨라   XX 711
바이외   위스트르앙
생르제   716   도질
카르피케   트로아른
캉   15군 폰 잘무트
틸리쉬르쇨   부르게뷔   비몽
발르루아   레즈라빌
코몽레방테   빌레르보카주   크레브쾨르에노주

센 만

오르강
드롱강
셸강
오동강
뮤강
디브강

히로시마와 나가사키에 두 개의 원자폭탄을 투하함으로써 마침내 종결되었다. 이는 제2차 세계대전의 종막을 알린 동시에 새로운 종류의 전쟁이라는 무서운 가능성을 열었다.

17

· 도시 지도의 서사 ·

21세기의 도시는 멋진 장소다. 도시는 존재해온 내내 경이의 장소였을 것이 확실하지만, 이제는 물론 배수관이 잘되어 있어서 야외에서 식사하다가 뭔가를 뒤집어쓰는 일은 없다……. 뭐, 흔치는 않다. 진정한 대도시에는 시민과 방문객이 바라는 모든 게 구비되어 있다. 극장, 도서관, 갤러리, 박물관, 영화관, 아름다운 공원, 다채로운 식당, 그리고 사기를 당하거나 강도를 만났을 때 도움을 청할 수 있는 믿을 만한 치안 서비스. (그중 마지막 것은 내가 뉴욕에 있을 때 딱 한 번 경험한 적이 있다. 불과 몇 초 만에 끝났고 아주 효율적이었다.)

지금 내가 사는 체셔에서 멀지 않은 곳에도 도시가 하나 있다. 바로 리버풀이다. 한때 대영제국 제2의 도시였고, 확실히 그 건축 유산은 숨이 멎을 듯 놀랍다. 물론 이에 대해 리버풀의 택시 기사들만큼 이야깃거리가 풍부한 사람은 없을 것이다. 톡스테스라는 구역을 지날 때 한 택시 기사가 내게 말했다. "아, 그건 그렇고 여기서 히틀러가 살았답니다!" 그는 히틀러가 이복형, 아일랜드인 형수와 함께 한동안 여기서 지냈다고 했다. 그들은 서로 자주 싸웠던 것으로 보이며 끊임없는 소음으로 이웃들의 심기를 거슬렀다고 한다. "아마 이곳의 미술학교에 들어가려 했던 것 같아요. 하지만 관두고 독일인지 오스트리아인지로 돌아갔죠." 택시 기사의 말이었다. 출처가 의심스러운 이 이야기는 총통의 존재감에 확실히 새로운 차원을 더해주었다.

리버풀 전역의 건축물과 – 물론 – 부두는 이 도시의 역사를 완벽하게 서사적으로 표현하고 있다. 영국 대부분 도시의 건축물에는 자코비안(제임스 1세 시대 – 옮긴이) 양식이니 빅토리아 양식이니 에드워드 양식이니 하는 꼬리표가 붙지만, 리버풀은 영국의 해상 활동과 너무나 긴밀히 연결된 도시이기에 뭔가 독특한 것이 필요하다. 내 생각에는 제국 초기, 제국 전성기, 제국 말기로 구분하는 편이 더 적합하지 않을까 싶다.

수년 전, 동료인 편집자 리즈 와이즈Liz Wyse와 함께 일할 때 나는 다양한 도시의 역사를 주제로 작업해보자는 아이디어를 냈다. 잘만 된다면 완벽한 콘셉트였다. 우리 사업을 장기간 지속시켜주고 우리가 거래하는 은행의 지점장에게 안도감을 줄 만한 시리즈였다. 처음 내 머릿속에 떠오른 세 도시는 당연한 선두 주자로 보이는 런던, 파리, 뉴욕이었다. 내가 이 계획을 리즈에게 털어놓자 그녀는 곧장 반색했다. 그녀는 내가 아는 이들 중에서 가장 도회적인 사람으로, 항상 전 세계의 이국적인 장소의 친구들을 만나러 훌쩍 떠나곤 했다. 도시를 이용할 줄 아는 사람이 있다면 리즈가 바로 그런 사람이었다.

제안한 세 도시 중에서 거의 곧바로 실행한 것은 런던이었다. 유니버시티 칼리지 런던의 휴 클라우트Hugh Clout 교수가 집필을 맡았다. 우리는 지질학부터 시작해서 최초의 정착을 거쳐 – 1944~1945년에 수도로서는 아마도 유일하게 지속적으로 탄도미사일 공격을 받았던 – 가까운 과거에 이르기까지, 장장 2,000년에 걸친 런던의 역사를 시도해보았다.

그중 특정한 주제 하나가 런던의 철도 개발이었다. 도시철도, 특히 – 많은 런던 시민에게는 '튜브'라는 이름으로 알려진 – 지하철은 교외의 팽창을 가능케 했다.

19세기에 런던의 인구는 – 비단 일국의 수도로서만이 아니라 전 세계적인 제국의 중심으로서 – 급속히 증가했다. 1851년의 대박람회를 보러 대영제국과 전 세계에서 모여든 관광객은 600만 명에 달했다. 지하철망이 개발된 건 1863년부터였다. 세계 최초로 가스등 조명을 설치한 목제 객차를 증기기관차가 끌고서 패딩턴과 패링던 사이를 운행했다. 운행 첫날 3만 8,000명의 승객을 실어 나른 이 노선은 대성공으로 회자되었다. 그리고 이후 50년간 확장을 거듭한 끝에, 아마도 지구상에서 가장 잘 알려진 그래픽 지도가 탄생했다. 이 유명한 노선도는 혁명적 발전으로서, 그레이터런던과 지하철로의 실제 지리를 반영하려한 종래의 지도들을 대신하여 지하철 노선도의 표준으로 자리잡게 된다. 이제는 아이콘이 된 이 '런던 지하철 노선도Tube map'를 최초로 디자인한 사람은 런던 지하철 신호국의 전기 도면 제도사였던 헨리 찰스 벡Henry Charles Beck으로, 지금은 해리 벡이라는 이름으로 잘 알려져 있다. 그의 아이디어가 전기 배선도의 영향을 받았음을 알 수 있다. 초창기의 지하철 노선도 계획은 지리적 배치를 엄격히 따랐는데, 이해하기가 그리 쉽지 않았다. 하지만 해리 벡의 새로운 지도는 곧 인기를 끌면서 전세계의 지하철 및 기타 노선 지도에 영향을 끼치게 된다.

그다음으로 실행한 도시는 파리였다. 원고 감수는 소르본 대학교의 지리학과 교수인 장 로베르 피트Jean-Robert Pitte가 맡았다. '에디시옹 디디에 밀레Editions Didier Millet' 출판사의 창립자이자 대표인 디디에 밀레가 이 아틀라스의 콘셉트와 디자인에 비상한 관심을 보였다. 나는 이 단계에서 뒤로 한 발 물러나 리즈가 우리 지도와 일러스트가 어떻게 사용될

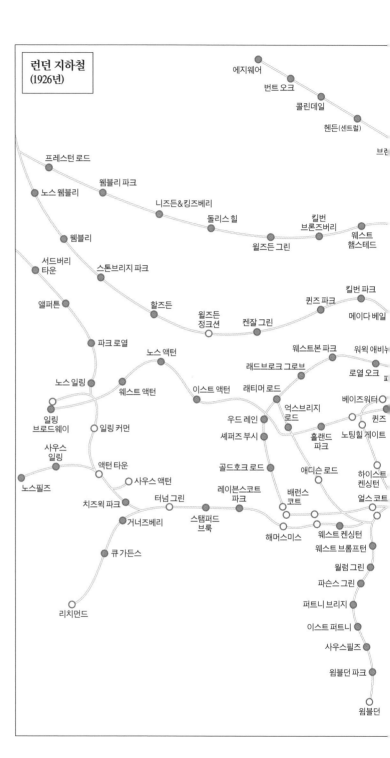

런던 지하철
(1926년)

에지웨어
번트 오크
콜린데일
헨든(센트럴)
브런

프레스턴 로드
웸블리 파크
노스 웸블리
니즈든&킹즈베리
돌리스 힐
킬번
브론즈버리
웸블리
윌즈든 그린
웨스트
햄스테드

서드버리
타운
스톤브리지 파크
킬번 파크
앨퍼튼
할즈든
윌즈든
정크션
켄잘 그린
퀸즈 파크
메이다 베일

파크 로열
노스 액턴
웨스트본 파크
워윅 애비뉴
노스 일링
로열 오크
웨스트 액턴
이스트 액턴
래티머 로드
래드브로크 그로브
일링
브로드웨이
일링 커먼
우드 레인
억스브리지
로드
베이즈워터
퀸즈
사우스
일링
셰퍼즈 부시
홀랜드
파크
노팅힐 게이트
액턴 타운
사우스 액턴
골드호크 로드
애디슨 로드
하이스트
켄싱턴
노스필즈
레이븐스코트
파크
얼스코트
치즈윅 파크
터넘 그린
배런스
코트
거너즈베리
스탬퍼드
브룩
웨스트 켄싱턴
큐 가든스
해머스미스
웨스트 브롬프턴
윌럼 그린
파슨스 그린
퍼트니 브리지
리치먼드
이스트 퍼트니
사우스필즈
윔블던 파크
윔블던

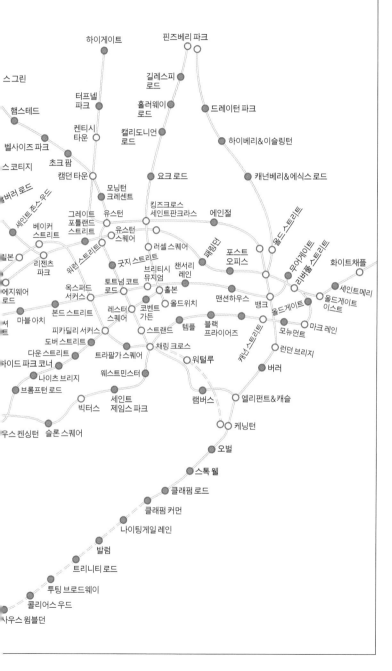

지도 61. 1931년 해리 베크이 오늘날의 우리 모두에게 너무나 친숙한 다이어그램형 런던 지하철 노선도를 디자인하기 전까지는 이와 같은 지도가 사용되었다.

지에 대해 다소 복잡한 협의를 거치는 과정을 그녀의 어깨 너머로 지켜보았다. 프랑스 측 편집팀은 열정과 에너지가 넘치는 친구들로, 하루의 상당 시간을 점심시간에 할애했는데 이는 기나긴 회의 시간에 더 가까웠다. 흰 종이로 된 식탁보는 지도와 레이아웃을 스케치하는 즉석 제도판으로 변신했다. 대도시 사람인 디디에는 우리 같은 '시골 사람들'을 상대하는 것을 다소 미심쩍어하는 듯했다. 그래서 나는 그를 안심시켜주었다. "오, 걱정하지 마세요. 우리 지방이 꽤 유명하답니다. 더비(영국 이스트미들랜즈 지역의 도시 - 옮긴이)와 파리를 오가는 직항 편이 있을 정도니까요." 내 말에 그는 깜짝 놀랐다. 실은 파리와 이스트미들랜즈 공항 사이의 직항 편이었지만, 나는 사소한 사항을 너무 따지고 들지 않기로 했다.

런던처럼 파리도 기나긴 역사를 자랑한다. 최초의 중요한 취락은 켈트족의 일파인 파리시 부족이 센 강변에 정착한 기원전 250년경으로 거슬러 올라간다. 이 도시도 여러 시대에 걸쳐 확장되었지만, 근대에 들어 런던과는 사뭇 다른 경험을 했다. 바로 혁명과 점령이다. 1789년 여름에 이 도시는 프랑스와 유럽을 변모시키고 더 넓은 세계에 흔적을 남긴 사건인 프랑스 혁명의 초점이 되었다. 그리고 1814년, 1871년, 1940~1944년에 각각 점령당했는데, 파리 시민들에게는 이 모두가 끔찍한 경험이었다.

여기서 우리가 다루려는 파리의 역사는 1870년 9월 2일의 이야기다. 이날은 황제 나폴레옹 3세가 축출된 동시에, 이후 1940년까지 존속하게 될 제3공화국이 선포된 날이다. 하지만 공화국이 선포되고 불과 17일 후에 프로이센군이 도시를 포위하면서 파리는 시련을 겪게 된다. 1월 초부터는 도시에 포탄 세례가 퍼부어졌다. 시민들은 동물원의 동물들과 눈에 띄는 쥐들을 모조리 잡아먹으면서 버텼지만, 결국 정부는

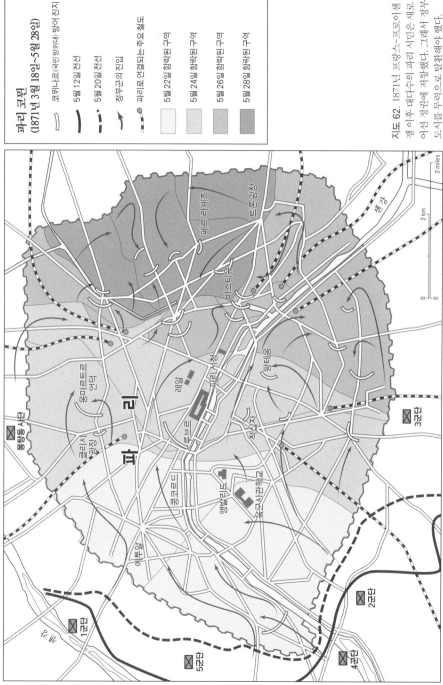

파리 공략
(1871년 3월 18일~5월 28일)

- ⌒ 코뮈나르드(국민방위대) 방어진지
- | 5월 12일 전선
- ┊ 5월 20일 전선
- ↗ 정부군의 진격
- ●━ 파리로 연결되는 주요 철도
- ░ 5월 22일 함락된 구역
- ▒ 5월 24일 함락된 구역
- ▓ 5월 26일 함락된 구역
- █ 5월 28일 함락된 구역

지도 62. 1871년 프랑스-프로이센 전쟁 이후 대다수의 파리 시민은 새로운 여선 정권에 저항했다. 그래서 정부는 도시를 무력으로 탈환해야 했다.

1월 28일에 항복했다. 프로이센에 점령된 동안 불안정한 평화가 존재했지만 그 시기는 짧았다. 프로이센군은 곧 철수하여 도시 외곽에 진을 쳤다.

간신히 유지되던 평화는 3월에 혁명이 터지면서 깨졌다. 국민 방위대 소속의 급진적인 병사 두 명이 정규군의 고위 장교 두 명을 사살했고, 겁먹은 정부와 관료들과 정규군 부대들은 베르사유로 피신했다. 그 즉시 새로운 시의회인 파리 코뮌이 3월 26일에 선출되어 급진적 사회주의 의제를 내걸고 정권을 잡았다. 1700년대 초 이래로 파리에는 하루하루 닥치는 대로 먹고사는 빈민이 인구의 다수를 차지하고 있었다. 이 불안정하고 유동적인 인구는 대부분 도시의 동쪽 지역에 거주했다. 이 도시를 어떻게 다스려야 할지에 대해 드디어 그들이 목소리를 낼 때가 온 것이었다.

그러나 – 이 세상에는 항상 '그러나'가 있는 듯하다 – 5월 21일 정부의 명령을 받은 정규군이 코뮈나르communard(파리 코뮌 지지자 – 옮긴이)를 공격했고, 치열한 전투 끝에 5월 28일 모든 것이 끝났다. 코뮌 측에서는 약 7,000명이 전사했고 정부군은 전사가 837명, 부상이 6,424명이었다. 많은 코뮈나르가 투옥되어 외딴 유형지에서 10년간 옥살이를 하고서야 겨우 사면되었다. 또 일부는 망명길에 올랐다. 파리는 언제나처럼 복구되었고 1940~1944년의 점령과 해방을 거쳐 이때껏 살아남았다. 오늘날의 파리는 시내에 존재하는 온갖 보물은 말할 것도 없고 그곳에 있는 것만으로 무릎에 힘이 빠지게 만드는 특별한 장소들 중 하나다.

───── ◦▲◦ ─────

3대 도시 중 마지막은 뉴욕이었다. 리즈는 이 도시에 대한 작업을 가장 즐겼을 것이 틀림없다. 그녀는 케임브리지 대학교를 졸업한 뒤 한동안 미국의 매사추세츠 대학교에서 교편을 잡았다. 우리 아틀라스의 필자는 뉴햄프셔 대학교에서 방문교수로 미국 문학을 가르쳤던 에릭 홈버거Eric Homberger였다. 그는 우리 회사와 가까운 이스트앵글리아 대학교에서도 미국학을 가르쳤기 때문에 일에 착수하기가 수월했다. 또 뉴욕 공립도서관의 지도과장인 앨리스 허드슨Alice Hudson에게서도 지대한 도움을 받았다.

우리의 뉴욕 이야기는 맨해튼 섬에 살던 아메리카 원주민들이 네덜란드인들에게 푼돈어치의 물품을 받고 이 땅을 넘긴 1626년부터 시작된다. 아니, 아무래도 뉴암스테르담부터 시작해야 할 것 같다. 이곳의 첫 정착민들은 네덜란드 선박인 니우 네데를란트Nieuw Nederlandt 호를 타고서 1623년에 도착했다. 그들은 현재의 벨기에 지역 출신으로 프랑스어를 쓰는 왈롱인이었다. 네덜란드인들은 이 지역을 몇 년간 탐사해왔고 1614년부터 허드슨 강변에 정착하기 시작했다. 잉글랜드 정착민들이 1620년 플리머스 식민지에 도착하기 6년 전이었다. 뉴암스테르담은 느리게 성장했다. 1630년대 중반 무렵 이 정착지에는 밀가루 제분소 하나, 제재소 두 개, 조선소 하나, 염소 우리들, 빵집 하나, 교회 하나, 그리고 조산소 하나가 있었다. 1630년부터 1650년까지 잉글랜드인 5만여 명이 뉴잉글랜드로 향했다. 이 대량 이주는 아메리카 원주민과의 숱한 전쟁을 촉발했을 뿐만 아니라 기존의 네덜란드·스웨덴 식민지를 압도했다.

1664년 잉글랜드 프리깃함 네 척이 뉴암스테르담 항구에 입항하여 항복을 요구했다. 뉴암스테르담은 이 요구에 굴복하여 1664년 9월 6일 잠정 조약에 서명했다. 이듬해인 1665년 6월, 이 도시는 나중에 제임스 2세가 되는 요크 공작의 이름을 따서 뉴욕으로 이름을 바꾸고 잉글랜드 법률의 관할로 편입되었다. 제2차 영국-네덜란드 전쟁을 종결지은 1667년의 브레다 조약에서, 네덜란드는 남아메리카의 수리남에 대한 영유권을 확보하고 패전국인 잉글랜드는 뉴욕을 계속 보유하게 되었다. 지나고 나서 하는 말이지만, 전쟁에서 패배한 것이 그렇게 나쁘진 않았던 셈이다. 이 소도시는 서서히 성장하여, 신생 미국의 초창기인 1790년에는 인구가 (정확히) 3만 3,131명이 되어 있었다.

'더 헤이러 스트라트De Heere Straat'라고 불렸던 옛 네덜란드의 비포장 도로는 '브로드웨이Broad Way'로 개칭되었고, 향후 200년에 걸쳐 이 도시가 팽창하게 될 방향을 지시했다. 혹시라도 여러분이 브로드웨이를 걸으며 역사의 공기를 들이마시고 싶다면, 편한 신발을 신고 시간을 넉넉히 잡고 주위를 잘 둘러보라. 콜럼버스 서클에 다다르면 좌회전해서 센트럴파크로 들어가라.

리버풀과 머지 강으로 되돌아와서, 이곳에 잘 알려지지 않은 사실 하나가 있다. 리버풀에서 머지 강을 건너면 버컨헤드다. 그리고 이 소도시에 있는 버컨헤드 파크는 영국에서 공공 예산으로 지어진 최초의 공원이다. 조지프 팩스턴Joseph Paxton이 설계한 이 공원은 1847년에 개장했을 때 인근의 모든 주민과 더 멀리서 온 많은 이들에게서 감탄을 자아냈다. 미국의 저널리스트였던 프레더릭 로 옴스테드Frederick Law Olmsted는 1850년 이 공원을 방문하고 너무 깊은 감명을 받은 나머지, 미국에 돌아와 조경설계를 공부한 뒤 영국계 미국인 건축가 캘버트 복스Calvert Vaux와 함께 미국 최초의 도시공원인 센트럴파크를 설계했다. 이 공원은 버컨헤드에서 최초로 선보인 많은 요소를 차용했고, 옴스테드는 이후로도 미국 전역에 여러 시민 공원을 만들었다. 160여 년이 흐른 지금, 센트럴파크는 브로드웨이를 따라 걸어온 산책자의 눈을 즐겁게 해주며, 아이스크림을 먹으면서 지친 발을 쉬기에 더없이 좋은 장소다.

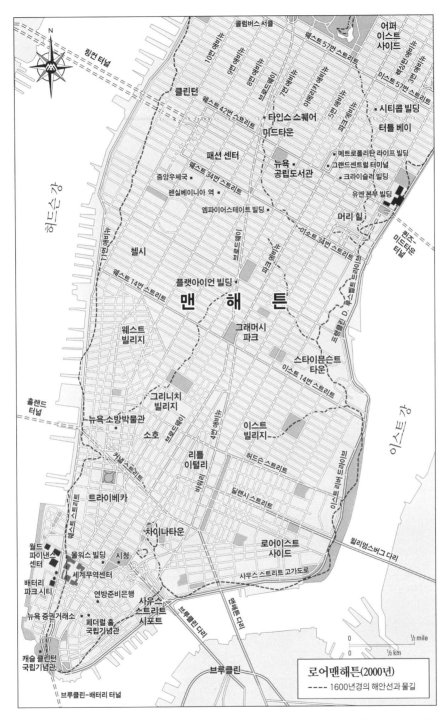

지도 63. 로어맨해튼 남단은 1700년대 초반의 가로 패턴을 고스란히 보존하고 있다. 여기서부터 북쪽으로 뻗은 브로드웨이는 이 도시의 팽창 방향을 가리킨다.

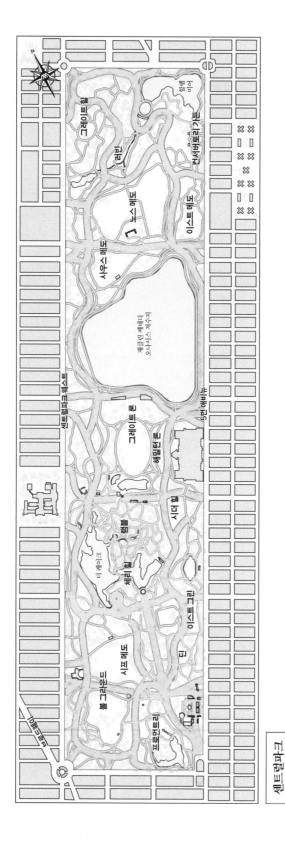

지도 64. 뉴욕의 센트럴파크라는 프레더릭 로 옴스테드와 캘버트 복스의 설계로 1876년에 개장했다.

센트럴파크

뉴욕은 마치 생활의 기어를 한 단 올린 것처럼 폴짝거리며 뛰어다니고 싶어지게 하는 도시 중 하나다. 나는 이곳에서 지독히도 오랜 시간 동안 일하면서 보냈다. 지금은 그렇게 자주 찾지 않지만, 나는 이 도시에 아주 많은 신세를 졌다. 이곳은 참으로 창조적인 장소다. 다시 찾기 위해 노력해야 할 것 같다. 요즘은 그렇게 능숙하게 폴짝거리며 뛰어다니지 못하지만.

18

· 더 '높은 곳'으로 ·

『지리학』에서 프톨레마이오스는 수학적 지도 제작에 대해 상세한 지시를 내리고, 경선과 위선을 지도 제작의 기본 틀로 활용한 지도 투영법의 구축에 대해 설명했다. 이를 위한 도구들은 여러 세기에 걸쳐 개선되었다. 하지만 지도 제작에서 가장 극적인 변화는 20세기 초 항공 사진의 개발이었다. 기본도를 준비하기 위해 수많은 측량사와 지도 제작자를 파견하여 도보로 경관을 측량할 필요가 없어졌다. 고해상도 카메라 한 대, 공중 임무 한 번이면 수천 제곱마일을 기록할 수 있게 되면서 이후 80여 년간의 지도 제작이 변모했다. 이 과정은 1984년 지도 제작 전문 위성의 발사와 더불어 한층 더 확대되었다. 또한 여기에 컴퓨터 지원 설계CAD가 추가되었고, 지리공간 데이터를 저장·분석해주는 소프트웨어인 지리정보시스템GIS의 발전이 그 뒤를 이었다. 이렇게 해서 뽑혀 나온 패턴과 관계를 통해 지도 제작 디자이너들이 국가별 개인 소득과 같은 비교 데이터를 보여주는 지도를 만들 수 있게 되었다. 또한 범지구위성측위시스템GPS은 궤도 위성 네트워크를 통해 지표면 지형지물의 정확한 지리 좌표를 제공해준다. '내비'가 없으면 여러분은 어떻게 할까? 낡은 도로교통지도를 다시 집어 들어야 할 것이다 – 첨언하자면 이건 망각되어서는 안 되는 능력이다. 드론이 부상하면서, 이제 영상 등의 데이터를 수집하기 위해 대형 유인항공기에 경비를 들일 필요가 없어졌다. 이제 훨씬 더 비용 대비 효율이 높은 방식으로 이 작업을 할 수 있고, 아마도 그렇게 될 것이다. 확신하건대, 앞으로 몇 년 안에 여러분은 종조할아버지가 제 날짜에 쓰레기통을 문밖에 내놓았는지까지 확인할 수 있게 될 것이다.

지도 제작의 발전에 결정적 역할을 한 비행 활동은 18세기에 몽골피에 형제 – 조제프 미셸Joseph-Michel과 자크 에티엔Jacques-Étienne – 로부터 시작되었다. 그들은 열기구라는 아이디어를 가지고 상당히 오랫동안 궁리한 끝에 1782~1783년 태피터 천과 밧줄과 불을 결합하여 이 위험한 개념을 실행하게 된다. 직접 해보니 기구가 뜨는 힘은 꽤 무거운 짐을 띄워 올리기에 충분했다. 1783년 10월 파리의 벽지 제조업자인 장 바티스트 레베용Jean-Baptiste Réveillon과 협력하여 유인 기구가 이륙 준비를 마쳤고, 10월 15일경에 자크 에티엔은 지상을 벗어난 최초의 인간이 되었다. 하지만 이 비행에서는 기구가 밧줄로 땅에 묶여 있었다. 최초의 자유비행은 11월 21일 두 명의 조종사(승객에 더 가까웠지만)에 의해 감행되었는데, 필시 비상한 담력의 소유자들이었을 것이다. (당시 화학 교사였던 장 프랑수아 필라트르 드 로지에Jean-François Pilâtre de Rozier는 몇 년 뒤 영국해협을 횡단하려다 타고 있던 기구가 터지면서 최초의 항공사고 희생자로 기록되었다. 두 번째 승객인 프랑수아 로랑 다를랑드François Laurent d'Arlandes는 프랑스 근위대 장교였는데, 혁명 이후 비겁죄로 군대에서 쫓겨났다 – 그리고 자살한 것으로 추정된다. 그토록 용맹한 비행의 선구자가 맞은 것치고는 슬픈 운명이었다.)

이 최초의 자유비행에 인명 피해를 내고 싶지 않았던 국왕 루이 16세는 두 명의 사형수를 태우자는 아이디어를 냈다. 사회적 지위가 높은 사람을 이 임무에 선발해야 후세에 기억될 거라고 국왕을 설득한 사람은 바로 드 로지에였다. 이렇게 해서 선발된 그들은 오후 1시 54분, 불로뉴 숲 언저리에 위치한 뮈에트 성의 정원에서 국왕이 지켜보는 가운데 이륙했다. 구경꾼들 중에는 프랑스 주재 미국 대사였던 벤저민 프랭클린도 끼어 있었다. 그들은 25분간 5.5마일(약 9킬로미터)을 비행하여 고도 3,000피트(약 900미터)까지 올라갔다가, 당시만 해도 파리 외곽이었던 카유 언덕Butte-aux-Cailles에 착륙했다. 그 이후 드 로지에와 다를랑드는 샴페인 한두 잔 – 어쩌면 서너 잔 – 으로 축배를 들었다. 여러분은 어떨지 모르지만, 나는 비행기를 탈 때 – 그리고 비행기에서 내렸을 때 – 마다 샴페인을 마셔줄 필요성을 느끼곤 한다. 불을 피워서 띄우는 종이 기구를 타고 3,000피트까지 올라갔다가 내려왔다면 샴페인 풀장에서 헤엄 정도는 쳐주어야 할 것이다.

그로부터 불과 열흘 뒤인 1783년 12월 1일, 수소를 채운 기구가 최초로 이륙하면서 항공술은 한 발짝 더 진보하게 된다. 설계자인 자크 샤를Jacques Charles과 발명가인 니콜라 루이 로베르Nicolas-Louis Robert가 탑승하여 기구를 조종했다. 조종 장치는 가스 방출용 밸브와 바닥짐 구실을 하는 모래주머니로 이루어져 있었다. 가스 밸브를 열어서 고도를 낮추고 모래를 비워서 고도를 높이는 방식이었다. 이번에도 호기심 많은 벤저민 프랭클린은 모여든 구경꾼들 사이에서 전망이 좋은 자리를 차지하고 있었다.

그들은 파리의 튈르리 정원에서 이륙하여 고도 1,800피트(약 550미터)까지 올라갔고 24마일(40킬로미터)가량 비행한 뒤 파리 북부의 네슬라발레Nesles-la-Vallée에 착륙했다. 착륙한 샤를은 곧바로 두 번째 비행에 나섰다. 수소 가스가 일부분 새어나간 뒤라 이번에는 혼자서 기구에 탑승했다. 그리고 9,000피트(약 2,700미터)라는 아찔한 고도까지 올라갔다. 몸에 조금 이상을 느낀 그는 가스를 방출하여 2마일(약 3킬로미터) 떨어진 투르 뒤 레이Tour du Lay에 시뿐히 착륙했고, 그 후로 다시는 비행하지 않았다. 하지만 적어도 당시에는 가스 기구가 열기구보다 더 실현 가능한 방안으로 여겨졌다.

1858년 파리에서 역사상 최초로 찍힌 항공사진의 플랫폼을 제공한 것은 바로 이 초창기 가스 기구의 후신이었다. 애석하게도 이 사진은 현재 남아 있지 않다. 현존하는 최초의 항공사진은 1860년 제임스 월러스 블랙James Wallace Black이 매사추세츠 주의 보스턴 상공에서 찍은 것이다.

사진 처리 기술이 발전한 뒤로는 공중에 띄워 올려야 하는 장비의 필요성이 감소했고, 1879년 최초로 자유비행을 통한 항공사진 촬영이 파리 상공에서 수행되었다. 이 모두가 지도 제작자들에게 주는 함의는 명백했다. 이렇게 촬영된 이미지를 보고서 그들이 지상에서 측량하고 계산한 결과를 실물과 비교해볼 수 있게 된 것이다. 카메라를 상공에 띄우기 위해 연과 로켓도 활용되었다. 1882년 영국의 기상학자인 E. D. 아치볼드E. D. Archibald는 연을 이용해 최초로 선명한 사진을 촬영하는 데 성공한 인물 중 한 명이 되었다. 1906년 조지 R. 로렌스George R. Lawrence는 그와 유사한 기술을 이용해 샌프란시스코 지진의 참상을 사진에 담았다.

1903년 최초의 동력 비행을 시발점으로 한 항공기의 발전은 항공사진에 새로운 추동력을 불어넣었다. 1914년 제1차 세계대전이 시작될 무렵에는 대부분의 군대가 일종의 정찰용 항공기를 보유하고 있었다. 이런 항공기는 과거에 같은 역할을 했던 경기병보다 훨씬 더 넓은 영역을 포괄했고 속도도 훨씬 더 빨랐다. 1914년 9월 '슐리펜 계획'에 따라

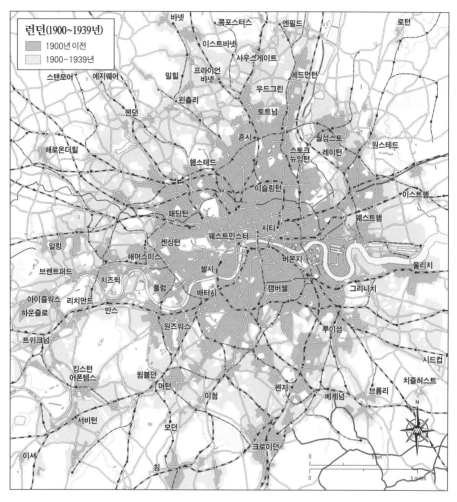

지도 65. 런던 메트로폴리스는 1900년 이후로 급속히 팽창했다. 이 시기에는 항공 탐사로 도시환경을 더욱 정확히 재현할 수 있게 되었다.

프랑스군을 포위하기 위해 파리 북서쪽을 이동하는 독일군을 탐지해 낸 것 또한 프랑스 항공기였다. 9월 9일에 연합군이 반격할 수 있었던 건 일부분 그 덕분이었다. 이 반격은 독일군의 진격을 급작스레 중단시켰고 '마른의 기적'으로 알려지게 된다.

항공용 카메라의 규모와 초점의 품질 또한 전쟁을 거치면서 대폭 향상되었다. 1918년의 서부 전선에는 연합군과 독일군 모두 전선 전체를 하루에 두 번씩 촬영할 수 있을 정도의 항공기를 배치했다. 전쟁이 끝날 무렵에는 벨기에 해안에서 스위스 국경에 이르는 기나긴 전선에서 촬영된 이미지가 50만 장이 넘었다. 지금까지도 이곳은 지구상의 모든 지표면을 통틀어 가장 많이 촬영된 지역이며, 따라서 그때까지 시도된 것들 중에 가장 정확한 군사 지도가 제작된 지역이기도 하다.

비행기를 타고 가며 아래를 내려다볼 때 우리 모두는 어느 정도 데자뷰의 순간을 경험한다. 런던의 히스로 공항에 진입하면 도클랜즈의 친숙한 형태, 템스 강의 굴곡, 버킹엄 궁전과 의회가 – 지도에 묘사된 모습 그대로 – 눈에 들어온다. 나는 뉴욕의 라과디아 공항에서 이륙할 때도 이러한 순간을 경험했다. 내가 탄 것은 16인승 근거리 여객기였다(나는 이런 종류의 여객기를 싫어하는데, 키가 198센티미터인 승객에게 맞추어 설계되지 않았기 때문이다). 내가 잔뜩 몸을 굽히고 끙끙거리며 올라타서 아동 체형에 맞춰 설계된 좌석에 몸을 구겨 넣는 동안 단골 승객들이 별 탈 없이 줄지어 들어와 앉았다. 조종사인 빌은 승객 대부분과 안면이 있는 듯했다. 업스테이트 뉴욕의 이타카로 향하는 항공편이었다. 이륙한 지 얼마 되지 않아 비행기가 도시 상공을 선회했다. 빌은 우리가 기존 항로에서 조금 벗어난 롱아일랜드 상공에 와 있고 여기서 잠시 대기해야 할 것 같다고 안내했다. 승객들의 입에서 저마다 신음이 터져 나온 후 잠잠해졌다. 하지만 이 틈새의 시간 덕에 나는 1776년 워싱턴 장군이 전투를 벌였던 지역의 멋진 경관을 내려다볼 수 있었다. 그가 롱아일랜드 서쪽 끝단과 맨해튼에서 전개한 작전은 9월 16일 할렘 하이츠 전투에서 미국의 승리로 막을 내렸다. 이 모든 전경이 환상적이리만치 상세하게 눈앞에 펼쳐졌다.

마침내 우리는 확실히 북서쪽으로 기수를 돌려 이타카와 코넬 대학교로 향했다. 나는 천문학자이자 천체물리학자인 칼 세이건 교수를 만나러 가는 길이었다. 그는 폭넓은 청중을 상대로 복잡한 주제를 설명하는 능력이 있었다. 그가 지도 제작에서 제시한 요구 조건은 훨씬 더 현대적이었다. 나는 '핵Nucleus'이라는 가제가 붙은 신간을 작업 중인 출판사를 대리하여 그를 찾아간 참이었다. 내가 도착했을 때 그는 마침 학생 두어 명과의 대화를 마무리하는 중이었다. 소개와 짧은 잡담이 오간 뒤, 그는 차로 가까운 거리에 있는 자기 집으로 자리를 옮기자고 제안했다. 나는 가져온 렌터카로 그를 따라가 나무가 무성한 어느 길가에 차를 댔다. 그는 산울타리 사이에 난 출입문 옆에 서서 자기를 따라오라고 손짓했다. 짧은 길을 따라가보니 마치 이집트 신전을 복제한 듯한 건물이 빈터에 서 있었다. 화려하게 장식된 문을 지나 건물로 들어가서 로비를 통과하니 널찍한 방이 나왔다. 벽 두 면이 책으로 가득하고 편안한 의자들이 흩어져 있었다. 마침내 우리는 앞으로 나올 책에서 예상되는 문제점 및 그가 필요로 하는 그래픽과 지도에 대한 논의로 넘어갔고, 나는 준비해온 스케치 아이디어들을 보여주었다. 그는 간간이 '음' 소리를 내면서 그것을 살펴보았다. 그리고 굉장히 길게 느껴지는 시간 동안 곰곰이 생각하더니, 이것들이 시각적인 문제를 해결하는 데 확실히 큰 도움이 될 것 같다고 말했다.

방 저편에 난 창문으로는 가파른 절벽이 내다보였고, 절벽 한쪽 끝에서 그 밑의 컴컴한 공간으로 폭포가 쏟아져 내리고 있었다. 그의 신전에 참으로 길맞은 극직인 배경이었다. 이 초현실적이고도 시간을 초월한 건물은 인류의 미래와 – 마지막 프런티어라 할 수 있는 – 이 무한한 우주에서 인류가 발견할 것들에 대해 사색하기에 이상적인 장소처럼 느껴졌다. 이제 내게 허락된 시간이 다 되었음을 눈치챌 수 있었기에, 나는 그에게 감사 인사를 하고 집을 나왔다.

「지구돋이Earthrise」라고 알려진 유명한 사진 한 장이 있다. 1968년 우주 비행사 빌 앤더스Bill Anders가 아폴로 8호 우주선에서 찍은 것이다. 이 사진은 달 표면을 전경으로 광대한 우주에 떠 있는 행성 지구를 보여준다. 고대의 지도 제작자에게는 단지 상상 속에나 존재했던 이 구체는 대륙과 대양으로 이루어진 실체이자 지금의 우리에겐 너무나 익숙한 모습이 되었다. 차갑고 광대한 우주 공간에서 그것은 너무나 섬세하고 연약해 보인다. 나는 이 이미지가 칼 세이건 교수의 저서 『창백한 푸른 점』의 기원이 되었을 것이라고 생각하길 좋아한다. 아마 그때 우리가 논의한 몇몇 개념도 그 책에 실렸을 것이다.

사건들이 펼쳐지고 역사가 되면서, 인류 역사를 재현하는 지도 제작자는 끝없는 도전에 직면하고 있다. 지난 수십 년간 우주선이 우리 이웃 행성들의 지도를 만드는 임무를 띠고 태양계 곳곳에 파견되었다. 또 앞으로는 인공지능이 통계를 기반으로, 이를테면 이주, 인구 증가, 기후변화 같은 전 세계 사건들의 지도를 만들고 끊임없이 업데이트할 수 있을 것이다. 인간의 추가 개입 없이도 데이터가 수집되고 지도가 업데이트될 것이다. 하지만 나는 앞으로도 나 같은 지도 제작자가 계속해서 세계사의 본질을 폭로하고 해석하고 우리 대부분이 이해할 수 있는 방식으로 표현할 것이라고 생각하고 싶다. 늘 말하듯이 우리 모두의 내면에는 심리학자들이 '인지적 매핑'이라고 부르는 것 – 공간 데이터를 처리하는 능력 – 이 존재한다. 지도는 주변 세계를 이해하고 주변 세계와 관련 맺는 능력을 반영하며, 지도 제작은 우리의 과거를 이해하고 미래가 나아갈 길을 가리키는 데 특별한 구실을 한다.

이 이야기가 완성되기까지는 오랜 시간이 걸렸으므로 감사드려야 할 분이 많다. 부모님부터 시작해야겠다. 내 어머니는 학교와 직장에서 항상 단정한 몸차림을 하고 때와 장소에 맞는 태도를 취할 것을 강조했다. 애석하게도 나는 늘 그 말씀대로 실천하지 못했지만, 그러지 못했을 때는 적어도 죄책감을 느꼈다. 아버지는 항상 내 상상력을 북돋아주었고, 다음에 오를 산 너머에 뭐가 있는지 알고픈 충동을 물려주었으며, 종이와 연필을 무제한으로 공급해서 내 그림 솜씨를 마음껏 발휘하게 해주었다.

내 학창 시절은 학구적인 관점에서 다소 암울했다. 콧대 높은 비어즐리Mr Beasley 교장선생님의 도움이 없었다면 더 암울했을 것이다. 나를 항상 '왓슨!'이라고 불렀던 그분은 내가 관료들이 정한 교과 과정에서 약간 비껴나는 것을 허용해주었다. 내 학교 친구들 – 하나도 빠짐없이 좋은 친구들이었다 – 대부분이 그 일대의 농장 출신으로 농사꾼의 자식이었다는 것을 설명해야겠다. 읽고 쓰고 셈하는 법까지는 그럭저럭 배웠지만 나머지 시간에는 잡담하거나 창문 밖을 멍하니 내다보기 일쑤였다. 하지만 레드먼드Miss Redmond 선생님이 역사 교사로 새로 부임하면서 분위기가 바뀌었다. 그분은 교원 양성 학교를 갓 졸업한 흑발의 미인이었는데, 그 영화배우 같은 외모에 급우들은 반쯤 넋이 나갔다. 한편 나는 이례적으로 조용해진 교실에서 1년 내내 수천 개의 질문을 퍼부었다. 내가 받은 답변들은 명쾌하고 사려 깊었다. 학기말에 나는 역사 과목에서 94점을 받고 선생님의 총아가 되었다. 그래서 비어즐리 선생님과 레드먼드 선생님께 감사드리는 바이다.

내가 첫 번째로 협업한 편집자는 타임스북스에서 일하던 (당시 이름으로) 칸디다 게디스Candida Geddes였다. 나는 그녀를 만나면서 역사와 그래픽 아트가 결합된 삶을 시작하게 되었다. 같은 회사의 머천다이저MD였던 배리 윙클먼Barry Winkleman은 새로운 아틀라스 제작의 고정 공모자가 되었다. 내가 제작한 책의 종수가 늘어나면서 내게 영향을 끼친 이도 수없이 많아졌다. 그중 몇 명만 언급하겠다. 런던 대학교의 조너선 라일리 스미스Jonathan Riley-Smith, 영국 육군사관학교의 존 핌롯John Pimlott, 옥스퍼드 대학교 세인트캐서린스 칼리지의 앨런 불럭 경Lord Alan Bullock은 이제 고인이 된 분들이다. 그리고 뉴욕 컬럼비아 대학교의 마크 칸스Mark Carnes, 케임브리지 대학교를 졸업하고 BBC에서 일했으며 현재는 저명한 독립 저술가인 맬리즈 루스븐Malise Ruthven도 있다. 모두가 내 질문에 대한 응답으로 10분짜리 축약판 전화 강의를 베풀어줄 수 있는 분들이었다. 산간벽지 출신의 소년에게 이 이상 더 바랄 게 있었을까?

또한 어린 시절부터 친구였고 40여 년간 함께 일하며 언제나 조언을 아끼지 않았던 진 래드퍼드Jeanne Radford, 초고를 꼼꼼히 읽고 그것을 더 읽기 쉬운 원고로 다듬어준 엘리자베스 와이즈Elizabeth Wyse에게 감사를 표하고 싶다. 내 아들 알렉산더는 자신의 일상적인 업무 시간을 쪼개어

이 책에 실린 지도들의 초안을 잡아주었다.

하퍼콜린스의 올리버 맬컴Oliver Malcolm은 내 이야기를 책으로 펴낼 가치가 있다고 판단한 용자勇者였고, 하퍼콜린스의 편집자인 조이 버빌Zoë Berville은 '인내가 미덕'이라는 속담의 신증인이 되어주었다.

끝으로, 사랑하는 아내 헤더Heather에게 감사를 표한다. 그녀는 조용히 작업을 진전시킬 수 있는 분위기를 조성해주었는데, 어떻게 그렇게 할 수 있었는지 나로선 짐작도 못하겠다.

이 책에서 표현한 견해와 생각은 모두 나의 것이며, 그 모든 책임도 내게 있음을 밝힌다.

지도 제작은 인류 역사와 함께 탄생한 아주 오래된 기술인 동시에 인류 역사가 지속되는 한 계속 이어질 기술이기도 하다. 이 책의 저자인 맬컴 스완스턴은 지도, 특히 역사를 테마로 한 주제도를 만드는 데 55년간 종사해온 지도 제작 전문가다. 단순한 지도 제작자라기보다는 역사에 대한 시각적 스토리텔러에 더 가까울 것이다. 그중에서도 특히 제2차 세계대전 아틀라스의 전문가인 만큼, 그의 이름은 모르더라도 그가 만든 지도를 이런저런 경로로 많이들 보았을 것이라 생각된다. 한국에는 『아틀라스 전차전』, 『아틀라스 세계 항공전사』 등 군사사 분야의 아틀라스를 통해 정식으로 소개되어 있다. 아들인 알렉산더 스완스턴도 아버지의 가업을 이어받아 10년 넘게 지도 제작 전문가로 함께 일하고 있다.

이 책의 원제는 '지도 그리는 법How to Draw a Map'이지만 지도 제작의 기술적 측면을 본격적으로 다루지는 않으며, '지도 제작의 역사'에 더 가까운데 그렇다고 본격적인 역사책은 아니다. 사실 지도의 역사에 대해서는 더 두껍고 상세하고 전문적인 책이 많이 나와 있다. 이 책은 '지도 제작자의 역사 산책'이라고 해야 가장 정확할 것이다. 지도 제작 외길로 55년을 걸어온 개인사가 곳곳에 녹아 있고, 지도 제작에 공헌한 역사적 인물을 소개하는 부분에서는 동업자 의식에서 우러나온 애정이 느껴진다. 또 미국 남부와 북부의 문화적 경계선인 메이슨 딕슨 선이 그어진 과정에 대해 이 정도로 자세히 다룬 책을 국내에서는 아직 찾아보지 못했다. 프톨레마이오스 지도, 헤리퍼드 마파문디, 알 이드리시 세계지도, 메르카토르 도법, '테라 아우스트랄리스', 카시니 가문과 삼각측량 등 이 책에서 다룬 광범위한 주제에 대해 좀 더 깊이 알아보고 싶은 독자는 사이먼 가필드Simon Garfield의 『지도 위의 인문학』과 제리 브로턴Jerry Brotton의 『욕망하는 지도』를 같이 읽어볼 것을 추천한다.

하지만 이 책의 진짜 무게중심은 스완스턴 부자父子가 직접 제작한 65점의 지도 그 자체에 있다. 특히 프톨레마이오스 지도나 중세의 마파문디 같은 고지도들도 원본 그대로가 아니라 전부 다시 그려서 실었는데, 그래서 현대 독자들도 이런 고지도를 그림 감상하듯 '구경'하지 않고 실제로 '읽을' 수 있게끔 만들었다. 지리학자 하름 데 블레이Harm de Blij는 책 한 페이지 면적에 걸친 지도는 책 한 페이지를 읽는 만큼의 시간을 들여 '읽어야' 한다고 말한다. 그래서 번역 과정에서도 지도의 지명 표기가 정확한지 일일이 교차 확인해가며 주의를 기울였다.

지도의 역사

초판 1쇄 발행 | 2021년 10월 18일
초판 2쇄 발행 | 2022년 1월 10일

지은이 | 맬컴 스완스턴·알렉산더 스완스턴
옮긴이 | 유나영
펴낸이 | 박남숙

펴낸곳 | 소소의책
출판등록 | 2017년 5월 10일 제2017-000117호
주소 | 03961 서울특별시 마포구 방울내로9길 24 301호(망원동)
전화 | 02-324-7488
팩스 | 02-324-7489
이메일 | sosopub@sosokorea.com

ISBN 979-11-88941-68-1 03900
책값은 뒤표지에 있습니다.